기독교인만 읽는 책

기독교인만 읽는 책

이상환

월드뷰 퍼스펙티브스

좋은땅

프롤로그

"우리가 너희에게 피리를 불어도 너희는 춤추지 않았고, 우리가 애곡하여도 너희는 울지 아니하였다." (마태복음 11:17)

이 책은 세상의 철학과 종교가 말하지 못한 진리를 찾는 여정에서 시작되었습니다. 인류는 수천 년의 문명을 쌓아 올렸지만, 여전히 "왜 살아야 하는가"라는 질문 앞에서 방황합니다. 지식은 폭발적으로 늘어나고, 과학은 인간의 한계를 넘어서는 듯하지만, 인간의 내면은 점점 더 공허해지고 있습니다. 그 이유는 단 하나입니다. 인간이 하나님을 떠났기 때문입니다. 피조물의 이성은 창조주의 뜻을 대체할 수 없으며, 참된 지혜는 오직 하나님을 아는 데서 비롯됩니다. 하나님을 잃은 문명은 기술을 만들었으나 진리를 잃었고, 풍요를 얻었으나 평안을 잃었습니다.

기독교인만 읽는 책

성경은 인간이 만든 사상이 아니라, 하나님께서 인간에게 자신을 드러내신 계시입니다. 하나님은 말씀으로 세상을 창조하셨고, 예수 그리스도 안에서 구원의 길을 여셨으며, 성령을 통해 지금도 그 말씀을 깨닫게 하십니다. 그러므로 이 책이 말하는 기독교는 단순한 종교가 아닙니다. 그것은 살아 계신 하나님의 뜻을 깨닫고 그분의 말씀에 순종하며 살아가는 삶의 고백이자 존재의 방향입니다.

오늘의 세상은 진리의 기준이 무너지고, 인간이 스스로 선과 악을 판단하려는 시대입니다. AI와 과학기술의 발전은 인간의 편의를 높였지만, 동시에 도덕과 영성의 경계를 흐리게 만들었습니다. 인간은 더 많이 알지만, 무엇이 옳은지 분별하지 못합니다. 그러나 기술이 아무리 발전해도 인간의 영혼을 구원할 수는 없습니다. 참된 지성은 하나님을 경외함에서 시작되고, 참된 영성은 말씀에 순종할 때 열립니다.

이 책은 바로 그 말씀의 길로 돌아가자는 부르심입니다. 성경의 계시에 근거하여, 기독교인이 무엇을 믿고, 어떻게 사고하며, 어떻게 살아야 하는지를 밝히려는 시도입니다. 하나님을 창조주로, 예수 그리스도를 구속주로, 성령을 진리의 인도자로 믿는 신앙이야말로, 혼란한 시대 속에서 인간이 붙들어야 할 유일한 길입니다.

이 책은 또한 독자층을 '기독교인'으로 한정하여 쓰였습니다.

그것은 진리를 좁게 전하기 위함이 아니라, 하나님의 말씀을 일점 일획도 변경하지 않고 그대로 전하려는 신앙적 책임 때문입니다. 진리를 일반화시키면 그 본질이 희석되고, 말씀의 뜻을 세상의 언어로 번역하려 하면 그 깊이가 훼손됩니다. 그래서 이 책은 세상의 언어가 아닌, 성경의 언어로 진리를 설명하고, 철학의 개념이 아닌, 하나님의 뜻으로 사고하는 법을 제시하려 합니다. 이 책은 기독교인이 성경의 언어로 진리를 이해하고, 말씀의 빛으로 세상을 해석하며, 그 뜻에 순종하는 삶으로 나아가기를 바라는 하나님의 부르심에 대한 응답서입니다.

이 책은 또한 한국 교회와 기독교인의 현실을 성경의 빛 아래에서 다시 바라보려는 고백입니다. 진리를 알고도 침묵한 교회, 복음을 말하면서도 세상의 가치에 타협한 신앙을 향한 통렬한 반성입니다. 그러나 동시에, 여전히 하나님께서 이 땅의 교회를 통해 일하고 계시다는 믿음의 증언이기도 합니다.

독자 여러분이 이 책을 통해 믿음과 지성과 영성을 하나로 묶는 성경적 세계관을 회복하고, 하나님께서 원하시는 참된 삶의 방향을 발견하시기를 바랍니다. 그리고 세상이 듣지 않아도, 교회가 외면하더라도, 하나님께서 부르시는 그 피리 소리에 마음으로 춤추고, 진리의 애곡에 함께 울 수 있는 기독교인다운 회심의 길을 다시 걸어가시길 소망합니다.

차례

제3부 기독교인의 역사관

제5부 기독교인의 가치관

제6부 기독교인의 윤리관

제10부 에필로그

제1부

기독교인은
무엇을 믿는가

가. 서문

    기독교 신앙의 중심에는 '믿음'이 있습니다. 그러나 그 믿음은 막연한 신념이나 종교적 감정이 아니라, 분명한 내용과 근거를 지닌 신뢰의 행위입니다. 기독교인은 눈에 보이지 않는 세계를 허황된 소망으로 믿는 사람이 아니라, 살아 계신 하나님께서 스스로를 드러내시고 말씀하신 그 진리를 신뢰하는 사람입니다. 따라서 기독교 신앙의 출발점은 인간의 추측이 아니라, 하나님께서 먼저 자신을 알리신 '계시'입니다. 믿음은 그 계시에 응답하는 인간의 고백이며, 하나님께서 말씀하신 대로 믿고 따르려는 순종의 자세입니다.

    이 믿음의 중심에는 삼위일체 하나님이 계십니다. 하나님은 우주의 창조자이시며, 예수 그리스도 안에서 구원의 길을 여셨고, 성령을 통해 그 진리를 깨닫게 하시며 우리 안에 새 생명을 심으십니다. 그러므로 기독교인의 믿음은 단일한 대상

                                             기독교인만 읽는 책

에 대한 단순한 확신이 아니라, 창조와 구속과 성화의 삼중적 은혜를 신뢰하는 포괄적 신앙입니다. 하나님을 믿는다는 것은 곧 그분의 뜻과 질서, 그리고 사랑의 법도를 믿는 것이며, 예수 그리스도를 따르는 것은 그분의 교훈을 삶으로 실천하는 것입니다.

성경은 이러한 믿음의 모든 근거를 담고 있는 하나님의 말씀입니다. 성경은 인간이 만들어 낸 종교적 지혜가 아니라, 하나님이 인간에게 자신을 알리신 기록입니다. 그 안에는 창조의 질서와 구원의 길, 성도의 삶의 원리가 모두 담겨 있습니다. 성경 속에서 하나님은 법도와 교훈을 주시고, 성령은 그 말씀을 우리의 삶에 적용하게 하십니다. 그러므로 믿음은 단순히 성경을 아는 데서 끝나지 않고, 말씀대로 행하며 순종하는 삶으로 완성됩니다. 진리를 아는 지식이 지혜로 자라고, 그 지혜가 명철로 성숙할 때, 믿음은 삶이 됩니다.

이제 우리는 이 부분에서 기독교인이 무엇을 믿어야 하는지를 자세히 살펴보려 합니다. 우리는 하나님이 창조주이심을, 예수 그리스도가 유일한 구원자이심을, 성령이 진리를 깨닫게 하시는 분이심을 믿습니다. 또한 성경에 기록된 말씀과 법도와 교훈이 참된 삶의 기준임을 믿으며, 오직 성경·오직 은혜·오직 믿음·오직 그리스도·오직 하나님께 영광의 다섯 가지 진리 위에 서 있습니다. 이것이 기독교인이 믿는 믿음의 본질이며, 세상의 가치가 흔들릴 때에도 변하지 않는 우리의 신앙의 중심입니다. 이제 이러한 믿음의 내용이 구체적으로 어떤 의미를 가지는지 자세하게 정리하고자 합니다.

기독교인만 읽는 책

나. 기독교인은 살아 계신 하나님을 믿는다

하나님께서는 스스로 계신 분이십니다. 모세가 떨기나무 가운데서 하나님의 부르심을 들었을 때, 하나님은 자신을 이렇게 계시하셨습니다. "하나님이 모세에게 이르시되 나는 스스로 있는 자니라"(출 3:14). 이 말씀은 하나님께서 어떤 피조물에도 의존하지 않으시며, 스스로 존재하시고, 스스로 말씀하시며, 스스로 이루시는 하나님이심을 드러냅니다. 하나님은 인간의 언어로 증명할 필요가 없는 분이십니다. "여호와께서 영원히 왕이시니라"(출 15:18), "나는 처음이요 나는 마지막이라 나 외에 다른 신이 없느니라"(사 44:6). 이처럼 하나님의 살아 계심은 인간의 철학이나 이성으로 설명될 수 있는 것이 아니라, 하나님 자신이 말씀으로 증언하시는 자기계시의 진리입니다.

이스라엘의 역사 속에서도 하나님은 살아 계신 분으로 나타나셨습니다.

여호수아는 요단강을 건너기 전 백성에게 이렇게 선포했습니다. "이는 살아 계신 하나님이 너희 가운데 계시사 반드시 가나안 족속을 너희 앞에서 쫓아내실 줄을 너희가 알리라"(수 3:10). 하나님은 약속하신 대로 물을 멈추게 하시고, 이스라엘 백성을 건너게 하심으로 그분의 살아 계심을 증거하셨습니다. 또한 다니엘은 사자굴에서 건짐을 받은 후 "그는 살아 계신 하나님이시요 영원히 변하지 아니하시며 그의 나라는 멸망하지 아니할 것이요 그의 권세는 무궁할 것이며"(단 6:26)라고 선포했습니다. 하나님은 단지 과거에 존재하신 신이 아니라, 역사를 주관하시며 지금도 일하시는 현존하시는 하나님이십니다.

이 진리는 신약에서 예수 그리스도의 입을 통해 완성되었습니다. 예수께서 제자들에게 "너희는 나를 누구라 하느냐"(마 16:15)라고 물으셨을 때, 베드로는 성령의 감동으로 고백했습니다. "주는 그리스도시요 살아 계신 하나님의 아들이시니이다"(마 16:16). 이 고백은 신약의 모든 신앙고백 가운데 중심이며, 살아 계신 하나님이 예수 그리스도 안에서 자신을 나타내셨다는 사실을 증언합니다. 하나님은 예수 그리스도 안에서 육신이 되셨고(요 1:14), 그분의 삶과 죽음, 부활을 통해 지금도 살아 역사하십니다. 부활하신 주께서는 "내가 전에 죽었었노라 볼지어다 이제 세세토록 살아 있어 사망과 음부의 열쇠를 가졌노라"(계 1:18)고 말씀하셨습니다. 살아 계신 하나님의 아들이신 그리스도는 오늘도 믿는 자와 함께하시며, 성령으로 그의 백성 안에 거하십니다.

　그러므로 기독교인의 믿음은 단순한 신념이 아니라, 살아 계신 하나님과의 인격적 관계입니다. 하나님은 과거에만 역사하신 분이 아니라 지금도 말씀하시며, 예수 그리스도 안에서 우리와 함께 거하시고, 성령으로 우리의 마음을 인도하십니다. "내 아버지께서 이제까지 일하시니 나도 일한다"(요 5:17)는 말씀처럼, 하나님은 지금도 세상과 교회, 그리고 성도의 삶 속에서 일하고 계십니다. 기독교인은 이 하나님을 믿습니다—스스로 계시며, 지금도 살아 계시고, 영원히 통치하시는 하나님을. 그분의 살아 계심은 증명될 필요가 없는 진리이며, 오직 믿음으로 고백하고 삶으로 드러내야 할 진리입니다.

다. 기독교인은 삼위일체 하나님을 믿는다

기독교인은 하나님을 성부와 성자와 성령의 하나님으로 믿습니다. 하나님은 본질상 한 분이시지만, 성경은 하나님께서 세 위격으로 일하신다고 가르칩니다. 예수 그리스도께서 제자들에게 "너희는 가서 모든 민족을 제자로 삼아 아버지와 아들과 성령의 이름으로 세례를 베풀라"(마태복음 28:19)고 명령하셨습니다. 이 말씀은 하나님께서 본질적으로 한 분이시지만, 그분의 사역 안에서 아버지와 아들과 성령으로 구별되어 역사하신다는 사실을 분명히 보여 줍니다. 하나님 아버지는 창조를 계획하시고, 아들 예수 그리스도는 그 뜻을 이루셨으며, 성령께서는 그 뜻이 인간의 삶 속에 실현되도록 인도하십니다. 이처럼 성경은 태초부터 종말에 이르기까지 하나님이 한 분이시며, 그분의 사역 안에서 성부, 성자, 성령이 함께 일하신다는 진리를 가르칩니다.

기독교인만 읽는 책

성경은 하나님이 삼위일체로 일하신다는 사실을 분명히 가르칩니다. "태초에 하나님이 천지를 창조하시니라"(창 1:1) 하셨고, "하나님의 영이 수면 위에 운행하시니라"(창 1:2)라고 하셨습니다. 또한 요한복음은 "만물이 그로 말미암아 지은 바 되었으니"(요 1:3)라고 말씀하여, 창조의 사역이 성부 하나님의 뜻과 성자 예수 그리스도의 능력, 그리고 성령의 운행하심으로 이루어졌음을 가르칩니다. 하나님은 세상을 창조하시고 섭리하실 뿐 아니라, 구원의 역사에서도 세 위격이 함께 일하십니다. 성부 하나님은 인류 구원을 계획하셨고, 성자 예수 그리스도는 십자가에서 그 뜻을 완성하셨으며, 성령은 오늘도 믿는 자의 마음속에서 그 구원의 은혜를 적용하시며 역사하십니다.

예수 그리스도께서는 하나님이 삼위일체로 계시다는 진리를 친히 가르치셨습니다. 그분은 "나와 아버지는 하나이니라"(요 10:30) 하셨고, "아버지께서 내 안에, 내가 아버지 안에 있음을 믿으라"(요 14:11) 하셨습니다. 또한 "보혜사, 곧 아버지께서 내 이름으로 보내실 성령"(요 14:26)을 약속하시며, 하나님 아버지의 뜻과 아들의 순종, 그리고 성령의 사역이 하나로 연결되어 있음을 가르치셨습니다. 이 말씀을 통하여 성경은 하나님이 세 위격으로 존재하시며, 그러나 본질은 한 분이심을 분명히 보여줍니다. 성부는 뜻을 세우시고, 성자는 그 뜻을 이루시며, 성령은 그 뜻을 믿는 자의 마음에 새기십니다.

성경은 또한 성령이 하나님이심을 가르칩니다. 사도행전 5장에서 베드로가 "네가 성령을 속이고… 사람이 아니라 하나님께 거짓말하였도다"(행 5:3-4)라고 한 말씀은, 성령이 곧 하나님이심을 분명히 가르칩니다. 또 바울은 "주 예수 그리스도의 은혜와 하나님의 사랑과 성령의 교통하심이 너희와 함께 있을지어다"(고후 13:13)라고 말했습니다. 이처럼 성경의 가르침에 따르면 하나님은 세 분으로 나뉘신 것이 아니라, 한 본질 안에서 세 위격으로 존재하시며, 그 뜻과 사역은 하나로 일치합니다. 성경은 이 진리를 인간의 이성으로 설명하려 하지 않고, 하나님의 계시로 우리에게 알려 주셨습니다. "이스라엘아 들으라 여호와 우리 하나님은 오직 유일한 여호와시니"(신 6:4), "태초에 말씀이 계시니라 이 말씀이 하나님과 함께 계셨으니 이 말씀이 곧 하나님이시니라"(요 1:1). 그러므로 기독교인은 사람의 논리나 철학이 아니라, 오직 성경의 말씀에 기록된 하나님의 뜻에 따라 삼위일체의 하나님을 믿고 고백합니다.

라. 구원은 오직 예수 그리스도에게만 있다

기독교 신앙의 중심은 예수 그리스도이십니다. 그분은 단순히 위대한 스승이나 도덕적 모범이 아니라, 하나님이 인간의 몸을 입고 이 땅에 오신 구세주이십니다. 인간은 스스로의 의지나 도덕적 노력으로 죄에서 벗어날 수 없으며, 구원은 인간의 행위나 공로로 얻어지는 것이 아닙니다. 오직 하나님께서 예수 그리스도 안에서 베푸신 은혜로만 가능한 일입니다. "하나님이 세상을 이처럼 사랑하사 독생자를 주셨으니 이는 그를 믿는 자마다 멸망하지 않고 영생을 얻게 하려 하심이라"(요 3:16)는 말씀은 이 구원의 진리를 단 한 문장으로 요약합니다.

예수 그리스도께서 인간을 구원하실 수 있는 이유는 그분이 참 하나님이시며 동시에 참 인간이시기 때문입니다. 성부 하나님과 본질이 하나이신 그분은 죄 없는 완전한 인간으로 이 세상에 오셨습니다. 그분은 우리의 죄를 대신 지시기 위해 십자가에서 죽으셨고, 사흘 만에 부활하심으로 죽음의 권세를 깨뜨리셨습니다. 그분의 부활은 단순한 역사적 사건이 아니라, 모든 인류에게 새로운 생명의 가능성을 여는 하나님의 구속의 승리입니다. "나는 길이요 진리요 생명이니 나로 말미암지 않고는 아버지께로 올 자가 없느니라"(요 14:6)는 말씀은 예수 그리스도만이 하나님께로 가는 유일한 길임을 선포합니다.

이 세상에는 수많은 종교와 사상이 존재하지만, 그 어느 것도 인간의 죄 문제를 해결하지 못합니다. 불교는 깨달음을 통해 해탈에 이르려 하고, 이슬람은 율법과 행위를 통해 구원을 얻으려 하지만, 인간의 근본적 문제인 죄의 본질은 인간 스스로 해결할 수 없습니다. 죄는 단지 잘못된 행동이 아니라, 하나님과의 단절이며, 존재의 근원에서 일어난 반역입니다. 오직 예수 그리스도의 십자가만이 그 단절을 회복시키는 길이며, 그분의 보혈만이 죄를 사하고 인간을 의롭게 합니다. 그러므로 기독교의 구원은 배타적이 아니라, 보편적 사랑 위에 세워진 절대적 진리입니다. 하나님은 모든 사람을 사랑하시며, 누구든지 예수 그리스도를 믿는 자에게 구원의 문을 열어 주십니다.

기독교인은 이 구원의 은혜를 믿음으로 받아들이고, 그 은혜 안에서 새 생명을 살아갑니다. 예수 그리스도를 믿는다는 것은 단지 교리를 인정하는 것이 아니라, 그분의 십자가와 부활의 능력이 자신의 삶을 변화시키는 것을 의미합니다. 믿음은

기독교인만 읽는 책

죄의 용서를 받는 사건에서 끝나지 않고, 성령 안에서 계속되는 성화의 여정으로 이어집니다. 구원받은 자는 자기중심의 삶을 버리고, 예수 그리스도의 사랑 안에서 새로운 피조물로 살아가게 됩니다. "그런즉 누구든지 그리스도 안에 있으면 새로운 피조물이라 이전 것은 지나갔으니 보라 새것이 되었도다"(고후 5:17). 이것이 기독교인이 고백하는 구원의 믿음이며, 오직 예수 그리스도 안에서만 가능한 생명의 기적입니다.

마. 성경에 기록된 하나님의 말씀을 믿는다

기독교 신앙의 근거는 인간의 사상이나 철학이 아니라, 성경에 기록된 하나님의 말씀입니다. 성경은 인간이 하나님을 이해하기 위해 만든 책이 아니라, 하나님께서 인간에게 자신을 알리기 위해 주신 계시의 기록입니다. 하나님은 말씀으로 천지를 창조하셨고, 말씀으로 선지자와 사도들을 통하여 자신의 뜻을 세상에 드러내셨습니다. "모든 성경은 하나님의 감동으로 된 것으로 교훈과 책망과 바르게 함과 의로 교육하기에 유익하니"(딤후 3:16)라는 말씀처럼, 성경은 인간의 손으로 기록되었으나 하나님의 영이 역사하신 살아 있는 말씀입니다. 그러므로 성경은 단순한 종교 문서가 아니라, 인류의 구원을 위한 하나님의 계시와 진리의 책입니다.

성경은 창조에서 종말에 이르기까지 하나님의 구속사를 기록하고 있습니다. 구약은 하나님께서 이스라엘을 택하시고 언

기독교인만 읽는 책

약을 세우심으로써 구원의 길을 예비하신 역사를 담고 있으며, 신약은 예수 그리스도를 통해 그 약속이 성취된 사건을 증언합니다. 구약의 율법과 예언은 신약의 복음 안에서 완성되고, 신약의 복음은 구약의 말씀 위에서 이해됩니다. 성경은 시대마다 다른 인간의 역사 속에서도 변하지 않는 하나님의 뜻을 선포하며, 그 말씀은 지금도 동일하게 살아 역사하고 있습니다. 그러므로 기독교인은 성경을 단순히 읽는 것이 아니라, 하나님의 말씀으로 듣고, 그 뜻에 순종해야 합니다.

하나님의 말씀은 인간의 이성을 넘어서는 권위를 가집니다. 성경은 인간의 감정이나 경험을 따라 해석할 수 있는 책이 아니며, 하나님의 말씀으로서 인간 위에 군림하는 절대적 기준입니다. 오늘날 많은 사람들이 진리의 기준을 상대화하고, 각자의 경험과 생각에 따라 말씀을 재단하려 합니다. 그러나 말씀은 인간의 이해를 위한 도구가 아니라, 인간의 존재를 비추는 거울입니다. 하나님의 말씀은 우리의 생각을 고치고, 욕망을 제어하며, 삶의 방향을 바로잡는 빛입니다. "주의 말씀은 내 발에 등이요 내 길에 빛이니이다"(시 119:105). 성경의 말씀은 지식으로 아는 데서 그치는 것이 아니라, 삶 속에서 실천될 때 그 능력이 드러납니다.

성경을 믿는다는 것은 단지 책 한 권을 신앙의 대상으로 삼는 것이 아닙니다. 그것은 곧 말씀의 주인이신 하나님을 믿는 것이며, 말씀으로 오신 예수 그리스도를 따르는 것입니다. "태초에 말씀이 계시니라 말씀이 하나님과 함께 계셨으니 이 말씀은 곧 하나님이시니라"(요 1:1)는 말씀은 성경이 단순한 문자나 기록이 아니라, 인격적 하나님과의 만남의 통로임을 보여줍니다. 그러므로 성경을 읽는 일은 지식을 쌓는 행위가 아니라, 하나님과의 교제를 이루는 신앙의 여정입니다. 기독교인은 이 말씀을 통해 자신의 삶을 점검하고, 세상을 분별하며, 구원의 확신과 소망을 새롭게 합니다. 말씀은 생명의 근원이요, 진리의 길이며, 하나님의 뜻을 이루는 능력입니다.

기독교인만 읽는 책

바. 성경에 기록된 하나님의 법도를 믿는다

하나님의 법도는 인간의 도덕률이나 사회의 규범보다 더 깊은 차원에서 우리 삶의 근본 질서를 세워 줍니다. 하나님은 세상을 창조하시고 그 질서가 혼란에 빠지지 않도록 법도를 주셨습니다. 성경은 하나님께서 인간에게 주신 이 법도를 '율법'이라 부르지만, 그 본질은 단순한 금지나 의무가 아니라 '생명의 길'입니다. "여호와의 율법은 완전하여 영혼을 소성시키며 여호와의 증거는 확실하여 우둔한 자를 지혜롭게 하며"(시 19:7)라는 말씀처럼, 율법은 인간을 얽매기 위한 족쇄가 아니라, 죄와 혼돈으로부터 벗어나 참된 자유를 누리게 하는 길입니다. 그러므로 기독교인은 율법을 두려워하거나 무거운 짐으로 여기지 않습니다. 그것은 하나님께서 우리를 생명의 길로 인도하시기 위해 주신 은혜의 울타리이기 때문입니다.

성경의 법도는 단순히 외적 행동을 규제하는 법이 아니라, 인간의 내면을 변화시키는 기준입니다. 예수 그리스도께서는 율법의 조문을 폐하지 않으시고 오히려 완성하셨습니다(마 5:17). 그는 살인하지 말라, 간음하지 말라, 도둑질하지 말라 하신 계명을 단순한 행위의 금지가 아니라, 마음의 중심에서 출발하는 도덕적 순결로 확장하셨습니다. 하나님께서 원하시는 법도의 준수는 단지 외적 행위가 아니라, 하나님을 경외하고 이웃을 사랑하는 마음에서 비롯됩니다. "네 마음을 다하고 목숨을 다하고 뜻을 다하여 주 너의 하나님을 사랑하라"(신 6:5)는 말씀과 "네 이웃을 네 자신같이 사랑하라"(레 19:18)는 말씀은 율법과 선지자의 강령으로서 모든 하나님의 법도를 관통하는 중심 명령입니다.

하나님의 법도는 시대와 문화를 초월한 절대적 기준입니다. 세상의 법은 시대에 따라 바뀌고 사람의 판단에 따라 조정되지만, 하나님의 법은 변하지 않습니다. 오늘날 인간은 자유를 내세워 하나님의 법도를 무시하고, 도덕적 경계를 허물며, 죄를 개인의 선택으로 정당화하려 합니다. 그러나 인간의 자유가 하나님이 정하신 선과 악의 경계를 벗어날 때, 그 자유는 곧 파멸의 길로 바뀝니다. 하나님의 법도는 인간의 자유를 억압하는 규칙이 아니라, 자유를 참되게 누리게 하는 길잡이입니다. 법도가 없는 자유는 방종이며, 질서 없는 평등은 혼란입니다. 기독교인은 이 세상의 가치와 충돌할지라도 하나님의 법도에 순종함으로써 세상을 바로 세우는 사명을 감당해야 합니다.

하나님의 법도는 우리를 하나님과의 관계 속으로 이끄는 거룩한 질서입니다. 그 법도는 인간의 행위를 심판하기 위한 도구가 아니라, 인간이 하나님께 가까이 나아가도록 돕는 계단입니다. 성도는 이 법도를 통해 죄의 본질을 깨닫고 회개하며, 하나님의 뜻을 배우고 실천하는 삶으로 나아갑니다. 성경의 법도는 인간의 행복과 공동체의 평화를 위한 하나님의 사랑의 표현이며, 그리스도인은 이 법도를 기쁨으로 지키는 자입니다. "주의 법을 사랑하는 자에게는 큰 평안이 있으니 그들에게 장애물이 없으리이다"(시 119:165). 그러므로 하나님의 법도를 믿는다는 것은 율법주의가 아니라, 하나님을 사랑하고 그분의 뜻에 순종하는 믿음의 삶을 사는 것을 의미합니다.

사. 성경에 기록된 예수 그리스도의 교훈을 믿는다

    예수 그리스도의 교훈은 성경 전체의 중심이자, 그리스도인의 삶을 이끄는 기준입니다. 그분의 말씀은 단순한 도덕적 권면이 아니라, 하나님의 뜻을 인간의 삶 속에 구체적으로 실현하는 진리입니다. 예수님께서는 "하늘에 계신 너희 아버지의 온전하심과 같이 너희도 온전하라"(마 5:48)고 말씀하셨습니다. 이 말씀은 인간의 완전함을 요구하는 율법적 명령이 아니라, 성령 안에서 하나님의 사랑과 거룩함을 닮아가라는 초대입니다. 그러므로 기독교인은 그리스도의 교훈을 지식으로만 받아들이는 것이 아니라, 그 말씀 안에서 자신의 삶을 새롭게 변화시켜야 합니다.

    예수 그리스도의 교훈은 세상의 가치와 정반대의 길을 가르칩니다. 세상은 힘과 성공을 추구하지만, 그리스도는 온유함과 섬김을 가르치셨습니다. "인자가 온 것은 섬김을 받으려 함이 아니라 도리어 섬기려 하고 자기 목숨을 많은 사람의 대속물로 주려 함이니라"(마 20:28)라는 말씀은 그분의 교훈이 희생과 사랑에 기초하고 있음을 보여 줍니다. 또한 예수님은 원수를 사랑하라고 명하셨고, 용서할 수 없는 자를 용서하라고 하셨습니다. 이는 인간의 감정이나 이성으로는 불가능한 길이지만, 성령의 도우심으로 가능한 사랑의 실천입니다. 그러므로 예수 그리스도의 교훈은 인간의 도덕적 한계를 넘어서는 초월적 사랑의 윤리이며, 세상의 악을 선으로 이기는 하나님의 방법입니다.

예수 그리스도의 교훈은 또한 삶의 목적을 새롭게 정립하게 합니다. 사람들은 종종 성공이나 행복을 인생의 목표로 삼지만, 예수님은 "너희는 먼저 그의 나라와 그의 의를 구하라"(마 6:33)고 말씀하셨습니다. 그분의 교훈은 인생의 초점을 자기 자신에서 하나님 나라로 옮기게 합니다. 하나님 나라를 구한다는 것은 단순히 종교적 이상을 꿈꾸는 것이 아니라, 하나님의 뜻이 내 삶의 중심에서 실현되도록 살아가는 것을 의미합니다. 그러므로 기독교인의 성공은 세상의 기준이 아니라, 하나님의 뜻에 순종함으로써 얻는 영적 열매에 있습니다. 그리스도의 교훈은 우리의 사고와 판단, 삶의 우선순위를 바꾸어, 세상 속에서도 하나님의 나라를 이루게 하는 능력입니다.

예수 그리스도의 교훈은 그분의 십자가와 부활 안에서 완성됩니다. 십자가는 사랑의 완성이며, 부활은 그 사랑의 승리입니다. 그리스도의 교훈을 믿는다는 것은 그분의 가르침을 따라 십자가의 길을 걷는 것입니다. 그것은 자신을 부인하고, 하나님의 뜻에 순종하며, 이웃을 위해 자신을 내어주는 삶입니다. "아무든지 나를 따라오려거든 자기를 부인하고 자기 십자가를 지고 나를 따르라"(마 16:24)는 말씀은 그리스도의 교훈의 핵심입니다. 기독교인은 이 말씀을 믿음으로 받아들이고, 성령의 인도하심 속에서 날마다 자기 십자가를 지며 살아갑니다. 그 길은 좁고 험할지라도, 결국 부활의 영광과 하나님의 나라로 이어지는 생명의 길입니다.

아. 기독교인은 성령의 역사하심을 믿는다

성령은 하나님의 영이시며, 삼위일체 하나님의 한 위격으로서 지금도 세상과 인간의 역사 속에서 일하고 계십니다. 하나님께서 창조의 때에 말씀으로 세상을 지으셨고, 예수 그리스도께서 구원의 길을 여셨다면, 성령은 그 구원의 진리를 우리의 마음에 새기고 실천하게 하시는 분이십니다. 예수님께서는 승천하시기 전 제자들에게 "내가 아버지께 구하겠으니 그가 또 다른 보혜사를 너희에게 주사 영원토록 너희와 함께 있게 하시리라"(요 14:16)고 약속하셨습니다. 성령은 바로 그 약속의 성취이시며, 오늘날 모든 그리스도인 안에 내주하시며 그들을 진리로 인도하십니다.

성령의 역사는 단순히 신비한 체험이나 감정의 고양으로 나타나는 것이 아닙니다. 성령은 말씀을 깨닫게 하고, 죄를 자각하게 하며, 의를 사랑하도록 우리의 마음을 새롭게 하십니다.

"그가 와서 죄에 대하여, 의에 대하여, 심판에 대하여 세상을 책망하시리라"(요 16:8)는 말씀처럼, 성령은 인간의 양심을 깨우고 하나님의 뜻을 분별하게 하는 분이십니다. 그러므로 성령의 역사는 지식을 넘어 삶을 변화시키는 능력으로 나타납니다. 성령은 우리의 약함을 도우시며(롬 8:26), 하나님께 순종할 수 있는 능력을 주시고, 믿음의 길에서 넘어지지 않도록 붙들어 주십니다.

성령은 교회를 세우시고 성도를 하나로 묶으십니다. 성경은 "몸은 하나요 성령도 한 분이시니 이와 같이 너희가 부르심의 한 소망 안에서 부르심을 받았느니라"(엡 4:4)라고 말씀합니다. 교회는 인간이 만든 조직이 아니라, 성령이 일으키신 생명의 공동체입니다. 성령은 교회 안에서 다양한 은사를 주시고, 그 은사를 통해 서로를 섬기며 하나님의 나라를 확장하게 하십니다. 은사는 개인의 자랑이나 능력의 표시가 아니라, 공동체를 세우고 이웃을 살리는 사랑의 도구입니다. 성령의 역사 없이는 어떤 교회도, 어떤 성도도 참된 신앙의 열매를 맺을 수 없습니다.

성령의 역사하심은 또한 그리스도인의 내면을 거룩하게 변화시킵니다. 성령은 우리 안에 그리스도의 형상을 회복시키며, 진리의 말씀과 하나님의 법도를 삶에 적용하게 하십니다. 성령은 단지 과거 사도시대의 능력으로 머무는 분이 아니라, 지금 이 시대에도 말씀을 통하여 성도를 새롭게 하십니다. "오직 성

기독교인만 읽는 책

령이 너희에게 임하시면 너희가 권능을 받고 예루살렘과 온 유대와 사마리아와 땅끝까지 이르러 내 증인이 되리라"(행 1:8)는 약속은 오늘의 교회에도 유효합니다. 성령이 임하시면 두려움은 사라지고, 믿음은 확신으로 바뀌며, 사랑은 사명으로 열매 맺습니다. 그러므로 기독교인은 성령의 역사하심을 믿음으로 받아들이고, 그 인도하심에 순종하며, 날마다 새롭게 변화되는 삶을 살아야 합니다.

자. 기독교인은 오직 믿음으로 산다

기독교 신앙의 핵심은 단순한 교리 체계가 아니라, 오직 하나님께 영광을 돌리는 삶입니다. 16세기 종교개혁자들은 인간의 전통과 권위를 절대시하던 시대 속에서 성경이 말하는 믿음의 본질을 회복하려고 했습니다. 그 결과 탄생한 다섯 가지 신앙의 원리, 곧 '5대 솔라(Sola)'는 오늘의 기독교인에게도 여전히 유효한 신앙의 좌표입니다. 그것은 오직 성경(Sola Scriptura), 오직 믿음(Sola Fide), 오직 은혜(Sola Gratia), 오직 그리스도(Solus Christus), 오직 하나님께 영광(Soli Deo Gloria)입니다. 이 다섯 가지는 그리스도인의 신앙과 삶의 모든 영역을 하나님의 주권 아래로 되돌리는 선언이며, 세상의 가치와 인간의 공로를 넘어서는 복음의 핵심을 보여 줍니다.

오직 성경(Sola Scriptura)은 신앙과 삶의 유일한 기준은 인간의 사상이나 교회의 전통이 아니라 하나님의 말씀이라는 믿음입니다. 성경은 신앙의 근본 토대이며, 진리를 판별하는 최종 권위입니다. 오직 믿음(Sola Fide)은 인간이 자신의 행위로 구원을 얻는 것이 아니라, 예수 그리스도를 믿음으로만 의롭다 하심을 받는다는 복음의 선언입니다. 오직 은혜(Sola Gratia)는 구원이 하나님의 전적인 선물이라는 고백입니다. 인간은 스스로 구원을 이룰 수 없으며, 모든 것은 하나님의 자비와 은혜로 말미암습니다. 오직 그리스도(Solus Christus)는 중보자이신 예수 그리스도 외에는 구원의 길이 없음을 선포합니다. 그분의 십자가와 부활이 인간의 죄를 대속하셨으며, 모든 믿는 자에게 영원한 생명을 주십니다. 마지막으로 오직 하나님께 영광(Soli Deo Gloria)은 인간의 모든 삶과 업적이 자신을 위한 것이 아니라 하나님께 영광을 돌리기 위한 것임을 밝힙니다.

이 다섯 가지 믿음은 서로 분리된 교리가 아니라, 하나의 복음 진리 안에서 통합적으로 작동합니다. 성경은 믿음의 근거를 제공하고, 은혜는 그 믿음을 가능하게 하며, 그리스도는 믿음의 중심이 되고, 모든 결과는 하나님께 영광으로 귀결됩니다. 이것이 성경이 말하는 신앙의 구조입니다. 따라서 기독교인은 자신의 신앙이 이 다섯 기둥 위에 세워져 있는지를 늘 점검해야 합니다. 신앙의 중심이 인간의 공로나 세속적 성공으로 옮겨질 때, 복음은 희미해지고 신앙은 무너집니다. 그러므로 5대 솔라는 단순한 교리적 표어가 아니라, 오늘을 살아가는 신앙의 방향이자 삶의 원리입니다.

결국, 오직 하나님께 영광을 돌리는 삶은 성경적 세계관의 완성입니다. 인간의 능력과 성취가 아니라, 하나님의 은혜가 모든 것의 출발점이요 목적이라는 확신이야말로 그리스도인의 믿음입니다. 성도는 이 믿음 위에서 살아가며, 어떤 시대와 상황에서도 성경의 진리를 붙잡고, 믿음으로 서며, 은혜로 행하며, 그리스도를 증거하고, 하나님께 영광을 돌리는 삶을 살아야 합니다. 이것이 바로 '기독교인은 무엇을 믿는가'에 대한 결론이며, 모든 믿음의 여정을 꿰뚫는 중심 선언입니다.

차. 맺음말

기독교 신앙은 단순히 종교적 체계나 교리의 나열이 아니라, 하나님과의 인격적 관계 속에서 이루어지는 믿음의 여정입니다. 기독교인은 하나님을 창조주로, 예수 그리스도를 구속주로, 성령을 인도자이자 보혜사로 믿습니다. 또한 성경에 기록된 말씀과 법도, 교훈을 진리로 받아들이며, 그 말씀을 따라 삶을 세워 나갑니다. 이러한 믿음은 단순한 지적 동의가 아니라, 전인격적인 순종과 헌신으로 이어집니다. 믿음이란 하나님이 누구이신지를 아는 지식이며, 그분의 뜻에 자신을 내어 맡기는 신뢰의 행위입니다.

기독교인의 믿음은 세상의 사상이니 철학과 달리, 인간의 이성으로 만들어진 사유 체계가 아닙니다. 그것은 하나님께서 스스로를 계시하시고, 인간이 그 계시를 믿음으로 받아들이는 데서 출발합니다. 그러므로 신앙은 인간이 만들어낸 종교적 감정이 아니라, 하나님이 주신 선물입니다. 성령은 이 믿음을 우리의 마음속에 심으시고, 말씀을 깨닫게 하시며, 하나님의 법도와 예수 그리스도의 교훈을 실천하도록 우리를 이끄십니다. 믿음은 성령의 역사 속에서 자라나고, 순종 속에서 성숙하며, 사랑 안에서 완성됩니다.

이 믿음은 세상을 향한 교회의 사명을 이끌어 가는 원동력입니다. 교회는 인간의 제도가 아니라 성령의 공동체이며, 그 중심에는 하나님의 말씀과 예수 그리스도의 복음이 있습니다. 교회는 이 믿음을 다음 세대에 전하고, 세상의 어둠 속에서도 빛을 비추는 사명을 감당해야 합니다. 기독교인은 이 믿음으로 가정을 세우고, 사회를 변화시키며, 문화 속에서 하나님의 영광을 드러내야 합니다. 믿음은 단순히 '무엇을 믿느냐'의 문제가 아니라, '어떻게 살아가느냐'의 문제이기도 합니다.

결국, 기독교인은 오직 하나님을 믿으며, 그분의 말씀을 따르고, 성령의 인도하심 속에서 예수 그리스도의 교훈을 살아내야 합니다. 진리와 법도와 교훈이 삶 속에서 하나로 어우러질 때, 비로소 믿음은 완전해집니다. 하나님께서 주신 이 믿음은 세상을 이기는 힘이며, 영원한 생명의 문을 여는 열쇠입니다. 그러므로 기독교인은 믿음으로 시작하여 믿음으로 완성되는 길을 걸어야 합니다. 그것이 하나님께서 원하시는 신앙의 모습이며, 이 책이 독자에게 전하고자 하는 가장 중요한 메시지입니다.

기독교인만 읽는 책

제2부

AI 시대, 기독교인의
지성과 영성

가. 서문

한국에서 기독교인이 되는 일은 어렵지 않습니다. 교회를 출석하고 세례를 받는 과정은 누구에게나 열려 있고, 종교의 자유가 보장된 사회에서 복음을 듣고 믿음을 고백하는 데에는 큰 제약이 없습니다. 그러나 기독교인으로 살아가는 일은 그보다 훨씬 어렵습니다. "예수님을 믿습니다"라고 말하는 것은 쉽지만, 성경이 가르치는 하나님의 뜻에 따라 날마다 자기를 부인하고 십자가를 지는 삶은 결코 단순하지 않습니다. 기독교인으로 산다는 것은 종교적 소속이 아니라 인생관과 가치관이 성경적으로 새롭게 재편되는 깊은 변화의 길이며, 바로 이 지점에서 우리는 왜 기독교인으로서의 삶이 쉽지 않은지 묻게 됩니다.

한국 사회는 기독교인이 되는 일을 인생을 바꾸는 결단의 사건으로 보기보다 하나의 문화적 선택으로 이해하는 경향이 있으며, 이로 인해 기독교인의 삶은 쉽게 흔들립니다. 혼합주의

기독교인만 읽는 책

와 세속주의는 기독교인이 말씀을 기준으로 살아가야 할 내적 중심을 약하게 만들고, 마음과 생활이 어느새 세상의 가치와 문화에 끌려가도록 만듭니다. 여기에 기독교인의 삶을 실제로 인도할 교회의 제자훈련이 약화되면서 많은 이들은 말씀과 현실을 어떻게 연결해야 할지 모른 채 방황하게 됩니다. 결국 이러한 문제들의 가장 깊은 원인에는 하나님의 말씀으로 삶을 분별하는 능력, 곧 명철의 부족이 자리하고 있습니다. 명철이 없으면 기독교인의 고백은 감정적 체험에 머물고, 앎은 행동으로 이어지지 않으며, 결국 기독교인의 믿음과 생활은 서로 분리된 두 세계가 됩니다. 명철은 하나님을 경외하는 마음으로 말씀을 해석해 삶의 길을 결정하는 영적 통찰이며, 기독교인이 "예수 그리스도를 믿는 사람"에서 "예수 그리스도의 가르침을 따라 사는 사람"으로 자라도록 만드는 핵심적 능력입니다.

그러므로 기독교인의 지성은 매우 중요한 역할을 합니다. 인간의 지성은 하나님께서 주신 귀한 선물이지만, 그 자체가 진리의 근원이 될 수는 없습니다. 인류의 역사 속에서 수많은 사상가들이 이성과 경험만으로 진리를 찾으려 했으나, 인간의 지성은 결국 절대적 진리에 도달하지 못했습니다. 성경은 "여호와를 경외하는 것이 지식의 근본이라"(잠 1:7)고 말씀하시며, 참된 지성은 하나님께서 계시로 보여 주시는 진리에서 시작됨을 가르칩니다. 세상의 지성은 지식을 통해 권력과 이익을 추구하지만, 기독교인의 지성은 하나님을 아는 지식 위에서 자라며, 그분의 뜻을 깨닫고 삶에서 순종하려는 영적 사고를 만들어 갑니다.

신학과 철학은 인간의 지성을 돕는 유익한 도구일 수 있으나, 진리 자체가 될 수 없습니다. 신학이 성경보다 앞서면 인간의 사유는 절대화되고, 철학이 말씀을 벗어나면 인간의 지성은 스스로를 기준으로 삼아 방향을 잃습니다. 그렇기에 기독교인의 지성은 언제나 성경의 권위 아래에서 점검되고 교정되어야 합니다. 아울러 기독교인의 영성은 지성과 분리될 수 없습니다. 지성이 없는 영성은 감정으로 흐르기 쉽고, 영성이 없는 지성은 교만으로 흐르기 쉽기 때문입니다. 성경이 "마음을 다하고 뜻을 다하고 목숨을 다하여 주 너의 하나님을 사랑하라"(마 22:37)고 말씀하시는 것은 인간의 생각과 감정과 행동 모두가 하나님을 향할 때 비로소 기독교인으로서의 삶이 온전히 세워진다는 의미입니다.

이처럼 기독교인의 지성과 영성은 서로 다른 두 영역이 아니라, 하나님을 알고 그분의 뜻을 깨달아 하나님의 백성답게 살아내도록 통합되어야 하는 하나의 길입니다. 이 길에서 지식과 지혜와 명철이 하나로 묶일 때, 기독교인의 삶은 말이 아니라 행동으로 드러납니다. 말씀으로 생각하고, 성령의 인도하심 속에서 분별하며, 하나님 앞에서 순종으로 살아가는 삶―이것이

　　　　　　　　　　　　　　기독교인만 읽는 책

기독교인의 지성과 영성이 하나님께서 주시는 통찰력, 곧 명철을 통해 이루어 내는 참된 기독교인의 모습입니다. 이 책은 이러한 삶을 회복하고자 하는 이들을 위해, 성경이 가르치는 지성과 영성의 본질, 그리고 이 길을 실제 삶에서 가능하게 하는 명철의 가치를 밝히고자 합니다.

나. 성경이 가르치는 '앎' : 지식·지혜·명철

    세상은 '앎'을 인간의 이성과 경험으로 얻는 능력으로 이해합니다. 세상의 지식은 정보와 이론의 축적이며, 지혜는 그 지식을 현실에서 효율적으로 활용하는 기술로 여겨집니다. 세상에서 말하는 통찰도 상황을 판단하고 문제를 해결하는 능력으로 여겨질 뿐입니다. 그러나 이러한 앎은 언제나 인간 중심의 목적에 묶여 있습니다. 성공, 생존, 편리함, 권력의 유지 같은 이익이 그 기준이 됩니다. 세상에서 말하는 앎은 인간의 필요를 채우기 위한 도구일 뿐, 인간 자신을 변화시키거나 구원하지는 못합니다.

    반면, 성경이 말하는 앎은 전적으로 하나님으로부터 시작됩니다. "사람의 전통과 세상의 초등학문을 따름이요 그리스도를 따름이 아니니라"(골 2:8)는 말씀은 인간 중심의 지식을 경계하며, 참된 앎은 하나님께서 자신을 드러내실 때 비로소 가능하다는 사실을 가르칩니다. 성경에서의 지식은 인간의 노력으로 얻어 낸 정보가 아니라, 하나님이 친히 자신을 계시하심으로 알게 된 진리를 의미합니다. 그 지식을 바탕으로 한 지혜는 하나님의 뜻이 무엇인지 깨닫고, 삶 속에서 그 뜻을 선택하며 순종할 수 있게 하는 능력입니다. 성경이 말하는 지혜는 계산이나 기술이 아니라 하나님을 경외하는 마음에서 나오는 실천의 힘이며, 명철은 하나님의 말씀을 기준으로 지금 내가 서 있는 자리와 선택, 그리고 걸어가는 방향이 하나님의 뜻에 합당한지를 분별하게 하는 영적 판단력입니다. 다시 말해, 명철은 인간의 경험과 판단력 이상의 것으로서, 하나님을 경외하는 이에게 주시는 깊은 내적 통찰입니다. 이처럼 성경적 앎은 정보를 머릿속에 쌓는 과정이 아니라 하나님과의 관계 속에서 내면이 새롭게 변화되는 인격적 깨달음이며, 하나님을 깊이 알아 갈수록 생각과 가치관과 욕망이 변화하고, 그 변화는 삶의 방향 전체를 새롭게 만듭니다. 이제 필요한 것은 이러한 앎이 실제 삶에서 어떻게 작용하며, 무엇으로 우리의 길을 비추는가를 살펴보는 일입니다.

세상의 지식은 시대와 문화에 따라 끊임없이 변합니다. 인간의 이성은 새로운 사실을 발견할 때마다 이전의 지식을 고쳐 쓰며, 어제의 진리가 오늘의 오류가 되기도 합니다. 한때 사람들은 지구가 평평하다고 믿었고, 태양이 지구를 돈다고 확신했습니다. 그러나 코페르니쿠스와 갈릴레오의 발견은 그러한 믿음을 무너뜨렸습니다. 뉴턴의 물리학은 수 세기 동안 절대적 진리로 여겨졌지만, 아인슈타인의 상대성이론은 시간과 공간의 개념 자체를 바꾸어 놓았습니다. 중세 유럽에서는 왕이 신의 권위를 위임받았다고 믿는 '왕권신수설'이 지배했지만, 근대의 계몽주의 시대에는 인간의 자유와 평등을 강조하는 '사회계약설'이 그 자리를 대신했습니다. 이렇게 세상의 지식은 시대마다 새롭게 쓰이지만, 하나님의 말씀은 세월이 흘러도 변하지 않습니다. "주의 말씀은 내 발에 등이요 내 길에 빛이니이다"(시 119:105)라는 고백처럼, 하나님의 진리는 변하는 세상 속에서도 인간의 길을 인도하는 유일한 등불입니다.

지혜는 이렇게 얻은 지식을 실제 삶 속에서 실천하도록 이끄는 힘입니다. 성경은 "여호와를 경외하는 것이 지혜의 근본"(잠 9:10)이라고 말씀합니다. 세상은 지혜를 성공의 전략이나 생존의 기술로 보지만, 성경의 지혜는 옳고 그름을 분별하고, 선을 택하며, 그것을 행하는 순종의 용기입니다. 지혜는 계산이 아니라 믿음의 실천이며, 하나님의 뜻을 좇아 살아가는 경외의 자세입니다. 세상의 지혜는 환경과 시대에 따라 달라질 수 있지만, 하나님께서 주시는 지혜는 결코 변하지 않습니다. 그 근원이 하나님 자신이기 때문입니다.

명철은 지식과 지혜가 하나님의 기준 위에 바르게 서 있는지를 살피도록 이끄는 영적 통찰입니다. 이는 단순한 논리적 이해가 아니라, 하나님의 마음과 질서를 헤아려 삶의 방향을 정확하게 잡아 주는 내면의 시력이라고 할 수 있습니다. 명철은 지식을 실제의 삶에서 지혜로 살아내도록 연결시키며, 그 지혜가 흔들리지 않는 진리 위에서 작용하도록 붙들어 줍니다. 시대가 아무리 변해도 명철이 흔들리지 않는 이유는 그 기준이 인간이 아니라 하나님께 있기 때문입니다. 그러므로 명철은 인간이 스스로 만들어 내는 능력이 아니라, 하나님을 경외하는 사람에게 주시는 은혜의 선물입니다.

결국 지식과 지혜와 명철은 하나님 앞에서 온전한 인간으로 살아가기 위해 반드시 갖추어야 할 세 가지 기둥입니다. 지식은 하나님이 어떤 분이신지를 아는 것이고, 지혜는 그 말씀을 따라 살아갈 수 있는 능력이며, 명철은 그 삶의 방향이 하나님의 뜻에 합당한지 분별하는 영적 판단력입니다. 지식이 없으면 하나님을 바르게 알 수 없고, 지혜가 없으면 그 앎은 삶과 분리됩니다. 또한 명철이 없으면 지혜는 진리 위에 굳게 서지 못합니다. 이처럼 지식과 지혜와 명철은 신앙 인격을 세우는 토대이며, 인간의 존재 전체를 변화시키는 회심의 여정입니다. 그렇기에 우리는 스스로에게 진지하게 물어야 합니다. 나는 지금 무엇을 알고 있는가? 그 앎은 나를 어디로 이끌고 있는가? 그리고 나는 어떤 방향을 향해 걸어가고 있는가? 만일 내가 알고 있다고 믿는 그 앎이 나를 하나님의 뜻으로 인도하고 있다면 나는 바른길 위에 서 있는 것입니다. 그러나 그렇지 않다면 우리는 다시 시작해야 합니다. 하나님 앞에 무릎 꿇어 배우는 앎, 말씀 앞에서 새롭게 되는 앎—바로 그것이 참된 지식이며 지혜이고, 우리의 삶을 올바른 길로 인도하는 영적 통찰입니다. 이제 우리는 이러한 앎이 어떻게 종교의 기원과 목적과도 연결되는지를 살펴볼 필요가 있습니다.

기독교인만 읽는 책

다. 종교의 기원과 목적은 무엇인가

인류의 역사에서 종교는 문명보다 먼저 존재했습니다. 사람은 오래전부터 자신을 넘어선 어떤 존재, 곧 보이지 않는 신(神)의 실재를 느끼며 살아왔습니다. 인류학자들은 종교를 '두려움의 산물'로, 철학자들은 '이성의 사색'으로, 심리학자들은 '결핍의 보상'으로 설명하지만, 성경은 전혀 다르게 말합니다. "하나님이 사람에게 영원을 사모하는 마음을 주셨다"(전 3:11)는 말씀처럼, 종교의 기원은 인간의 상상력이 아니라 하나님이 인간의 마음속에 심어주신 본성에서 비롯되었습니다. 인간은 창조될 때부터 하나님을 인식하고, 그분과 교제하며, 그분 안에서 존재의 의미를 찾도록 지음 받았습니다. 그러나 죄로 인해 하나님과의 관계가 단절되자, 인간은 그 본래의 방향을 잃고 보이지 않는 창조주 대신 보이는 피조물을 신격화하기 시작했습니다. 태양과 달, 조상과 왕, 영웅과 권력자가 신의 자리를 대신하게 되었고, 종교는 창조주를 향한 믿음이 아니라 인간의 두려움과 욕망이 만든 제도로 변질되었습니다.

각 종교의 창시자들은 인간의 한계를 넘어 신에게 다가가려한 영적 탐구자였습니다. 석가모니는 고통을 끊으려 했으나 죄의 근원을 제거하지 못했고, 공자는 도덕과 예의로 세상을 교화하려 했으나 인간의 내면을 변화시키지 못했습니다. 마호메트는 율법과 권위로 신의 뜻을 실현하려 했지만, 그 신은 사랑보다 복종을 요구했습니다. 이들은 모두 인간의 노력으로 신에게 이르려 한 사람들이었으나, 하나님께서 친히 자신을 드러내신 '계시의 차원'에는 도달하지 못했습니다. 오직 예수 그리스도만이 "하늘에서 내려온 이"(요 3:13)로서, 하나님과 인간을 연결하신 유일한 중보자이십니다. 모든 종교의 목적이 인간의 고통을 극복하고 영원한 행복을 추구하는 데 있다면, 그 길은 결국 인간이 만든 사다리에 불과합니다. 반면 기독교는 하나님이 먼저 인간을 찾아오셨고, 인간의 죄를 대속하시기 위해 스스로 십자가에서 죽으신 사건으로 시작합니다. 이것이 인간의 종교와 하나님의 복음을 구분하는 결정적인 다름입니다.

오늘날 많은 사람들은 "모든 종교는 결국 같은 진리를 가르친다"고 말합니다. 그러나 성경적 세계관에서 보면, 이것은 진리의 본질을 왜곡하는 심각한 오류입니다. 성경은 "다른 이로써는 구원을 얻을 수 없나니"(행 4:12)라고 선언합니다. 불교의 해탈은 자아의 소멸을, 유교의 이상은 덕의 완성을, 이슬람은 절대복종을, 무속은 현세의 안녕을 추구합니다. 각각의 종교는 신관과 인간관, 그리고 구원의 길에서 근본적으로 다릅니다. 그럼에도 "모든 종교가 같다"는 주장은 진리를 상대화하여 인간 중심으로 만든 논리에 불과합니다. 한국 사회의 혼합된 종교 문화는 이런 사고의 산물입니다. 유교의 도덕, 불교의 자비, 무속의 현실 신앙이 섞여, 한국인은 종교를 문화와 관습의 일부로 받아들이게 되었습니다. 그러나 이러한 혼합주의는 신앙의 순수성을 잃게 하고, 진리를 인간의 취향으로 왜곡시킵니다.

성경은 하나님께서 "너는 나 외에는 다른 신들을 네게 두지 말라"(출 20:3)고 명령하신 이유를 명확히 가르칩니다. 그것은 단순한 배타적 태도가 아니라, 인간이 진리를 분별하고 올바른 관계를 유지하기 위한 창조 질서의 선언입니다. 하나님은 혼합된 예배나 절충된 신앙을 기뻐하지 않으십니다. 예수 그리스도께서 "나는 길이요 진리요 생명이니 나로 말미암지 않고는 아버지께로 올 자가 없느니라"(요 14:6)고 말씀하신 것도 그 이유입니다. 진리는 하나이며, 그 진리는 인격이신 예수 그리스도 안에 있습니다. 종교다원주의는 평화를 말하지만, 진리를 희석시키는 관용에 불과합니다. 진정한 평화는 하나님과 화목할 때만 주어지는 선물이며(롬 5:1), 그리스도 안에서만 가능한 영적 화평입니다.

결국 종교의 본질은 "인간이 신을 찾는가, 아니면 신이 인간을 찾는가"의 문제로 귀결됩니다. 인간이 만든 종교는 두려움과 욕망에서 비롯되어 신을 달래고 복을 얻으려 하지만, 기독교는 하나님이 사랑으로 인간을 찾아오신 종교입니다. 그분은 인간을 단순한 피조물로 대하지 않으시고, 자녀로 삼으셔서 언약을 맺으셨습니다. 예수 그리스도 안에서 하나님은 자신의 생명을 내어 주심으로 인간을 구원하셨습니다. 그 어떤 종교의 창시자도 자신을 희생하여 인류를 구속하지 않았습니다. 오직 예수 그리스도만이 죄인을 대신하여 죽으시고, 부활하심으로 영원한 생명의 길을 여셨습니다. 그러므로 참된 종교는 인간이 만든 제도가 아니라, 하나님께서 친히 세우신 관계의 회복이며, 그 목적은 인간을 하나님의 사랑과 진리 안으로 되돌리는 것입니다. 진정한 신앙은 진리를 독점하는 것이 아니라, 그 진리를 세상에 봉사와 사랑으로 드러내는 것입니다. 그리스도인은 진리를 무기로 삼지 않고, 빛으로 세상에 비추며, 사랑으로 사람들을 어둠에서 생명으로 인도해야 합니다. 진리 안에서 자유를 누리고, 그 자유를 복음의 책임으로 실천할 때, 우리는 이 세상 속에서 하나님 나라의 빛과 소금으로 살아가게 될 것입니다.

기독교인만 읽는 책

라. 신학의 다양성에 대한 성경적 관점

오늘날 교회와 신학의 세계는 다양한 사상과 해석이 공존하는 시대를 맞이했습니다. 복음주의 신학은 성경의 절대적 권위를 믿고 하나님의 말씀을 진리로 받아들이지만, 자유주의 신학은 성경을 인간의 역사와 사상을 반영한 문서로 이해하여 시대적 해석을 중시합니다. 이 차이는 단순한 해석의 문제가 아니라, 하나님의 말씀을 진리로 믿느냐, 아니면 인간의 이성을 신뢰하느냐의 문제로 이어집니다. 복음주의는 "모든 성경은 하나님의 감동으로 된 것"(딤후 3:16)이라는 말씀처럼 성경을 계시의 권위로 인정하지만, 자유주의는 성경을 신화나 상징으로 해석하며, 초자연적 사건을 인간적 체험의 표현으로 축소시킵니다. 결국 자유주의 신학은 하나님의 말씀을 인간의 판단 아래 두고, 복음의 본질을 시대정신으로 대체하는 오류에 빠집니다.

신학의 다양성은 역사적으로 볼 때 교회의 성장 과정 속에서 형성되어 왔습니다. 사도 바울, 베드로, 요한, 야고보의 신학이 각기 다른 강조점을 지녔듯, 교부신학·루터와 칼빈의 종교개혁 신학·웨슬리안 전통·신정통주의 등도 각 시대의 상황 속에서 복음의 한 단면을 비추었습니다. 또한 오늘날 남미의 해방신학, 여성주의 신학, 흑인신학, 아시아 신학, 포스트식민주의 신학 등은 신학 담론을 풍성하게 만들었지만, 동시에 진리의 상대화와 교회의 분열을 초래하기도 했습니다. 신학적 다양성은 성령께서 각기 다른 은사와 사역의 방식을 통해 교회를 세우시는 과정에서 나타난 풍요로움이기도 하지만, 성경의 중심을 벗어날 때에는 교회를 혼란스럽게 만들 수 있습니다.

성경적 관점에서 보면, 모든 신학적 시도는 성령의 역사 안에서 이해되어야 하지만, 반드시 성경의 계시를 기준으로 분별되어야 합니다. 사도 바울은 "성령은 각 사람에게 유익하게 하시려고 그 뜻대로 나누어 주신다"(고전 12:7-11)고 말했습니다. 교회가 케리그마(복음 선포), 디아코니아(봉사와 구제), 카리스마(은사), 프로페테이아(예언적 개혁), 코이노니아(성도의 교제) 등 서로 다른 사역의 형태를 나타내는 것은 하나님의 다양한 손길을 보여주는 일입니다. 그러나 이러한 다양성은 복음의 본질을 흔드는 자유가 되어서는 안 됩니다. 교회가 신학의 이름으로 성경의 권위를 약화시키거나, 시대의 가치와 사상으로 복음을 재해석한다면, 그것은 성령의 자유가 아니라 인간의 자율입니다.

오늘날 일부 신학은 사랑과 정의를 내세워 죄의 문제를 도덕으로 환원시키고, 복음을 사회 운동의 언어로 바꾸어 버립니다. 자유주의 신학은 예수 그리스도의 십자가를 단순한 인류애의 상징으로 이해하고, 부활을 신앙의 상징으로 해석하지만, 성경은 십자가를 죄인을 위한 하나님의 대속 사건으로 증언합니다. "우리가 아직 죄인 되었을 때에 그리스도께서 우리를 위하여 죽으셨다"(롬 5:8)는 말씀처럼, 복음의 본질은 인간의 행위가 아니라 하나님의 은혜에 있습니다. 그러므로 신학은 언제나 그리스도의 십자가와 부활, 그리고 성경의 절대 진리를 중심에 두어야 합니다. 신학이 그 자리에서 벗어날 때, 교회는 세상의 윤리와 사상에 동화되어 진리의 빛을 잃게 됩니다.

결국 신학의 다양성은 교회의 성숙을 위한 성령의 역사 안에서 풍성함을 이루기도 하지만, 분별없는 수용은 교회의 정체성을 해칩니다. 성경은 "너희는 내 말에 더하지도 말고 덜하지도 말라"(신 4:2)고 말씀하시며, 진리의 경계를 명확히 세우셨습니다. 그러므로 신자는 여러 신학을 절충하거나 병렬시키는 것이 아니라, 모든 신학적 주장과 실천을 하나님의 말씀을 기준으로 성찰할 수 있는 명철을 가져야 합니다. 이것이 성경이 말하는 참된 분별의 지혜이며, 신학적으로는 '메타신학'이라 부를 수 있습니다. 메타신학은 신학 위에 또 다른 사상을 세우는 것이 아니라, 성경의 중심에서 신학의 다양성을 조명하고, 그 속에서 변하지 않는 진리를 분별하려는 안목입니다. 삼위일체 교리, 예수 그리스도의 신성과 인성, 그리고 구원의 유일성은 결코 타협할 수 없는 기독교의 핵심 진리입니다.

따라서 "모든 신학이 결국 같은 길을 가리킨다"는 주장은 종교다원주의와 다르지 않습니다. 참된 신학은 다양성 안에서도 복음의 중심을 지켜야 하며, 모든 해석과 실천은 "오직 성경 (Sola Scriptura)"에 의해서 검증되어야 합니다. 신학의 다양성은 풍성함일 수 있지만, 그 풍성함이 진리를 대신할 수는 없습니다. 교회는 진리의 말씀 위에 굳게 서서, 성령의 인도하심 안에서 신학의 다양성을 분별하고 활용해야 합니다. 그럴 때 신학은 인간의 사상이 아니라 하나님의 말씀을 해석하는 도구가 되며, 교회는 세상 속에서 하나님의 나라를 밝히 드러내는 공동체로 세워질 것입니다.

기독교인만 읽는 책

마. 교회 전통의 다양성에 대한 성경적 관점

교회는 하나님을 믿으며 예수 그리스도를 주와 구주로 고백하는 사람들의 공동체입니다. 교회는 단순히 예배하는 집단이 아니라, 성령의 역사 안에서 복음을 증언하고 세상을 변화시키는 사명을 받은 하나님의 백성입니다. "너희는 세상의 빛이라"(마 5:14)는 말씀처럼, 교회는 세상 속에서 복음의 빛을 비추며 하나님 나라의 증인으로 살아가야 합니다. 이러한 교회의 사명은 단지 한 세대의 열심으로 세워진 것이 아니라, 성령께서 시대마다 교회를 인도하시고, 그 사역이 전통으로 이어지면서 형성된 신앙의 유산입니다. 따라서 교회의 전통은 단순한 관습이 아니라, 복음이 역사 속에서 살아 움직인 흔적이며, 신앙의 기억이자 성령의 손길이 남긴 궤적입니다.

교회의 전통은 신앙의 다양성을 반영하는 거룩한 유산입니다. 로마 가톨릭의 성당 건축과 성례전, 동방 정교회의 성상과 전례, 개신교의 말씀 중심 예배와 단순한 의식은 모두 각 시대와 문화가 복음을 자신들의 언어로 고백한 표현이었습니다. 하나님께서는 특정한 문화에 갇히지 않으시며, 모든 민족과 언어 속에서 예배를 받으시기를 원하십니다. 그러므로 전통은 단지 형식이나 제도만이 아니라, 각 시대에 성령이 역사하신 방식의 다양성을 보여주는 증거입니다. 그러나 전통은 절대적 권위로 붙들어야 할 대상도, 시대에 맞지 않는다고 버려야 할 대상도 아닙니다. 성경의 진리로 새롭게 해석하고, 그 속에서 하나님의 뜻을 분별할 때 전통은 오늘의 교회 속에서 살아 있는 신앙의 자산이 됩니다.

명철은 전통을 분별하게 하는 영적 지혜입니다. 전통을 무조건 옹호하거나 배척하는 태도는 지혜롭지 못합니다. 명철은 전통 속에서 하나님의 임재와 은혜의 흔적을 존중하되, 성경의 진리를 가리거나 왜곡하는 부분은 교정하게 합니다. 예배 형식, 음악, 건축, 복식은 문화마다 달라질 수 있지만, 그 본래의 목적은 언제나 하나님을 기억하고 그분의 은혜를 드러내는 데 있습니다. 따라서 교회는 형식에 얽매이지 말고, 그 속에 담긴 신앙의 의미를 discern(분별) 해야 합니다. 명철은 눈에 보이는 전통의 틀을 넘어, 그 안에 담긴 영적 본질을 꿰뚫어 보는 능력이며, 이를 통해 교회는 과거의 신앙을 현재의 삶으로 되살릴 수 있습니다.

교회의 전통은 세대를 잇는 신앙의 유산이자, 성령의 일하심을 증언하는 통로입니다. 그러나 전통이 형식화되면 생명력을 잃고, 신앙의 본질을 가리는 껍데기가 될 수 있습니다. 예수님께서는 바리새인들이 조상의 전통을 하나님의 계명보다 앞세운 것을 책망하시며, "너희가 전통으로 하나님의 말씀을 폐한다"(막 7:13)고 하셨습니다. 이 말씀은 전통을 부정하려는 것이 아니라, 진리 위에 서지 못한 전통을 경계하라는 가르침입니다. 참된 전통은 말씀 안에서 새롭게 해석되고, 성령의 조명 속에서 현재화될 때 생명을 얻습니다. 교회는 과거의 전통을 단절하지 않되, 그것을 절대화하지 않고 성경의 빛으로 재조명해야 합니다. 그럴 때 전통은 과거의 유물이 아니라, 오늘의 신앙을 견고히 세우는 영적 토대가 됩니다.

결국 교회 전통의 다양성은 성령께서 각 민족과 시대 안에서 역사하신 증거이며, 세대를 이어가는 하나님의 신실하심의 표징입니다. 교회는 전통에 갇히지도, 전통을 버리지도 말아야 합니다. 전통은 복음을 담는 그릇이지 복음 그 자체가 아닙니다. 성경의 진리를 기준으로 전통을 분별하고, 그 속에 담긴 신앙의 지혜를 오늘의 예배와 삶에 실천할 때, 전통은 교회의 생명력으로 되살아납니다. 전통은 단순히 과거의 기억이 아니라, 성령의 인도하심 속에서 현재를 살아가는 교회의 방향을 비추는 등불입니다. 하나님께서 각 시대에 허락하신 다양한 전통들은 서로 다른 모습 속에서도 하나의 목적을 향합니다. 그 목적은 오직 한 분, 예수 그리스도의 복음을 세상에 드러내는 것입니다.

바. 철학적 사상과 이념에 대한 성경적 관점

인류의 역사는 언제나 사상과 이념의 충돌 속에서 전개되어 왔습니다. 철학은 인간이 스스로의 존재와 세계의 의미를 이해하려는 지적 시도이며, 이데올로기는 그 철학이 사회와 정치 속에서 구체화된 체계라 할 수 있습니다. 고대에는 플라톤의 이념론과 아리스토텔레스의 현실주의가, 근대에는 계몽주의와 유물론, 실존주의, 그리고 현대에는 포스트모더니즘과 신인본주의가 인간의 삶과 문명을 규정하는 사상으로 자리해 왔습니다. 그러나 이러한 모든 사상은 궁극적 실재를 인간의 이성이나 감각, 혹은 사회적 합의에 두었다는 점에서 성경이 증언하는 진리와는 본질적으로 다릅니다. 성경은 "여호와를 경외하는 것이 지식의 근본"(잠 1:7)이라 하여, 인간의 사유가 아닌 하나님의 계시를 참된 지혜의 출발점으로 선언합니다.

기독교인은 세상의 철학과 사상, 이념을 무시하거나 배척만

해서는 안 됩니다. 그것들을 이해하고, 그 안에 담긴 인간의 탐구와 한계를 인식해야 합니다. 바울은 아덴에서 철학자들의 논리를 경청하되, "너희가 알지 못하고 위하는 그것을 내가 너희에게 알게 하겠다"(행 17:23)며 복음으로 그들의 사유를 교정했습니다. 이것이 바로 '성경으로 사유하는 삶'입니다. 즉, 모든 철학적 담론을 성경의 빛 아래 두고 해석하며, 그 안에서 하나님의 뜻과 진리를 분별하는 태도입니다. 하나님께서 주신 명철은 세상의 이념을 단순히 비판하는 것이 아니라, 그 이면의 근원적 물음─인간은 누구인가, 무엇이 선한가, 인생의 목적은 무엇인가─를 성경의 관점에서 새롭게 조명하게 합니다.

이데올로기는 철학보다 더 실천적이고 강력한 사회적 영향력을 가집니다. 자유주의, 공산주의, 민족주의, 자본주의, 페미니즘, 환경주의 등은 모두 인간의 문제를 해결하려는 시도에서 출발했지만, 인간의 죄성과 한계를 외면할 때 결국 또 다른 억압과 갈등을 낳았습니다. 성경은 인간의 문제를 사회제도나 사상으로 해결할 수 있다고 말하지 않습니다. 오직 하나님과의 관계 회복, 즉 구속의 은혜 안에서만 참된 자유와 평화가 가능하다고 증언합니다. 예수 그리스도께서 말씀하신 "진리가 너희를 자유롭게 하리라"(요 8:32)는 선언은 모든 이념과 철학 위에 서 있는 복음의 근본 명제입니다. 그러므로 기독교인은 세상의 이데올로기를 비판할 때, 정치적 입장이 아니라 구속사의 시선에서 접근해야 합니다.

결국 기독교적 분별이란, 철학이나 이념을 단순히 거부하거나 모방하는 것이 아니라, 그것을 '성경의 진리로 재해석'하는 능력입니다. 세상의 사상은 변하지만 하나님의 말씀은 변하지 않습니다. 명철은 인간의 지성을 억누르지 않고, 오히려 하나님의 말씀으로 지성을 정화하고 확장시킵니다. 이 시대에 필요한 것은 사상적 편향이 아니라, 성경의 진리를 기준으로 세상의 이념을 분별할 수 있는 영적 지성입니다. 기독교인은 이 영적 지성을 통해 하나님의 뜻을 세상 속에 증언하며, 모든 철학과 이념을 초월하는 진리—곧 하나님의 말씀 위에 견고히 서야 합니다.

사. AI 시대, 기독교인의 윤리의식

오늘날 인류는 인공지능(AI)과 첨단 기술의 발전으로 새로운 문명 전환기를 맞이하고 있습니다. AI는 의료, 산업, 교육, 금융, 예술 등 모든 분야에서 인간의 능력을 뛰어넘는 성과를 보이며, 인류의 삶을 근본적으로 바꾸고 있습니다. 그러나 기술의 발전이 곧 인간의 행복을 보장하지는 않습니다. 기술은 인간의 능력을 확장시키는 동시에 욕망과 교만을 드러내며, 하나님 없이 스스로 구원하려는 인간의 본성을 노출시킵니다. 성경은 "땅을 정복하고 다스리라"(창 1:28)고 명령하셨지만, 그 다스림은 파괴가 아닌 돌봄을 뜻합니다. 하나님께서 주신 창조의 권한은 섬김과 책임의 명령이지, 통제와 지배의 특권이 아닙니다.

AI 시대의 기술문명은 인간의 삶을 편리하게 만들었지만, 동시에 인간의 도덕과 영성을 약화시켰습니다. 자율주행차가 사고 시 생명을 선택하고, 군사용 드론이 생사의 결정을 내리며,

유전자 편집 기술이 생명의 경계를 흔들고 있습니다. 이러한 현상은 인간이 창조 질서의 한계를 넘어서려는 시도이며, 생명의 주인이 하나님이심을 망각한 결과입니다. 생명은 과학의 실험 대상이 아니라 하나님의 형상을 따라 주어진 거룩한 선물입니다. 기술이 창조의 경계를 넘어설 때, 그것은 진보가 아니라 타락으로 변합니다.

또한 기술문명은 인간 사회의 불평등을 심화시키고 윤리의식을 무디게 만들고 있습니다. AI가 노동을 대체하면서 부는 기술을 보유한 소수에게 집중되고, 많은 이들이 일자리와 존엄을 잃고 있습니다. SNS와 빅데이터는 사람들의 사고와 소비를 조작하며, 개인의 사생활은 감시의 대상이 됩니다. 가상현실과 딥페이크는 거짓을 진실처럼 포장하고, 청소년들은 폭력적·음란한 콘텐츠에 노출됩니다. 이 모든 문제의 뿌리는 기술 그 자체가 아니라, 하나님을 떠난 인간의 마음에 있습니다. 하나님을 경외하지 않는 지식은 언제나 교만과 타락으로 이어집니다.

그리스도인의 윤리의식은 이러한 시대에 더욱 명확해야 합니다. 기술의 본질은 선악의 문제가 아니라, 그것을 사용하는 인간의 의도와 마음의 문제입니다. 성경은 "여호와를 경외하는 것이 지식의 근본"(잠 1:7)이라 말씀합니다. 진정한 지식과 윤리는 하나님의 말씀 안에서만 바로 설 수 있습니다. 그러므로 AI 시대의 윤리란 인간의 편리함과 이익을 위한 계산이 아니라,

하나님이 주신 생명과 질서를 보존하는 책임입니다. 기술을 통해 이웃을 섬기고, 정의를 세우며, 창조 세계를 돌보는 것이 곧 기독교인의 윤리적 소명입니다.

결국 AI 시대의 기독교인은 기술의 노예가 아닌 주인이 되어야 합니다. 기술이 인간을 대신하도록 내버려두는 것이 아니라, 하나님의 뜻 아래에서 기술을 다스려야 합니다. 기술의 방향은 인간의 손끝이 아니라 마음의 중심에서 결정됩니다. 하나님을 경외하는 지혜와 명철로 기술을 분별하고, 그 사용을 하나님의 영광과 이웃의 유익을 위한 도구로 삼을 때, AI 시대의 기술문명은 타락의 수단이 아니라 복음의 통로가 될 수 있습니다. 그것이 바로 AI 시대를 살아가는 기독교인의 윤리의식입니다.

기독교인만 읽는 책

아. AI시대, 성령과 교통하는 기독교인의 명철

오늘날 인류는 인공지능(AI)의 눈부신 발전 속에서 새로운 시대를 맞이하고 있습니다. AI는 인간의 언어를 이해하고, 이미지를 분석하며, 스스로 학습하는 능력을 갖추어 인간의 사고 영역 깊숙이 들어왔습니다. 그러나 기술이 아무리 정교해져도 인간의 마음과 영혼, 그리고 양심의 깊은 세계에는 결코 닿을 수 없습니다. AI는 인간의 '지능'을 모방할 수 있을지라도, 하나님의 형상으로 지음 받은 인간의 '영'을 대체할 수는 없습니다. 성경은 "여호와 하나님이 흙으로 사람을 지으시고 생기를 그 코에 불어넣으시니 사람이 생령이 되니라"(창 2:7)고 말씀합니다. 인간의 존엄은 지식이나 기술의 진보에 있는 것이 아니라, 하나님께서 주신 생명의 영, 곧 성령의 숨결 안에 있습니다.

AI 시대는 인간의 판단을 점점 기계에 의존하게 만듭니다. 사람들은 데이터의 확률을 신뢰하고, 알고리즘의 결과를 따라

가며, 점점 자신의 양심과 직관을 뒤로 미루고 있습니다. 그러나 성경은 인간의 마음속에 하나님을 향한 영적 인식의 능력을 심어 주셨다고 말씀합니다. "하나님이 사람의 마음에 영원을 사모하는 마음을 주셨다"(전 3:11)는 구절은 인간이 본질적으로 하나님과 교통하도록 창조되었음을 보여 줍니다. 인공지능은 감정을 흉내 낼 수 있지만, 사랑의 의지와 거룩한 분별을 가질 수는 없습니다. 진정한 명철, 곧 하나님의 뜻을 분별하는 지혜는 성령께서 인간의 마음을 비추실 때만 가능하며, 그분과의 교통 속에서만 자랍니다.

성령과의 교통은 단순한 종교적 감정이 아니라, 하나님의 진리를 깨닫고 삶 속에서 실천하도록 이끄는 영적 작용입니다. 예수께서는 "보혜사 곧 아버지께서 내 이름으로 보내실 성령, 그가 너희에게 모든 것을 가르치고 내가 너희에게 말한 모든 것을 생각나게 하시리라"(요 14:26)고 말씀하셨습니다. 성령은 인간의 이성을 억누르는 분이 아니라, 그 이성을 거룩하게 하시는 분이십니다. AI가 사실을 계산한다면, 성령은 그 사실 속에서 진리를 깨닫게 하십니다. 세상은 정보를 분석하지만, 성령은 마음을 새롭게 하십니다. 그러므로 성령과 교통하는 삶은 비이성적 열정이 아니라, 인간의 지성을 하나님의 뜻 아래 두는 지혜로운 순종입니다. "그가 너희를 모든 진리 가운데로 인도하시리라"(요 16:13)는 말씀처럼, 성령은 인간의 지식을 초월하여 진리의 방향을 비추시는 인도 자이십니다.

성령과 교통하는 명철은 인간의 욕망을 거룩으로 변화시키는 힘을 가집니다. "너희가 성령을 따라 행하라. 그리하면 육체의 욕심을 이루지 아니하리라"(갈 5:16) 하신 말씀은, 성령이 인간의 내면을 지배할 때 욕망이 순종으로 바뀌고, 불안이 평안으로 변한다는 뜻입니다. AI는 인간의 욕망을 분석하여 만족시키려 하지만, 성령은 그 욕망을 정화하여 하나님을 향하게 하십니다. AI는 인간의 효율을 높이려 하지만, 성령은 인간의 존재 자체를 새롭게 빚어 하나님의 형상을 회복하게 하십니다. 따라서 명철이란 단순히 올바른 판단력이 아니라, 성령의 뜻을 헤아리고 하나님의 시선으로 세상을 바라보는 영적 통찰입니다. 성령과의 교통을 잃은 지성은 교만으로 흐르고, 지성을 잃은 영성은 미신으로 변질됩니다. 참된 명철은 이 둘을 성령 안에서 조화시키는 능력입니다.

성령과 교통하는 삶은 또한 교회의 공동체 안에서 구체적으로 드러납니다. AI는 인간의 삶을 개인화시키고, 신앙마저 고립시키지만, 성령은 언제나 공동체를 세우며 서로를 연결하십니다. "각 사람에게 성령을 나타내심은 유익하게 하려 하심이라"(고전 12:7)는 말씀처럼, 성령의 은사는 개인의 자랑이 아니라 공동체의 유익을 위한 것입니다. 성령은 기술이 만들어 내는 인위적 연결이 아니라, 사랑과 헌신으로 맺어지는 영적 연합을 이루십니다. 교회는 이 성령의 교통 안에서 지성과 영성이 하나가 되고, 세상 속에서도 하나님의 나라를 증언하는 지혜로운 공동체로 서야 합니다.

결국 AI 시대에 그리스도인이 회복해야 할 것은 지식의 양이 아니라, 성령과 교통하는 명철입니다. 명철은 단순한 지적 능력이 아니라, 하나님과의 관계 속에서 올바르게 생각하고 바르게 행하는 삶의 태도입니다. 성령이 없는 지성은 인간을 교만하게 만들고, 성령의 인도 없는 기술은 인류를 방황하게 만듭니다. AI가 세상을 예측할 수는 있어도, 인간의 영혼을 인도할 수는 없습니다. AI는 인간의 말을 흉내 낼 수 있으나, 성령은 인간의 마음을 새롭게 하십니다. 성령과 교통하는 사람은 세상의 논리에 휩쓸리지 않고, 진리의 말씀으로 세상을 분별하며, 그분의 뜻을 따라 행동합니다.

성경은 "지혜는 네 마음에 들어가며 지식은 네 영혼을 즐겁게 할 것이요 명철은 너를 지키며"(잠 2:10-11)라고 말씀합니다. AI 시대의 명철은 인간의 계산이 아니라, 성령의 인도하심을 따라 하나님 뜻을 분별하는 능력입니다. 그러므로 오늘의 기독교인은 기술의 편리함에 안주하지 말고, 성령과의 교통 속에서 말씀의 길을 걸어야 합니다. 성령이 주시는 명철은 세상의 변화를 두려워하지 않게 하고, 그 가운데서 하나님의 뜻을 깨닫게 합니다. 성령과 교통하는 자만이 AI 시대를 바르게 이해하고, 진리와 사랑으로 세상을 이끌 수 있습니다. 그 명철이야말로 혼돈의 시대를 밝히는 하나님의 등불입니다.

자. AI 시대, 기독교인의 믿음과 소망

　AI 시대의 인간은 기술의 진보 속에서 더 나은 내일을 꿈꾸지만, 그 소망은 언제나 불안합니다. 인공지능은 인간의 한계를 극복할 수 있을 것처럼 보이지만, 그 안에는 인간의 욕망과 두려움이 그대로 담겨 있습니다. 기술은 편리함과 번영을 약속하지만, 동시에 인간의 영혼을 무력화시키고 하나님 없는 구원의 신화를 만들어 냅니다. 인간이 쌓아 올린 문명은 바벨탑처럼 높지만, 죽음과 영원의 문제 앞에서는 무력합니다. 성경은 "우리의 시민권은 하늘에 있는지라"(빌 3:20)고 선언하며, 참된 소망이 세상의 기술이나 진보에 있지 않고 하나님께 있음을 분명히 합니다. "그리스도께서 죽은 자 가운데서 다시 살아나사 산 소망이 되셨다"(벧전 1:3)는 말씀처럼, AI 시대의 진정한 희망은 오직 부활의 주 예수 그리스도 안에 있습니다.

　AI는 인간의 판단을 대신하고, 기계의 계산은 점점 더 정교해지고 있습니다. 그러나 기술이 아무리 발전해도 인간의 영혼과 양심을 대신할 수는 없습니다. 믿음은 눈에 보이는 데이터보다 확실한 하나님의 약속을 붙드는 것이며, 불확실한 세상 속에서도 진리를 향해 나아가는 결단입니다. "믿음은 바라는 것들의 실상이요 보이지 않는 것들의 증거"(히 11:1)라는 말씀은, 인간의 지식이 아니라 하나님의 말씀에 근거한 확신을 가르칩니다. 세상은 예측 가능한 미래를 원하지만, 그리스도인은 하나님의 섭리와 약속을 신뢰합니다.

소망은 단순한 기대나 낙관이 아니라, 하나님께서 이루실 구원의 확신입니다. 히브리서 기자는 "소망은 영혼의 닻"(히 6:19)이라고 말했습니다. 세상이 흔들릴수록 그리스도인의 소망은 더욱 단단해집니다. 그 소망은 현실을 도피하게 만드는 몽상이 아니라, 오늘의 삶을 거룩하게 만드는 힘입니다. "주를 향하여 이 소망을 가진 자마다 그의 깨끗하심과 같이 자기를 깨끗하게 하느니라"(요일 3:3)는 말씀처럼, 소망은 거룩한 삶을 낳고, 믿음은 그 소망을 현실로 살아 내는 능력이 됩니다. 기술은 인간의 삶을 편리하게 만들 수는 있어도, 마음을 정결하게 할 수는 없습니다. 참된 변화는 알고리즘이 아니라 말씀에서 시작됩니다.

AI 시대의 그리스도인은 또한 사랑과 관용의 자세로 세상을 대해야 합니다. 진리는 결코 타협될 수 없지만, 진리 위에서 이루어지는 관용만이 세상을 변화시킬 수 있습니다. 대화는 논쟁의 수단이 아니라, 경청과 이해의 과정입니다. 기독교 신앙은 진리 위에서 차이를 존중하며, 하나님의 형상으로 지음 받은 모든 인간을 존귀하게 여깁니다. "너희 관용을 모든 사람에게 알게 하라 주께서 가까우시니라"(빌 4:5)라는 말씀은, 관용이 약함이 아니라 영적 성숙의 표현임을 가르칩니다. 사랑은 진리를 약화시키는 감정이 아니라, 진리를 실천하는 능력입니다.

결국 AI 시대의 신앙은 세상의 지능보다 하늘의 지혜를 붙드는 믿음이며, 변하는 세상 속에서도 흔들리지 않는 소망입니다. 지성은 하나님의 말씀을 이해하는 능력이요, 영성은 그 말씀에 순종하는 힘입니다. 기술은 인간의 삶을 바꿀 수 있지만, 영혼을 구원할 수는 없습니다. 그러므로 그리스도인은 기술의 진보보다 믿음의 성숙을, 세상의 지능보다 하나님의 지혜를 더 귀히 여겨야 합니다. AI 시대의 참된 신앙은 불안한 미래를 계산하는 것이 아니라, 영원한 약속을 신뢰하며 사는 것입니다. 그것이 곧 AI 시대, 기독교인의 믿음과 소망입니다.

기독교인만 읽는 책

차. 맺음말

기독교인의 지성과 영성은 둘이 아니라 하나이며, 성령 안에서 통합될 때 완성됩니다. 하나님을 사랑하는 마음은 그분을 아는 지식에서 비롯되고, 참된 지식은 그분을 경외하는 영성에서 자라납니다. 세상의 지성은 이성을 절대화하며 감정의 자유를 자율로 미화하지만, 성경적 지성은 하나님을 중심에 두고 생각하는 사고이며, 성경적 영성은 그분의 말씀에 순종하는 삶입니다. 하나님은 인간에게 이성과 감정을 모두 주셨지만, 그 사용의 기준을 말씀으로 정하셨습니다. 그러므로 인간의 사유는 언제나 말씀의 빛 아래에서 길을 찾아야 하며, 그리스도인의 삶은 성령의 인도 아래에서만 진리를 향해 나아갈 수 있습니다.

지성은 하나님이 주신 이해의 능력이요, 영성은 그 이해를 행동으로 옮기는 힘입니다. 그러나 참된 영성은 인간의 감정적 열정이 아니라, 성령과의 교통을 통해 형성된 분별력에서 비롯됩니다. 성령은 인간의 이성을 거룩하게 하고, 감정을 정화하며, 삶의 방향을 하나님의 뜻으로 조율하십니다. 지성이 영성을 잃으면 교만으로 흐르고, 영성이 지성을 잃으면 미신으로 변질됩니다. 그러므로 성경은 "지혜는 네 마음에 들어가며 지식은 네 영혼을 즐겁게 할 것이요, 명철은 너를 지키며"(잠 2:10-11)라고 말씀합니다. 이 명철은 바로 성령과 교통할 때 주어지는 통찰이며, 인간의 생각을 하나님의 뜻에 맞추어 조정하는 거룩한 지혜입니다.

오늘날 교회와 신앙의 위기는 바로 이 성령과의 교통이 단절된 지성과 말씀 위에 세워지지 않은 영성에서 비롯됩니다. 하나님을 말하지만 말씀을 모르고, 성령을 외치지만 진리를 분별하지 못하는 시대입니다. 지식은 넘치지만 진리의 감각은 희미하고, 감정은 뜨겁지만 순종은 약합니다. 성령과 교통하지 못한 영성은 자기 감정의 신앙으로 흐르고, 말씀 위에 서지 못한 지성은 세상의 논리에 굴복합니다. 이런 시대에 그리스도인은 다시 말씀과 성령의 자리로 돌아가야 합니다. 말씀으로 사유하고, 성령의 교통 안에서 분별하며, 그분의 인도에 순종할 때 참된 신앙이 회복됩니다. 하나님께서 원하시는 믿음은 맹목적 복종이 아니라, 말씀을 통해 분별하고 성령의 음성에 응답하는 지성적이고 영적인 순종입니다.

결국 기독교인의 지성과 영성은 성령과 교통하는 명철 속에서 하나로 결합됩니다. 말씀으로 생각하는 사람은 거짓을 분별하고, 성령과 교통하는 사람은 그 길을 따라 걸어갑니다. 지성은 영성을 밝히는 등불이고, 영성은 지성을 이끄는 바람입니다. 이 둘이 성령 안에서 만날 때, 그리스도인은 진리 안에서 자유하고 사랑 안에서 성숙할 수 있습니다. "너희는 진리를 알지니 진리가 너희를 자유롭게 하리라"(요 8:32)는 주님의 말씀처럼, 참된 지성과 영성은 결국 말씀의 진리를 알고, 성령의 교통 안에서 그 말씀을 살아 내는 데서 완성됩니다.

AI 시대의 진보가 아무리 빠를지라도, 인간을 참된 자유로 이끄는 것은 기술이 아니라 성령과 교통하는 지성과 영성입니다. 말씀을 통하여 깨닫고, 성령 안에서 분별하며, 사랑으로 실천하는 신앙만이 변하지 않는 진리를 지켜냅니다. 성령과 교통하는 그리스도인은 세상의 변화를 두려워하지 않고, 하나님의 뜻을 따라 세상을 새롭게 합니다. 그것이 바로 AI 시대를 살아가는 기독교인의 명철이며, 지성과 영성이 하나 되는 거룩한 삶의 완성입니다.

제3부

기독교인의 역사관

가. 서문

역사는 단순히 과거의 사건을 기록한 연대기가 아닙니다. 인간이 역사를 어떻게 이해하고 해석하느냐에 따라, 과거의 의미는 달라지고 현재의 판단은 왜곡되며 미래의 방향은 흔들릴 수 있습니다. 그러나 오늘날 많은 사람들은 역사를 인간이 만들어 낸 사건의 집합으로만 여기고, 그 안에서 하나님의 주권적 섭리와 구속의 질서를 읽어내지 못하고 있습니다. 한국 사회 또한 서구 근대 이후의 실증주의와 민족주의, 자문화 중심주의, 그리고 포스트모더니즘의 영향 속에서 역사를 하나님 없는 인간 중심의 이야기로 축소시켰습니다. 그 결과 역사는 신앙의 교과서가 아니라 정치와 이념의 도구가 되었고, 인간의 자랑과 실패만 남은 기록으로 전락했습니다.

참된 역사관은 단순한 사실의 나열이 아니라, 역사를 지배하시는 하나님의 뜻을 발견하는 안목입니다. 인간이 배우는 국사

　　　　　　　　　　　기독교인만 읽는 책

나 세계사는 인물과 사건 중심으로 서술되며, 역사의 시작과 끝, 곧 궁극적 목적을 밝히지 못합니다. 그렇기 때문에 성경 밖의 역사 이해는 언제나 주관적 해석이나 민족적 편향에 빠지기 쉽습니다. 예를 들어, 한 사건에 대한 해석이 한국과 일본, 혹은 중국과 한국에서 전혀 다르게 전개되는 것은 인간이 역사를 절대적 기준 없이 해석하기 때문입니다. 그러나 성경은 역사를 창조에서 시작하여 종말로 향하는 구속의 이야기로 제시하며, 그 안에서 하나님의 통치와 인간의 응답이 어떻게 얽혀 있는지를 보여 줍니다. 성경의 역사는 반복이 아니라 목적을 향해 나아가는 '직선적 시간'이며, 하나님이 주도하시는 섭리의 과정입니다.

인간이 기록한 역사는 제국의 흥망성쇠와 영웅의 공적을 남기지만, 하나님이 기록하신 역사는 구속의 약속과 언약의 성취를 증언합니다. 고대 제국들이 남긴 유적은 오늘날 관광의 대상이 되었지만, 아브라함의 후손들은 여전히 "성경"이라는 한 권의 책과 함께 건재합니다. 이는 역사의 중심이 인간이 아니라 하나님이심을 분명히 보여 줍니다. 허버트 버터필드는 역사란 체제보다 인간의 목적과 결과 속에 있다고 말했지만, 그 역시 하나님의 섭리를 인식하지 못했습니다. 성경만이 역사를 하나님께서 친히 주도하시는 '구속의 서사'로 이해하게 하며, 역사의 의미를 인간의 성취가 아닌 하나님의 계획 속에서 찾아야 함을 가르칩니다. 그러므로 역사를 바르게 해석하는 일은 단순한 학문이 아니라, 하나님의 부르심에 대한 신앙적 응답입니다.

그리스도인은 창조 명령(창 1:28), 사랑의 명령(마 22:37-40), 지상 명령(마 28:19-20)에 순종하며, 역사를 통해 하나님의 뜻을 배워야 합니다. 올바른 역사관은 단지 과거를 해석하는 틀이 아니라, 하나님의 시선으로 현재를 해석하고 미래를 준비하게 하는 지혜입니다. 그리스도인의 역사관은 성경에 기록된 하나님의 역사, 인간이 기록한 인간의 역사, 그리고 성경에 계시된 섭리의 역사를 통합적으로 이해하는 관점입니다. 이러한 섭리적 역사관 속에서 우리는 과거의 사건에서 하나님의 뜻을 배우고, 현재의 삶을 그분의 통치 아래 해석하며, 미래를 하나님의 약속 안에서 소망하게 됩니다. 결국 '하나님의 섭리로 읽는 역사'란, 역사를 통해 하나님이 하시는 일을 깨닫고 그분의 뜻에 순종하며, 자신의 삶을 하나님의 구속 역사 안에 위치시키는 신앙적 사유의 길입니다.

나. 하나님의 역사

    그리스도인이 의미 있는 역사관을 세우기 위해서는 먼저 성경에 기록된 하나님의 역사를 올바로 이해해야 합니다. 그 위에서 인간이 기록한 역사를 평가해야만, 인간의 역사가 창조주 하나님의 큰 역사 안에서 어떤 의미를 지니는지를 알 수 있기 때문입니다. 성경적 역사관의 핵심은 삼위일체 하나님, 곧 성부·성자·성령께서 인간과 맺으신 관계 속에서 드러난 하나님의 구속의 역사입니다. 그 이야기는 창조주 하나님께서 우주 만물을 지으시고, 역사의 질서를 주관하시는 진리의 말씀으로 시작됩니다. 이어 타락한 인간을 향한 하나님의 슬픔과 긍휼이 기록되며, 그 중심에는 성자 예수 그리스도의 복음과 죄, 구원, 심판의 사건이 자리합니다. 그리고 성령 하나님께서 사도들을 감동시키시고, 죄인을 회개케 하시며, 이미 이루신 일과 지금 이루어 가시는 일, 그리고 앞으로 완성하실 일을 통해 역사의 큰 줄기를 마무리하십니다.

1) 완전한 창조

태초에 하나님께서는 천지와 만물을 창조하시고, 빛과 어둠을 나누시어 낮과 밤을 정하시며, 하늘과 땅과 바다의 경계를 세워 모든 것에 질서를 부여하셨습니다. 하나님께서 창조하신 생명체들은 완전하였으며, 그 완전함을 유지할 수 있는 존재들이었습니다. 하나님은 모든 생물을 종류대로 창조하시고, 생육하고 번성하는 능력을 주셔서 생명체가 세상에 충만하도록 하셨습니다. 또한 종족을 보존하도록 본능을 주시어 부모의 자식 사랑과 어미의 새끼 사랑이 본성으로 작동하게 하셨습니다. 식물은 씨앗과 열매를 맺어 다른 생명체의 양식이 되었고, 자연은 풍요와 아름다움으로 가득 찼습니다. 성경은 이를 두고 "하나님이 보시기에 심히 좋았다"(창 1장)라고 증언합니다.

특히 하나님은 인간을 자기 형상대로 창조하시어 인격적 존재로 세우시고, 남자와 여자를 창조하셔서 피조 세계를 다스리는 복을 주셨습니다(창 1:28). 인간은 지혜롭고 지적인 존재로서, 아담은 하나님께서 이끌어 오신 모든 동물의 이름을 지어 줄 정도의 지성을 지녔습니다(창 2:19). 또한 인간은 감정을 가진 존재로서, 하와를 처음 본 아담이 "이는 내 뼈 중의 뼈요 살

기독교인만 읽는 책

중의 살이라"(창 2:23)고 노래한 것은 그의 감성과 시적 기질을 보여 줍니다. 인간은 양심을 가진 존재로서 하나님을 두려워할 줄 알았고(창 3:10), 부끄러움을 느낄 줄 알았으며(창 2:25), 남녀가 연합하여 자녀를 낳고 기르는 완전한 삶을 살았습니다(창 2:24; 4:1). 이처럼 하나님의 역사는 하나님의 보시기에 "좋았더라" 하신 완전한 창조에서부터 시작되었습니다.

2) 인간의 타락

성경에 따르면, 하나님께서는 인간이 스스로 선악을 판단하는 일을 원치 않으셨습니다. 하나님은 아담에게 "동산 각종 나무의 열매는 임의로 먹되, 선악을 알게 하는 나무의 열매는 먹지 말라. 네가 먹는 날에는 반드시 죽으리라"(창 2:16~17)고 명령하셨습니다. 그러나 하와는 사탄의 유혹에 넘어가 하나님의 금지와 경고의 말씀을 어기고 그 열매를 따 먹었으며, 아담에게도 주었습니다. 이로써 인간의 본성은 타락하였고, 스스로 선악을 분별하려는 교만한 마음으로 하나님과의 관계가 단절되었습니다. 신학은 이 사건을 "원죄(原罪)"라 부릅니다.

원죄는 인류에게 엄청난 결과를 가져왔습니다. 인간은 죽음의 형벌을 받게 되었고(창 6:3), 본성은 악으로 기울어져 모든 죄의 근원이 되었습니다. 인생의 수고와 고통, 그리고 관계의 왜곡은 모두 타락의 결과입니다. 인간은 부모로부터 본성과 성품을 유전 받기에, 죄의 본성 또한 대대로 이어졌습니다. 결국 타락한 인간은 거룩하신 하나님 앞에 설 수 없게 되었고, 에덴 동산에서 쫓겨나 하나님으로부터 분리되었습니다. 하나님의 본성은 거룩하시며, 죄를 용납하지 않으시기에 죄인과 함께하실 수 없었습니다. 그리하여 인간은 하나님을 떠나, 스스로 고통과 죽음의 길을 걷게 되었습니다.

3) 하나님의 심판

본성이 타락하여 생각하는 것이 악해진 인간은 스스로의 힘으로 죄를 피할 수 없습니다. 그러나 하나님께서는 이러한 인간을 버려두지 않으시고, 징계와 심판을 통해 회복의 길을 여셨습니다. 하나님의 심판은 단순한 파멸이 아니라, 회개와 구원의 길을 여시는 사랑의 역사이기도 합니다. 아담과 하와를 에덴에서 내치신 사건은 심판이자 사랑이었습니다. 하나님은 그들이 생명나무에 접근하지 못하게 하심으로써, 죄가 영원히 굳어지는 것을 막으셨습니다.

노아 시대의 홍수 또한 동일한 의미를 지닙니다. 하나님은 죄악으로 가득한 세상을 공의로 심판하셨지만, 의인 노아와 그 가족을 구원하시어 인류가 다시 시작할 수 있는 기회를 주셨습니다. 이스라엘 역사 속에서도 하나님의 심판은 반복되었습니다. 불순종할 때마다 전쟁과 포로, 기근이 임했지만, 회개하는 자를 하나님은 다시 일으켜 세우셨습니다. 그러나 인간의 악함은 끊임없이 반복되었고, 하나님은 마침내 단번에 완전한 구속을 이루시기 위해 예수 그리스도를 보내셨습니다. 그분 안에서 심판의 역사는 구속의 역사로 전환되었습니다.

4) 예수 그리스도의 구속

인류의 역사는 죄와 심판의 반복이었습니다. 율법과 선지자의 경고에도 불구하고 인간은 여전히 죄 가운데 머물렀습니다. 하나님은 징계와 처벌만으로는 인류를 구원할 수 없음을 보여주시고, 완전한 구속의 길을 여셨습니다. 그 중심에는 예수 그리스도의 십자가가 있습니다. 성자 하나님께서 사람의 몸을 입고 오셔서 죄 없으신 분으로 인류의 죄를 대신 지고 죽으셨습니다. 십자가의 죽음은 하나님의 공의와 사랑이 동시에 이루어진 사건이었습니다. 죄에 대한 심판은 철저히 집행되었으나, 그 심판을 그리스도께서 친히 감당하심으로써 인간은 은혜로 구속받게 되었습니다.

구약의 제사는 장차 오실 완전한 희생을 예표했지만, 예수 그리스도의 단번의 희생은 모든 시대의 죄를 위한 완전한 대속이 되었습니다. "그리스도께서도 단번에 죄를 위하여 죽으사 의인으로서 불의한 자를 대신하셨으니"(벧전 3:18)라는 말씀은 바로 그 진리를 증거합니다. 부활하신 그리스도는 사망 권세를 이기시고 새 생명을 주셨으며, 그 부활은 장차 모든 성도의 부활을 예고하는 첫 열매가 되었습니다. 그리스도의 구속은 인류 역사의 결정적 전환점이며, 하나님의 구속사가 완성되는 절정입니다.

5) 성령과 교회의 역사

하나님의 역사는 창조와 타락, 심판과 구속을 거쳐 성령의 역사로 이어집니다. 성령의 역사는 구속 사건의 부록이 아니라, 예수 그리스도의 십자가와 부활로 완성된 구속의 은혜를 오늘의 역사 속에 실제로 적용하고 확장하는 하나님의 능동적인 사역입니다. 성령은 하나님의 구속을 시간과 공간, 개인과 공동체 속에서 현실로 이루어내십니다.

오순절에 임하신 성령은 제자들을 두려움에서 해방시키고, 복음의 증인으로 세우셨습니다. 이때 교회가 탄생했습니다. 교회는 인간이 만든 제도가 아니라, 성령의 내주와 능력으로 세워진 공동체입니다. 성령은 신자 개개인 안에 거하시며, 말씀을 깨닫게 하고, 기도의 능력을 주시며, 죄를 이길 힘을 공급하

기독교인만 읽는 책

십니다. 또한 성령은 신자들을 하나로 묶어 교회를 세우시고, 교회를 통해 복음을 열방에 전파하게 하십니다.

성령의 역사는 단지 개인의 구원에 머물지 않고, 정의와 평화, 사랑과 화해의 열매를 맺게 하시며, 하나님 나라의 확장을 이루십니다. 결국 성령의 역사는 구속의 은혜를 현재에 적용하고 교회를 세워 복음을 확장하며, 하나님의 나라를 증거하게 하시는 살아 있는 하나님의 역사입니다. 성령의 역사를 바로 이해할 때, 우리는 자신의 인생을 단순한 개인사가 아니라 하나님의 위대한 역사 속에서 성령의 증인으로 살아가야 함을 깨닫게 됩니다.

결국 하나님의 역사는 창조에서 시작되어 구속과 성령의 사역을 거쳐 종말의 완성으로 향합니다. 인간의 역사는 이 하나님의 역사 속에 포함된 부분일 뿐이며, 인간의 의지나 능력으로 그 방향을 바꿀 수 없습니다. 그리스도인은 이 역사 속에서 단순한 방관자가 아니라, 하나님의 구속사에 동참하는 증인으로 부름받았습니다. 그러므로 성도와 그들의 교회는 역사를 통해 하나님의 섭리를 깨닫고, 자신이 이 시대에 맡은 사명이 무엇인지 분별해야 합니다. 하나님의 역사를 올바로 이해할 때, 교회는 세상의 역사 속에서도 흔들리지 않고, 진리와 구원의 길을 담대히 걸어갈 수 있습니다. 따라서 '하나님의 역사'는 단순한 과거의 기록이 아니라, 지금도 이어지고 있는 살아 있는 역사이며, 그리스도인의 신앙과 삶의 방향을 결정하는 궁극적 기준입니다.

다. 인간의 역사

인간의 역사는 삶과 죽음이 되풀이되듯 반복되어 왔습니다. 그 이유는 역사의 근본 동인이 욕심(慾心)에 있고, 그 본질이 소유와 쟁취에 있으며, 그 양상이 지배와 복종으로 나타나기 때문입니다. 타락한 본성을 벗어나지 못하는 인간의 역사는 언제나 되풀이될 수밖에 없으며, 모든 세대를 관통하는 인간의 악함은 스스로의 힘으로는 결코 극복할 수 없는 굴레가 되고 있습니다.

이러한 시각에서 인간의 역사를 다섯 가지 측면으로 살펴보는 일은 매우 의미가 있습니다. 첫째, 개념의 역사는 인간의 사상과 이념이 어떻게 변화해 왔는지를 보여 주며, 그 과정 속에서 진리를 왜곡하려는 시도가 얼마나 많았는지를 드러냅니다. 둘째, 전쟁의 역사는 인간의 욕망이 무력으로 드러나 이웃을 정복하고 파괴한 과정을 보여 주며, 타락한 인간 본성이 얼마나 악한지를 생생히 증언합니다. 셋째, 테러의 역사는 '정의'나 '신념'이라는 이름으로 서로를 해치는 인간의 잔혹함을 드러내며, 죄가 '정당화된 이념'의 옷을 입고 나타나는 현실을 일깨워 줍니다. 넷째, 권력과 제국의 역사는 인간 권세의 교만과 부패, 그리고 그 몰락을 보여 줍니다. 하나님을 경외하지 않는 권세는 잠시 번영하는 듯 보이지만, 결국 스스로의 탐욕과 오만으로 무너지고 말았습니다. 역사의 모든 제국은 교만의 정점에서 멸망으로 떨어졌으며, 그 과정은 하나님이 인간의 교만을 꺾으시고 역사를 주관하심을 증언합니다. 다섯째, 경제와 탐욕의 역사는 물질적 욕망이 어떻게 불평등과 착취, 그리고 환경 파괴를 낳았는지를 보여 줍니다. 인간은 소유를 축복으로 착각하고 재산의 축적을 삶의 목적이라 여기지만, 결국 그 욕망은 하나님의 창조 질서를 훼손하고 공동체의 사랑을 무너뜨렸습니다.

이 다섯 갈래의 역사 속에서 우리는 인간 본성이 얼마나 깊이 타락했는지를 깨닫게 됩니다. 그러나 그러한 타락의 역사 안에서도 하나님의 뜻은 멈추지 않고 일하고 계시며, 그분의 섭리가 인간의 악함을 넘어 역사를 새롭게 이끌고 계심을 인식하게 됩니다.

기독교인만 읽는 책

1) 개념의 역사

4세기에 기독교가 헬레니즘이 지배하던 로마 제국에서 국교로 승인된 이후, 약 천 년 동안 서구 사회를 지배한 세계관은 본질적으로 기독교적이었습니다. 당시 사람들은 만물이 하나님의 섭리 아래 존재한다고 믿었고, 하나님의 실재와 권능에 대해 의심하지 않았습니다.

그러나 이러한 성경적 세계관은 서서히 균열을 맞이했습니다. 그 가장 큰 원인은 교황과 군주의 욕망에서 비롯된 십자군 전쟁이었습니다. 약 200년에 걸쳐 여덟 차례나 반복된 십자군 전쟁은 "성지 예루살렘을 이슬람으로부터 탈환한다"는 명분으로 시작되었으나, 실제로는 권력과 명예, 영토 확장의 욕망이 낳은 비극이었습니다. 그 결과 기독교 역사는 씻을 수 없는 상처를 입었고, 그리스도께서 십자가로 세우신 "하나님의 나라"는 오히려 세속적 욕망과 폭력의 상징으로 변질되었습니다.

십자군 전쟁의 여파로 아랍 문명의 물질적 풍요와 철학적 사유가 유럽 사회에 흘러들어 왔습니다. 이 과정에서 아리스토텔레스를 비롯한 고대 헬라 철학이 가톨릭의 스콜라 철학에 흡수되었습니다. 스콜라주의의 목적은 기독교 진리에 이성적 근거를 부여하는 것이었으며, "진실한 종교는 진실한 철학과 일치한다"는 신념이 그 핵심이었습니다. 13세기 토마스 아퀴나스

(Thomas Aquinas, 1225-1274)는 아리스토텔레스의 철학에서 유물론적 요소를 제거하고, '부동의 동자(動者)'—제1원리로서의 신—라는 개념을 기독교 신학에 적용하여 신앙과 이성을 종합하려 하였습니다. 그의 시도는 중세 기독교 사상을 체계화하고 신학과 철학의 통합을 이루었으나, 동시에 인간 이성과 신앙의 관계에 새로운 긴장을 낳았습니다.

이 통합은 겉으로는 신앙의 승리처럼 보였으나, 실제로는 인간 중심적 사유의 씨앗을 심어 주었습니다. 토마스의 사상은 시간이 흐르며 근대 사상의 토대가 되었고, 신 중심의 사고 속에서도 인간의 자율성을 강조하는 방향으로 발전했습니다. 결국 유럽 지성계는 기독교의 진리보다 물질세계의 합리적 탐구를 더 중시하게 되었고, 십자군 전쟁 이후 교황청의 재정 악화와 도덕적 타락, 봉건 질서의 붕괴는 그 흐름을 가속시켰습니다.

이 시기를 인류사는 대체로 14세기에서 16세기까지의 르네상스, 즉 인문주의와 문예부흥의 시대로 구분합니다. 르네상스는 헬레니즘의 부활, 인문주의의 확산, 그리고 신식 문물의 도입을 통해 삶의 패러다임을 근본적으로 바꾸어 놓았습니다. 인쇄술의 발달은 교회와 성직자의 지식 독점을 무너뜨렸고, 화약과 화기의 개발은 기사 계급을 해체하며 봉건제의 종말을 가져왔습니다. 나침반의 사용은 항해와 지리적 발견을 가능케 하

　　　　　　　　　　　　　　기독교인만 읽는 책

여 무역을 활성화시켰습니다. 그러나 동시에 아리스토텔레스의 철학은 교회의 권위와 성경의 진리를 잠식하며, 인간 이성을 절대화하는 길을 열었습니다.

이로써 인문주의의 발흥은 하나님을 점차 비실재적 존재로 밀어내고, 물질적 우주를 궁극적 실재로 보는 세계관을 형성했습니다. 성경의 진리와 초자연적 신앙은 개인의 감정이나 도덕적 취향으로 격하되었으며, 인간의 정신과 도덕규범은 물질적 진보가 만들어 낸 사회적 구성물로 환원되었습니다. 인간은 영적 실체가 아니라 기계론적 존재로 이해되었고, 세상은 하나님의 통치가 아닌 인간 이성의 지배를 따르기 시작했습니다. 이러한 사상적 흐름 속에서 과학기술주의가 등장하며, 신앙 대신 실증과 계몽의 이성이 공적 영역을 장악하게 되었습니다.

17세기부터 19세기에 걸친 계몽주의는 형이상학보다 상식·경험·과학지식을 중시하며, 자유와 평등, 교육의 확산을 내세웠습니다. 그 중심에는 자연과 이성에 대한 절대적 신뢰가 있었고, 종교 대신 이신론과 자유주의가 자리했습니다. 이신론은 신을 최초의 원인으로만 인정하고 세계의 현재 운행에는 개입하지 않는다고 보았으며, 자유주의는 인간의 자연권과 개인의 자율을 강조했습니다. 이러한 계몽주의는 기독교가 공적 영역에서 주도권을 잃게 만들었고, 인간 이성이 하나님의 자리를 대신하는 결과를 낳았습니다.

이 사조는 18세기 프랑스 시민혁명으로 이어졌습니다. 혁명은 왕정과 교회의 권위에서 벗어나려는 자유의 외침이었으나, 결과적으로는 또 다른 폭력과 불의의 역사를 남겼습니다. 지도자들은 교육으로 이상적 시민을 만들 수 있다고 믿었지만, 현실은 자본가의 지배와 노동자의 착취로 귀결되었습니다. 혁명 이후 권력을 장악한 나폴레옹은 유럽을 전쟁의 소용돌이로 몰아넣었고, 과학을 '전쟁의 신'이라 부르며 효율적인 살상의 도구로 이용했습니다. 역사는 그를 영웅으로 기록했으나, 그 이면에는 수많은 생명의 희생과 도덕의 붕괴가 존재했습니다.

18세기 영국의 산업혁명은 인류를 근대 사회로 이행시킨 또 하나의 거대한 변곡점이었습니다. 증기기관의 발명과 상업화는 철강·운송·에너지 산업의 효율을 극대화했고, 과학기술의 진보는 인류를 물질적으로 풍요롭게 만들었습니다. 그러나 그 대가로 인간의 정신은 점점 물질에 종속되었고, 진리는 지식으로, 지식은 상품으로 전락했습니다.

근대 사상의 기초에는 베이컨의 경험론, 데카르트의 기계론적 우주론, 다윈의 진화론이 자리했습니다. 이 세 흐름은 기독교의 창조 신앙을 부정하며 인간을 하나님의 형상이 아닌 진화의 부산물로 격하시켰습니다. 사회진화론자 허버트 스펜서는 다윈의 개념을 왜곡해 '적자생존'과 '제국주의'를 정당화하였고, 서구 열강은 이를 식민지 지배의 논리로 사용했습니다.

이 시기 사회학자들은 "종교는 사라질 것"이라 예언했지만, 두 차례 세계대전은 하나님을 떠난 인간이 얼마나 잔혹해질 수 있는지를 여실히 보여 주었습니다. 그 참혹한 현실 앞에서 서구 사회는 다시 궁극적 실재와 신의 존재를 찾기 시작했습니다. 그러나 근대 사회는 여전히 과학이 인간을 구원할 수 있다는 믿음을 버리지 않았습니다. 과학기술은 인류에게 물질적 풍요와 편리를 주었지만, 인간의 영혼을 진리로부터 멀어지게 했습니다. 진화론과 상대주의는 절대적 윤리와 도덕을 무너뜨리며, 약육강식의 경쟁 사회를 제도화했습니다.

19세기 이후 키르케고르, 니체, 쇼펜하우어 등의 사상은 근대 이후 철학의 방향을 크게 바꾸었습니다. 키르케고르는 합리주의와 제도 종교를 비판하며 개인의 내면적 결단과 실존적 신앙을 강조했고, 니체는 "신은 죽었다"는 선언으로 도덕과 진리를 해체하며 '초인(超人)' 사상을 제시했습니다. 쇼펜하우어는 인간 존재를 맹목적 의지의 산물로 보고, 세상을 고통과 불만족의 장으로 해석했습니다. 이들의 사상은 인간 중심주의를 절정으로 끌어올렸고, 동시에 진리의 절대성을 해체하는 철학적 흐름을 강화했습니다.

결국 이러한 사유는 제2차 세계대전 이후 포스트모더니즘의 사상적 토대가 되었습니다. 포스트모더니즘은 근대성의 실증주의적 오만을 거부하며 모든 거대담론과 절대 진리를 부정했습니다. 과학, 정치, 종교의 주장까지도 권력의 산물로 보았고, 진리에 대한 확신 대신 해체와 상대주의만 남겼습니다. 그 결과 현대 사회는 서로 다른 의견을 포용하지 못하고, 끝없는 대화 속에서도 소통이 단절된 '메아리 없는 사회'로 변했습니다.

이처럼 개념사의 흐름을 되돌아보면, 인간의 철학과 사상은 언제나 하나님의 진리와 선한 뜻을 거스르며 스스로의 지혜를 절대화해 왔음을 알 수 있습니다. 고대의 합리주의에서 근대의 실증주의, 현대의 포스트모더니즘에 이르기까지 인간의 개념은 반복해서 하나님의 주권을 부정해 왔습니다. 그 결과 철학적 이념은 인간을 자유롭게 하기보다 오히려 속박하며 불행하게 만드는 악한 지혜가 되었습니다.

그러므로 그리스도인은 성경 밖에서 형성된 사상과 이념에 무비판적으로 동조해서는 안 됩니다. 자신이 가진 지식과 판단을 언제나 하나님의 말씀에 비추어 점검해야 합니다. 오직 성경의 진리 안에서만 참된 지혜가 주어지고, 그리스도의 제자로서의 정체성이 지켜집니다. 결국 우리가 사상과 문화의 혼란 속에서 붙들어야 할 유일한 길은, 어디서든 "그리스도의 향기"를 드러내며 세상 속에서 빛과 소금의 사명을 감당하는 것입니다.

기독교인만 읽는 책

2) 전쟁의 역사

인간의 역사는 곧 전쟁의 역사입니다. 전쟁은 인간이 얼마나 악할 수 있는가를 보여 주는 가장 확실한 증거입니다. 흔히 전쟁의 원인으로 탐욕, 여성, 영토, 자존심, 복수 등을 들지만, 이는 특정 시대의 국지적 전쟁에는 해당할 수 있을지언정 현대 전쟁의 보편적 원인으로 보기는 어렵습니다. 전쟁 연구는 대체로 두 가지 방향으로 전개되어 왔습니다. 하나는 전쟁을 인간의 숙명으로 보고 피해를 줄이려 하되, 그 완전한 소멸은 불가능하다고 보는 입장입니다(손자, 마키아벨리, 클라우제비츠 등). 다른 하나는 전쟁을 문화적 산물로 보고, 문화적 요인을 제거하면 전쟁을 근절할 수 있다고 보는 입장입니다(벤자민 R. 바버, 『지하드 대 맥월드』, 314). 이 후자의 입장은 정치학을 넘어 사회학, 인류학, 고고학, 심리학, 동물학 등 다양한 학문 영역으로 논의를 확장해 왔습니다.

홉스(Thomas Hobbes)는 원시 시대를 "만인의 만인에 대한 투쟁"이라 정의하면서, 이러한 무질서를 극복하기 위해 강력한 국가 권력이 필요하다고 주장하였습니다. 반면 루소(Jean-Jacques Rousseau)는 인간의 본성은 본래 선하며, 자연 상태는 우정과 조화가 지배한다고 보았습니다. 그는 불평등과 전쟁의 근원을 사유재산 제도에서 찾으며 사회계약론을 제시했습니다. 그러나 오늘날 다수의 인류학자들은 홉스의 통찰에 더 무게를 둡니다. 원시 시대의 전쟁에는 항복이나 자비의 개념이 전혀 없었고, 포로는 반란의 위험이자 먹여야 할 짐으로 여겨졌기에 대부분 학살되었습니다. 포로를 노동력으로 삼는 개념은 농경 사회가 시작되면서 등장했고, 노예제도 역시 농경과 산업사회의 노동력 확보를 위한 제도로 발전했습니다. 실제로 원시 부족 간의 전투는 대부분 밤에 기습적으로 이루어지는 섬멸전이었고, 잔혹한 살육이었습니다(벤자민 R. 바버, 같은 책, 317-319). 하나님께서는 인간을 공동체적 존재로 창조하셨지만, 타락 이후 인간은 서로 돕는 대신 서로를 죽이게 되었고, 루소가 말한 '고귀한 야만'은 역사 속에서 결코 실현되지 못했습니다. 결과적으로 홉스의 명제가 현실 속에서 더 큰 설득력을 얻게 된 것입니다.

전쟁은 인간 본성의 악함을 가장 극명하게 드러냅니다. 로널드 웰즈의 『신앙의 눈으로 본 역사』는 이를 통계적으로 보여 줍니다. 중세의 창과 검이 근세의 총과 대포로 바뀌면서 인명 피해는 기하급수적으로 증가했습니다. 제1차 세계대전에서는 연발식 기관총, 장갑차, 비행기, 화학무기 등이 사용되었으며, 이 전쟁은 전투원 약 900만 명의 목숨을 앗아갔습니다. 또한 2천만 명이 중상을 입었고, 또 다른 2천만 명은 평생 치유될 수 없는 심리적 상처를 입었습니다. 전면전은 전투원과 민간인의 구분을 무의미하게 만들었고, 시민들은 영양실조와 질병으로 쓰러졌습니다. 전쟁의 말기에는 유럽 전역을 휩쓴 유행성 감기로 약 2천만 명이 추가로 사망했습니다. 남편을 잃은 500만 명의 여성과 아버지를 잃은 900만 명의 어린이들이 겪은 고통은 숫자로 다 표현할 수 없을 정도였습니다.

제2차 세계대전(1939-1945)에서는 인간의 악함이 더욱 노골적으로 드러났습니다. 나치는 유대인 600만 명을 학살하였고, 집시·공산주의자·장애인·동성애자·가톨릭 및 루터파 성직자 등 약 300만 명을 '부적합자'로 분류하여 잔혹하게 죽였습니다. 1945년 일본 히로시마에 투하된 원자폭탄은 인류가 스스로 만든 가장 끔찍한 무기였습니다. 폭발 순간의 온도는 섭씨 6,000도에 달해 기와지붕조차 녹아내렸습니다. 초기 집계에서는 7만 5천 명의 사망자가 보고되었으나, 불과 석 달 후 조사에서는 17만 5천 명에 달하는 희생자가 추정되었습니다(로널드 웰즈, 233-234). 당시 현지인들은 무슨 일이 일어났는지도 알지 못했으며, 수용소 학살의 실상 또한 전후가 되어서야 세상에 드러났습니다. 이로써 이성 중심의 인본주의가 약속했던 문명 진보의 낙관은 완전히 무너졌습니다.

전후 세계에서 과학기술의 발전은 인류에게 물질적 풍요와 건강 관리의 혜택을 가져다주었지만, 전쟁과 테러의 위협은 결코 사라지지 않았습니다. 강대국들은 여전히 약소국을 억압하고 착취하였고, 이러한 불의는 새로운 테러의 명분이 되었습니다. 다국적 기업의 무분별한 세계화는 오히려 '스마트 테러'를 가능케 하였으며, 도덕과 가치는 사라지고 탐욕만이 사회를 지배하게 되었습니다. 하나님을 경외하지 않는 사회, 그리고 그리스도의 사랑의 명령을 따르지 않는 사회에서 방종과 무질서는 날로 심화되었습니다. 결국 소수의 의인들만이 이 세상 속에서 눈물과 땀으로 하나님 나라의 정의를 붙들고 살아가게 되었습니다.

사탄이 여전히 공중 권세를 잡고 있는 한, 전쟁은 끝나지 않을 것이며, 스마트 테러와 보복의 악순환은 계속 반복될 것입니다. 이러한 인간의 악함이 회복되지 않는 한, "전쟁은 여호와께 속한 것"(삼상 17:47)이라는 말씀처럼 하나님께서는 인류의 죄악을 반드시 징계하시고 심판하실 것입니다. 그리고 마침내 "열방은 통의 한 방울 물, 저울의 티끌"(사 40:15)이라는 말씀은 역사를 통해 성취될 것입니다. 인간의 전쟁사는 곧 하나님의 공의와 심판의 무대이며, 그 속에서도 여전히 하나님은 자신의 뜻을 이루어 가고 계십니다.

3) 테러의 역사

인간의 역사는 곧 테러의 역사이기도 합니다. 일반적으로 '테

기독교인만 읽는 책

러'란 정치적 목적을 가진 개인이나 집단이 은밀하게 수행하는 폭력적 공격을 의미하며, 주로 특정 대상을 치명적으로 겨냥하여 목적을 달성하고자 합니다. 테러는 로마 시대 이전에도 존재했습니다. 당시 표적은 로마와 협력하는 유대인이었고, 살해 도구는 시카(단도)였습니다. 이 때문에 테러범을 '시카리우스'라 불렀으며, 오늘날에도 이 용어는 무정부주의자나 정치적 암살자를 뜻하는 말로 남아 있습니다(빌 포셋, 44). 현대의 테러는 단순한 범죄를 넘어 새로운 형태의 전쟁이라 할 수 있습니다. 왜냐하면 테러는 '지하드의 세계'와 '맥월드의 세계' 모두가 민족 국가의 자결권과 주권을 침해하는 무정부적 환경 속에서 발생하기 때문입니다(벤자민 R. 바버, 『지하드 대 맥월드』, 17). 이러한 복합적 구조 속에서 국제사회는 테러를 단순히 범죄로 규정하지 못하고, 그 뿌리 깊은 정치·종교·민족적 갈등을 해결하지 못한 채 새로운 형태의 전쟁을 계속 맞이하고 있습니다.

테러의 주요 원인은 세 가지로 정리할 수 있습니다. 첫째, 종교와 이데올로기의 요인입니다. 특히 이슬람 근본주의자들의 세계적 테러는 코란 해석과 샤리아(Sharia) 적용에 대한 극단적 이해에서 비롯됩니다. 그들은 샤리아이 언겨한 신천과 정체성 회복을 명분으로, 불신자를 적으로 규정하고 제거해야 한다는 극단적 신념을 따릅니다. 둘째, 정치적 요인입니다. 제2차 세계대전 이후 서구 열강은 중동 지역에 평화를 세운다는 명분으로 세속화 정책을 추진했지만, 외세가 세운 비자생적 정권과 복잡한 부족 사회 구조 속에서 오히려 분열과 갈등이 심화되었습니다. 그 결과 외세에 대한 적대감이 폭력으로 전이되었고, 근본주의 세력의 테러 논리에 정당성을 부여했습니다. 셋째, 역사적 분노의 축적입니다. 중동과 아프리카의 탈식민 국가들은 20세기 내내 열강의 착취와 내전, 그리고 세계화의 불평등 구조 속에서 고통을 겪었습니다. 젊은 세대의 좌절과 박탈감은 폭력적 보복심으로 변했고, 고학력의 지도자들과 절망한 하층민이 결합하여 테러 조직을 형성하게 되었습니다. 담비사 모요의 『죽은 원조』는 역설적으로 원조와 구제가 오히려 모멸감을 자극해 폭력을 부추길 수 있음을 보여 줍니다.

오늘날 테러는 더 이상 특정 지역의 문제가 아닙니다. 네트워크형 분산 셀 구조로 움직이며, 사이버 공격·드론 폭탄·인공지능·암호화폐·GPS 기술을 결합한 지능형 폭력체계로 발전하였습니다. 과거에는 국경 안에서 발생하던 테러가 이제는 사이버 공간과 글로벌 자본 시장을 매개로 전 세계 어디서든 실행될 수 있습니다. 또한 '소프트 타깃(soft target)'—학교, 예배당, 병원, 공항—이 공격의 주 표적이 되며, 공포 그 자체가 테러의 목적이 되고 있습니다. 이런 점에서 테러는 단순한 폭력이 아니라, 인간의 내면에 불안을 조작하는 심리전(心理戰)이며, 정보와 공포를 무기로 삼는 비대칭적 전쟁의 형태로 진화

기독교인만 읽는 책

하였습니다.

이처럼 테러의 역사는 인간의 악함이 기술과 결합할 때 얼마나 파괴적인 결과를 낳는지를 보여 줍니다. 그러나 동시에, 이 비극적 역사 속에서도 하나님께서는 자신의 뜻을 이루어 가십니다. 인류는 죄와 탐욕으로 폭력을 재생산하지만, 하나님은 그러한 악을 통해서도 교만한 인간 문명을 경계하게 하시고, 구속의 역사를 새롭게 일깨우십니다. "전쟁은 여호와께 속한 것이라"(삼상 17:47)는 말씀처럼, 인류의 역사는 결코 인간의 힘으로 통제되는 과정이 아니라, 하나님의 주권적 통치와 섭리 속에서 전개되는 구속의 여정입니다.

결국 테러를 완전히 근절하는 것은 불가능해 보이지만, 하나님의 정의와 사랑이 사회 속에 구현될 때 폭력의 악순환은 서서히 약화될 수 있습니다. 인간의 분노와 증오는 제도나 무력으로만 제어될 수 없으며, 오직 사랑과 진리의 가치가 회복될 때에만 억제될 수 있습니다. 그리스도인은 "화평케 하는 자는 복이 있나니 그들이 하나님의 아들이라 일컬음을 받을 것"(마 5:9)이라는 말씀을 기억하며, 원수까지도 품는 사랑으로 세상의 분연과 폭력을 넘어야 합니다. 이것이 바로 테러의 시대를 사는 그리스도인의 역사적 소명이며, 어둠 속에서도 빛으로 부르신 하나님의 뜻에 순종하는 길입니다.

4) 권력과 제국의 역사

인간의 역사는 곧 권력과 제국의 역사이기도 합니다. 권력은 본래 공동체의 질서를 유지하고 선을 지키며 악을 억제하기 위해 하나님께서 허락하신 도구입니다(롬 13:1-4). 그러나 타락한 인간의 손에 들어간 권력은 봉사의 수단이 아니라 지배와 착취, 그리고 확장의 수단으로 변질되었습니다. 그리하여 인류의 역사에서 권력은 언제나 피와 눈물을 동반하였고, 제국은 권력의 집중과 팽창이 낳은 거대한 구조물로 성장했습니다.

고대의 바벨론과 앗시리아, 페르시아와 로마 제국은 권력의 절정을 보여 주었습니다. 이 제국들은 법과 제도를 정비하고 도로, 상수도, 군사조직 등을 발전시켜 문명의 편의를 이루었지만, 그 문명은 약소민족의 피 위에 세워진 것이었습니다. 로마의 '팍스 로마나'는 평화를 의미했으나, 실상은 무력으로 억눌린 평화였습니다. 권력은 문명을 발전시키기도 하지만, 동시에 그 문명의 그늘에는 언제나 수많은 희생이 존재한다는 사실을 역사는 증언합니다. 권력의 본질이 봉사에서 지배로 변질될 때, 역사는 반드시 몰락의 길로 향했습니다.

근대 이후의 제국주의는 권력과 탐욕이 결합된 새로운 형태의 지배였습니다. 유럽 열강은 군사력과 경제력을 바탕으로 아시아, 아프리카, 남미를 식민지로 삼고, 자원과 노동력을 착취

기독교인만 읽는 책

했습니다. 겉으로는 문명화, 근대화, 교육의 보급을 내세웠지만, 본질은 철저한 수탈 구조였습니다. 한국 역시 이 권력의 역사에서 자유롭지 않았습니다. 1910년 일본 제국의 강압적 병합은 민족의 자결권을 짓밟은 권력의 폭력이었고, 해방 이후에도 한반도는 강대국의 세력 다툼 속에서 끊임없이 분열과 대립을 경험했습니다. 한국전쟁은 그 비극의 절정이었으며, 수백만의 목숨이 스러지고 국토가 폐허로 변했습니다. 이러한 사건들은 제국 권력이 남긴 상흔이 얼마나 깊은지를 보여 줍니다.

오늘날의 세계 또한 여전히 권력의 논리 속에 움직이고 있습니다. 미국, 중국, 러시아 등 강대국의 패권 경쟁은 세계 경제와 외교 질서를 재편하고, 약소국의 운명은 여전히 이들의 이해관계 속에서 결정됩니다. 그러나 역사는 한 가지 분명한 교훈을 남깁니다. 권력은 결코 영원하지 않다는 것입니다. 바벨론도, 로마도, 대영제국도, 한때는 세계를 지배했지만 결국 무너지고 사라졌습니다. 인간의 권력은 하나님 앞에서 한낱 티끌에 불과하며, 권력과 제국의 역사는 결국 인간의 교만과 탐욕의 덧없음을 증언하는 기록입니다.

오늘날 우리는 산업혁명 이후 세 번째 물결(정보화)을 지나, 제4의 물결이라 불리는 인공지능과 초연결 사회의 시대에 살고 있습니다. 이 시대의 권력은 더 이상 단일 제국이나 군사력에만 의존하지 않습니다. 데이터와 알고리즘, 네트워크를 지배하는 자가 새로운 제국의 왕좌를 차지하고 있습니다. 과거의 제국이 땅과 자원을 점령했다면, 오늘의 제국은 인간의 사유와 소비를 점령합니다. 기술 기업이 국가보다 더 큰 영향력을 행사하고, 인공지능이 인간의 의사결정 구조를 대체하며, 자본과 정보가 권력의 중심이 되는 현실 속에서 권력은 더욱 보이지 않는 형태로 진화하고 있습니다. 이러한 제4의 물결은 인류 문명사에서 새로운 권력 구조의 변화를 예고하며, '제국'의 개념을 물리적 지배에서 '정신적·경제적 지배'로 전환시키고 있습니다.

그러나 이처럼 문명이 고도화될수록, 인간의 탐욕과 불의는 더욱 정교한 형태로 권력을 오염시킵니다. 정치적 권력뿐 아니라, 기술적 권력과 경제적 권력 역시 인간의 본성을 시험하는 무대가 되고 있습니다. 한국 사회 또한 이러한 변화에서 자유롭지 않습니다. 권력은 여전히 국민을 위한 봉사가 아니라, 당파적 이해와 탐욕의 수단으로 전락하고 있습니다. 경제적 불평등과 사회적 분열은 새로운 제국의 그림자처럼 우리 곁에 드리워져 있습니다.

그러므로 권력과 제국의 역사는 단순한 정치적 흥망성쇠의 기록이 아니라, 하나님의 주권적 섭리 안에서 해석되어야 합니다. 인간의 권력은 허망하고 제국은 무너지지만, 하나님의 통치는 영원합니다. 인간의 교만이 무너지고, 탐욕이 드러날 때마다 하나님께서는 회개와 회심의 기회를 주십니다. 이스라엘

기독교인만 읽는 책

이 광야에서 연단을 받았듯, 오늘의 인류도 권력의 오만과 탐욕에서 돌이켜야 합니다. 우리가 역사를 바라볼 때 반드시 기억해야 할 사실은, 권력의 중심에 하나님이 계시지 않는 한 그 권력은 결코 지속될 수 없다는 것입니다.

결국 인류의 역사는 권력의 역사이면서 동시에 구속의 역사입니다. 권력은 인간의 손에 있을 때 부패하지만, 하나님의 손에 있을 때 정의와 평화의 도구가 됩니다. 인간의 제국은 무너지지만, 하나님의 나라는 영원히 서 있습니다. 그러므로 권력과 제국의 역사는 곧 인간의 교만이 드러나는 장이며, 다음 장에서 다룰 '경제와 탐욕의 역사'는 그 권력의 내면에 자리한 인간의 욕망이 어떻게 문명을 지배해 왔는지를 보여 주는 또 다른 증언이 될 것입니다.

5) 경제와 탐욕의 역사

인간의 역사는 경제의 역사이기도 합니다. 인간은 살아가기 위해 먹고, 입고, 거주할 공간을 마련해야 했으며, 이를 충족시키는 과정에서 교환과 분배가 이루어졌습니다. 그러나 경제 활동은 언제나 단순한 생존의 차원을 넘어, 탐욕과 권력의 수단으로 변질되어 왔습니다. 성경은 이미 인간의 타락 직후, 땅이 가시덤불과 엉겅퀴를 내며, 사람이 땀 흘려야만 먹고살게 되리라고 선포합니다(창 3:17-19). 이 말씀은 노동이 인간에게 주어진 생존의 명령이자 동시에 타락의 결과임을 보여 줍니다. 그러나 인간은 노동의 자리에서 '만족'을 배우기보다, '더 많이'를 추구하는 욕망의 길로 들어서며 탐욕의 사슬에 스스로를 묶어 왔습니다.

고대 사회의 전쟁은 대부분 경제적 자원의 확보를 위한 것이었습니다. 이집트와 메소포타미아 문명은 비옥한 땅과 강의 수로를 차지하기 위해 끊임없이 충돌했습니다. 로마 제국의 팽창 또한 식민지에서 세금과 곡물을 확보하기 위한 경제적 동인이었습니다. 중세 유럽의 봉건제 사회에서는 농민이 영주의 토지와 노동에 종속되었고, 십자군 전쟁은 겉으로는 성지 회복의 명분을 내세웠지만, 그 이면에는 상업적 이익과 교황권 강화를 향한 탐욕이 자리 잡고 있었습니다. 경제는 언제나 권력의 또 다른 얼굴이었으며, 탐욕은 인류의 역사를 움직이는 숨은 동력이었습니다.

근대에 들어 산업혁명과 자본주의는 인류에게 물질적 풍요와 경제 성장을 가져다주었습니다. 그러나 동시에 인간의 탐욕을 구조화하고, 불평등을 제도화한 시대의 시작이기도 했습니다. 노동자는 자본가의 이익을 위해 희생되었고, 신식민주의적 경제 질서는 아시아와 아프리카를 다시금 수탈의 대상으로 삼았습니다. 20세기의 세계대전조차도 군수 산업과 자원 확보를

기독교인만 읽는 책

둘러싼 경제적 이해관계에서 비롯되었습니다. 그 결과 경제는 인간의 생존을 위한 수단이 아니라, 지배와 착취를 정당화하는 도구가 되었습니다.

한국의 역사 역시 경제와 탐욕의 흐름 속에 놓여 있습니다. 일제의 식민지배는 정치적 지배를 넘어, 쌀과 광물, 노동력을 수탈하기 위한 경제적 착취의 체계였습니다. 해방 이후 한국전쟁은 민족의 분단과 함께 국가 경제를 초토화시켰지만, 폐허 위에서 한국은 '한강의 기적'이라 불리는 산업화를 이루었습니다. 이는 국민의 근면과 헌신의 결실이기도 했지만, 동시에 냉전 체제 속에서 미국의 지원과 국제 경제 구조의 변화가 맞물린 결과이기도 했습니다. 그러나 고도성장의 이면에는 부의 불평등, 정경유착, 노동자의 희생, 환경 파괴, 그리고 소비주의의 팽창이라는 어두운 그림자가 함께 드리워졌습니다. 경제 성장은 인간의 자유를 넓힌 듯 보였지만, 그 속에서 인간은 다시 자본의 종이 되어 갔습니다.

오늘날의 세계는 '제4의 물결'이라 불리는 지식·정보·AI·초연결 사회의 시대를 맞이했습니다. 산업혁명이 인간의 노동력을, 정보혁명이 인간의 지식을 중심으로 움직였다면, 이제는 인공지능과 알고리즘이 인간의 사고와 선택을 지배하고 있습니다. 데이터와 네트워크가 새로운 '자본'이 되었고, 이를 소유하고 통제하는 거대 기술 기업들은 현대 제국의 권좌에 올랐습니다. 과거의 제국이 땅과 자원을 점령했다면, 오늘의 경제 제국은 인간의 사유와 소비를 점령하고 있습니다. 사람들은 스마트폰과 플랫폼을 통해 끊임없이 소비하고 비교하며, 만족이 아닌 결핍의 순환 속에 살고 있습니다. 경제의 중심이 생산에서 데이터로, 노동에서 인공지능으로 옮겨간 지금, 탐욕은 더 은밀하고 더 정교한 형태로 인간의 마음을 지배하고 있습니다.

오늘 한국 사회도 이러한 변화의 한가운데 있습니다. 정치와 경제의 불안정, 저출산과 고령화, 청년 실업, 부동산 불평등, 그리고 과도한 경쟁이 사회 전반에 깊은 상처를 남기고 있습니다. 탐욕은 새로운 이름으로 변신하여 개인의 삶을 짓누르고, 금융과 자본의 논리는 공동체의 선보다 이익의 극대화를 우선시하고 있습니다. 국민은 더 많은 소득과 더 큰 부를 추구하지만, 정작 마음의 평안과 행복은 점점 멀어지고 있습니다. 인간의 탐욕이 경제를 움직이는 동안, 경제는 인간의 영혼을 지배하게 되었습니다.

그러나 성경적 역사관에서 경제는 결코 가치중립적 영역이 아닙니다. 예수 그리스도께서는 "너희가 하나님과 재물을 겸하여 섬기지 못한다"(마 6:24)고 단호히 말씀하셨습니다. 경제적 탐욕은 인간을 하나님으로부터 멀어지게 하고, 사회 전체를 불의와 불평등 속에 빠뜨립니다. 반대로 하나님은 성경 전반에서 공평한 분배와 이웃 사랑을 명령하시며, 가난한 자와 약자의 권리를 보호하십니다. 역사는 이 원리를 거스르는 사회가 반드시 심판을 받았음을 보여 줍니다. 하나님 없이 세운 경제 구조는 번영하는 듯 보이나, 결국 그 끝은 붕괴와 파멸로 이어졌습니다.

따라서 경제와 탐욕의 역사는 단순히 성장과 위기의 기록이 아니라, 하나님께서 인간의 탐욕을 드러내시고 회개와 회복을 촉구하시는 섭리의 과정으로 이해해야 합니다. 오늘의 경제적 위기는 인간의 꾀와 제도만으로는 해결할 수 없는 문제이며, 그것은 결국 하나님께로 돌아오라는 경고일 수 있습니다. 고난의 자리에서 국민이 회심할 때, 하나님께서 주시는 참된 평화와 풍요로움이 회복될 것입니다. 역사의 교훈은 분명합니다. 탐욕은 인간의 손에 파멸을 쥐어 주지만, 하나님께 순종하는 경제는 샬롬의 길을 엽니다.

결국 인간의 역사를 올바로 이해한다는 것은 단순히 인간의 행적을 살피는 일이 아니라, 그 모든 사건의 이면에서 일하고 계시는 하나님이 섭리를 깨닫는 일입니다. 인긴의 역사는 끊임없이 반복되는 욕망과 실패, 전쟁과 권력, 탐욕과 붕괴의 기록이지만, 그 속에서도 하나님의 손길은 멈춘 적이 없습니다. 하나님께서는 인간의 악을 통하여도 선을 이루시며, 타락의 어둠 속에서도 구속의 빛을 비추어 오셨습니다.

그러므로 성도와 그들의 교회는 인간의 역사를 단순한 과거의 기록으로 보지 말고, 지금도 살아 역사하시는 하나님의 주권을 바라보아야 합니다. 반복되는 인간의 악함 속에서도 교회는 하나님의 나라를 증거해야 하며, 진리와 구원의 길을 세상에 전하는 사명을 감당해야 합니다. 인간이 만든 역사는 언제나 불완전하지만, 그 불완전함을 통해 하나님의 완전하신 뜻이 드러납니다.

이제 우리는 인간의 역사를 넘어, 그 모든 것을 주관하시며 역사를 새롭게 인도하시는 하나님의 섭리를 살펴보아야 합니다. 섭리의 역사는 하나님께서 창조 이후 지금까지 세상을 붙들고 계신 주권의 역사이며, 교회를 통해 구속의 역사를 완성해 가시는 하나님의 일하심입니다. 인간의 역사 위에 하나님의 섭리가 있고, 그 섭리 위에 구속의 완성이 있습니다. 따라서 다음 장에서는 하나님의 주권적 섭리의 역사를 통하여, 하나님께서 어떻게 세상의 질서를 다스리시고 구원의 역사를 이루어 가시는지를 살펴보고자 합니다.

기독교인만 읽는 책

라. 섭리의 역사

  그리스도인은 세상의 모든 문제를 자신의 어깨에 짊어지려는 생각을 해서는 안 됩니다. 성경은 이미 이 세상이 사탄의 지배 아래 있음을 분명히 밝히고 있습니다. "악마가 예수를 이끌고 가서 순식간에 세계 모든 나라를 보여 주며 이르되, 이 모든 권세와 그 영광을 내가 네게 주리라. 이것은 내게 넘겨준 것이므로 내가 원하는 자에게 주노라"(눅 4:5-7) 하였듯이, 하나님의 백성을 제외한 세상 사람들은 사탄의 법칙을 따라 이 땅의 영광을 추구하며 살아가고 있습니다. 그러므로 공동체적 존재로 창조된 한 사람의 그리스도인이 타락한 세상, 곧 마귀가 다스리는 세상을 스스로 "하나님 나라"로 변화시키는 일은 결코 쉬운 일이 아닙니다. 그리스도인이 의지해야 할 것은 자신의 능력이 아니라, 세상과 역사를 친히 다스리시는 하나님의 섭리하심입니다. 인류의 역사를 깊이 들여다보면, 그 모든 흐름 속에 하나님의 뜻이 섬세하게 작용하고 있음을 분명히 발견할 수 있습니다.

오늘날 많은 사람들은 궁극적 실재를 자연이나 과학 속에서 찾으려 합니다. 그들은 마치 밀림의 생태를 관찰하듯 우주의 질서를 판단하거나, 인간의 '게놈 지도'를 해독하며 인간의 본질을 이해하려 하지만, 하나님께서 인간의 역사에 개입하시고 섭리하신다는 사실을 믿지 않거나 인정하려 하지 않습니다. 이러한 사고방식은 인간을 단순히 자연의 일부로 축소시키고, 역사를 우연한 진화나 폭력의 반복으로만 해석하게 만듭니다. 그러나 하나님을 배제한 역사 해석은 인간의 악행 속에서도 일하시는 하나님의 뜻을 보지 못하게 만들며, 결국 역사를 목적 없는 순환으로 전락시킵니다.

성경은 인간의 악함조차 하나님의 선한 계획을 이루는 도구로 사용될 수 있음을 보여 줍니다. 요셉이 형들의 시기로 인해 애굽에 팔려 갔으나, 결국 그곳에서 수많은 생명을 구원하게 되었던 사건(창 50:20), 예수 그리스도가 불의한 재판과 인간의 폭력으로 십자가에 달리셨으나, 그 고난이 인류 구원의 길을 여신 사건(행 2:23) 모두가 그 예입니다. 하나님은 인간의 죄와 세상의 불의마저 당신의 구속 계획 속에 포함시키시며, 악을 선으로 바꾸어 역사하십니다. 그러므로 하나님의 섭리는 인간의 실패나 타락으로 결코 중단되지 않으며, 오히려 그 한가운데에서 더 깊은 구속의 역사를 이루어 가십니다.

이제 우리는 하나님의 주권적 통치 아래에서 펼쳐지는 섭리의 역사를 다섯 가지 측면에서 살펴보려 합니다. 첫째, 창조 세계를 통해 드러나는 하나님의 섭리, 둘째, 인류의 구원을 위한 주권적 통치의 섭리, 셋째, 종교개혁을 통한 교회의 회복에 나타난 섭리, 넷째, 열방을 향한 복음 확장의 섭리, 다섯째, 역사의 종말을 향한 하나님의 섭리입니다. 이 다섯 가지를 통하여 우리는 인간의 역사가 결코 인간의 힘으로 움직이는 것이 아니라, 언제나 하나님의 주권적 통치 속에서 이루어지고 있음을 깨닫게 될 것입니다.

1) 주권적 통치로 나타나는 섭리

하나님의 주권적 통치는 하나님께서 자신이 창조하신 모든 세계와 역사, 생명과 인간의 삶을 궁극적으로 다스리시는 절대적 권위와 통치 행위를 의미합니다. 성경은 하나님을 단순히 우주의 창조주로만 말씀하지 않고, 지금도 그분의 뜻에 따라 만물을 운행하시며 역사를 주관하시는 분으로 증언합니다. "여호와께서 그 보좌를 하늘에 세우시고 그의 나라로 만유를 다스리시도다"(시 103:19)라는 말씀은, 하나님의 통치가 시간과 공간을 초월한 전능한 주권임을 밝히고 있습니다.

하나님의 주권은 창조, 보존, 섭리, 심판, 구속의 전 과정에 미칩니다. 인간의 역사는 결코 우연이나 필연의 결과가 아니며, 모든 존재가 하나님의 뜻과 계획 안에서 시작되고 유지됩니다. "만물이 주에게서 나오고 주로 말미암고 주에게로 돌아간다"(롬 11:36)는 바울의 고백처럼, 하나님은 역사의 시작이자 완성이십니다. 하나님의 통치는 단순한 명령적 지배가 아니라, 창조 질서를 보존하시며 구속의 목적을 향해 이끄시는 사랑의 통치입니다.

성경은 또한 인간이 마음으로 생각하고 계획할 수 있으나, 그 걸음을 인도하시는 분은 하나님이심을 분명히 합니다. "사람이 마음으로 자기의 길을 계획할지라도, 그의 걸음을 인도하시는 이는 여호와시니라"(잠 16:9). 인간은 스스로 뜻을 세우고 행동하지만, 그 모든 길의 결과는 하나님의 주권과 섭리 안에서 이루어집니다. 그러므로 인간의 모든 결단과 행위는 하나님의 통치 아래에서 의미를 갖습니다. 이는 인간이 역사의 주체로 스스로를 높이려 할 때, 역사의 근본 주권자가 오직 하나님 한 분이심을 깨닫게 하는 말씀입니다.

하나님의 주권적 통치는 심판과 회복이라는 두 방향으로 나타납니다. 하나님께서는 창조 세계의 질서를 보존하기 위해 때로는 심판을 행하시며, 그 심판은 언제나 하나님의 절대적 공의와 언약을 전제로 합니다. 인류가 처음 받은 심판은 아담과

기독교인만 읽는 책

하와의 타락으로 인한 실낙원 사건이었고, 두 번째는 노아 시대의 대홍수, 세 번째는 바벨탑 사건에서 언어와 민족이 흩어지는 방식으로 나타났습니다. 그리고 마지막 심판은 재림하시는 예수 그리스도께서 친히 주관하실 최후의 심판으로 완성될 것입니다.

특히 노아의 홍수 사건은 하나님의 섭리를 가장 구체적으로 보여 주는 사례입니다. 하나님께서는 노아에게 방주를 지으라 명령하시며 그 재료와 규격을 일일이 지시하셨습니다. 또한 모든 생명체를 암수 한 쌍씩 불러 모으시고, 마지막에는 친히 방주의 문을 닫으셨습니다(창 7:16). 이는 하나님의 섭리가 단순한 개념이나 상징이 아니라, 역사적 사건 속에서 구체적으로 실현되는 계획적 역사임을 보여 줍니다. 타락한 인간은 하나님의 말씀을 거역함으로써 심판을 피할 수 없지만, 인류가 여전히 존속하고 있는 것은 "그리스도의 날"까지 구원의 기회를 주시려는 하나님의 오래 참으심 때문입니다.

그러나 하나님의 주권적 섭리는 심판에 머물지 않고 회복과 구속으로 이어집니다. 하나님께서는 모든 인류를 죄악에서 구속하시기 위해 예수 그리스도의 십자가를 구원의 통로로 세우셨습니다. 누구든지 그 진리를 믿으면 구원과 영생을 얻습니다(요 3:16). 반대로 그리스도를 거부하고 죄악을 지속하는 개인과 공동체는 결국 하나님의 심판을 피할 수 없습니다. 이 섭리의 틀 안에서 기독교 세계관은 하나님을 다음과 같이 고백합니다. 세상을 창조하신 분, 생명을 주시는 분, 십자가의 죽음으로 인간의 죄를 대속하신 분, 지금도 성령으로 역사하시며 인간을 그리스도께로 인도하시는 분—그분이 바로 성부·성자·성령, 삼위일체 하나님이십니다. 최후의 심판 또한 재림하시는 예수 그리스도께 맡겨져 있으며, 역사의 완성은 삼위일체 하나님의 구속사 속에서 이루어집니다.

결국 그리스도인의 역사관은 인간이 역사의 주체가 되어 세상을 움직인다고 보지 않습니다. 역사의 근본 동인은 하나님의 섭리이며, 인간의 모든 행위는 그분의 주권적 통치 안에서 의미를 갖습니다. 인간의 역사는 반복되지만, 역사의 원류는 하나님이 작정하신 인류 구원의 완성을 위한 주권적 통치의 섭리 안에서 종말을 향해 나아가고 있습니다.

2) 교회의 본질 회복을 위한 섭리

교회의 본질 회복을 단지 1517년 루터의 종교개혁에서 비롯된 사건으로만 보는 시각이 널리 퍼져 있습니다. 그러나 하나님의 섭리는 그보다 훨씬 앞서, 중세 말 이미 유럽의 역사 속에서 준비되고 있었습니다. 십자군 전쟁 이후 교회의 권위가 흔들리고 사회 질서가 요동치는 시대에, 하나님께서는 학문과 양심의 현장—특히 옥스퍼드 대학을 중심으로—'말씀의 권위'와 '그리스도의 머리 되심'을 회복하려는 개혁의 씨앗을 심으셨습니다. 13세기 중엽, 스코틀랜드 왕 존 드 발리올의 미망인 더 보길라가 가난한 학생들을 위해 설립한 발리올 홀(Balliol Hall, 훗날 Balliol College, 1260년대)은 성서의 권위와 학문의 양심을 중시하는 영국 학풍의 토양을 마련하였습니다. 이러한 학문적 환경 속에서 프란체스코 수도사이자 스콜라 철학자였던 오컴의 윌리엄(William of Ockham, 1285-1349 추정)은 "교회의 머리는 교황이 아니라 그리스도이시며, 성경은 무오하다"는 진리를 천명하며, 교회의 권위를 인간 제도가 아닌 하나님의 말씀 아래로 되돌려 놓았습니다.

그의 뒤를 이은 마르실리우스(Marsilius of Padua, 1275경-1342경)는 『화평의 옹호자』(Defensor Pacis, 1324)에서 신앙 문제의 최종 권위는 오직 성경이며, 교회의 머리는 그리스도이시라는 교리를 분명히 제시하였습니다. 그는 성직자는 복음 전파와 성례 집행에 전념하고, 세속의 권한은 국가에 속해야 하며, 교회 지도자는 신자 공동체가 선출해야 한다고 주장했습니다. 또한 교회의 권세는 하나님이 공동체에 위임하신 것이지 사법적 통치권이 아니며, 죄 사함은 오직 하나님께 달려 있다고 천명했습니다. 이러한 사상은 훗날 "오직 은혜, 오직 믿음, 오직 말씀"이라는 종교개혁의 근본 교리를 떠받치는 신학적 토대가 되었습니다.

이 사상의 흐름을 계승하여 등장한 인물이 바로 "개혁의 새벽별(The Morning Star of Reformation)"이라 불리는 존 위클리프(John Wycliffe, 1330-1384)입니다. 그는 교황의 영유권과 화체설을 비판하며, 통치 권능은 교황을 통해 분배되는 것이 아니라 하나님의 은혜 아래 있는 자에게 직접 주어지는 선물이라고 주장했습니다. 따라서 교황이라 할지라도 은혜 밖에 있다면 성례를 주관할 권한이 없다고 말했습니다. 그는 이단으로 몰려 옥스퍼드를 떠났으나, 라틴어 성경을 영어로 번역하고 평신도 설교운동인 롤라드(Lollard) 운동을 일으켜 말씀 중심의 신앙 회복을 촉구했습니다. 그의 사상은 보헤미아로 전해져 얀 후스(Jan Hus)에게 영향을 미쳤고, 그 불씨는 독일의 마르틴 루터에게 이어졌습니다.

1517년 10월 31일, 루터는 비텐베르크 성문에 〈95개 조문〉을 내걸며 이미 오랫동안 준비되어 온 말씀 개혁의 불씨에 불을 붙였습니다. 그는 율법의 준수나 선행의 공로로 구원을 얻는다는 교리를 단호히 거부하고, 오직 그리스도의 대속을 믿는 믿음으로 구원을 얻는다는 복음을 선포했습니다. 그의 면죄부 비판은 단순히 교황의 부패를 고발하는 것을 넘어, 교황권의 본질과 구원 교리 전체를 뒤흔드는 근본적인 도전이었습니다. 이 사건을 통해 교회는 인간의 권위가 아닌 말씀의 권위로 돌아가야 한다는 대의에 눈을 떴고, 복음의 진리가 유럽 전역으로 확산되었습니다. 루터는 이후 스팔라틴에게 보낸 편지에서 자신이 후스 이전에 이미 위클리프의 사상에 깊은 영향을 받았음을 고백하며, 개혁의 사상적 연속성을 인정했습니다.

이 개혁의 흐름은 1572년에 출간된 「보헤미안 시편」의 판화에서 상징적으로 표현되었습니다. 그 판화는 위클리프를 불씨로, 후스를 불쏘시개로, 루터를 횃불로 묘사하며, 하나님께서 역사 속에서 말씀의 진리를 보존하시고 교회를 새롭게 하신 섭리를 시각적으로 증언합니다. 이러한 250여 년의 과정—오컴에서 마르실리우스, 위클리프, 후스, 루터로 이어진 개혁의 도정—은 하나님께서 교회를 다시 말씀과 복음 위에 세우시기 위해 역사 속에 심고 키우신 긴 준비의 여정이었습니다.

오늘날 기독교는 로마 가톨릭, 개신교(개혁교회), 그리고 동방 정교로 나뉘어 있습니다. 그러나 이러한 분열은 단순한 실패의 결과가 아닙니다. 하나로 통일된 교회의 타락으로부터 참된 교회를 지키시려는 하나님의 지혜로운 섭리로 읽어야 합니다. 하나님은 바벨탑의 교만을 흩으셨듯이, 교황과 군주의 권력이 하나로 결탁해 부패했던 중세 교회를 분리시키심으로써 참된 신앙의 길을 열어 주셨습니다. 즉, 하나님은 교회의 분열조차도 정결케 하시는 섭리의 도구로 사용하셨습니다.

그 이유는 분명합니다. 첫째, 교회를 이루는 인간은 본성상 타락한 죄인이며, 둘째, 하나님의 뜻에 합당하지 않은 인간의 사상과 행위가 '하나'가 되는 것은 오히려 위험하기 때문입니다. 셋째, 비록 가시적인 교회는 분열되어 있을지라도, 교회를 붙들고 계신 실체는 한 분 하나님, 곧 성부·성자·성령 하나님이십니다. 그러므로 교회는 본질적으로 삼위일체 하나님 안에서 하나입니다. 사도 바울의 고백처럼 "무슨 방도로 하든지 전파되는 것은 그리스도니, 이로써 나는 기뻐하고 또한 기뻐하리라"(빌 1:18) 하셨습니다.

우리가 인위적인 통합에만 집착한다면, 오히려 바벨의 교만을 되풀이하기 쉽습니다. 중요한 것은 흩어진 자리에서 각 교회가 맡은 사명을 충실히 감당하며, 하나님 사랑과 이웃 사랑의 계명으로 연합하는 일입니다. 인간의 집단은 그 이름이 교회일지라도, 하나님의 주권을 떠나 권력을 움켜쥐는 순간 패거리로 전락하기 쉽습니다. 그러므로 때로 교회의 분리는 심판이자 보호이며, 동시에 정결케 하시는 하나님의 역사일 수 있습니다.

고대의 신전들이 역사 속에 사라지고, 웅장한 성당들마저 예배의 성전이 아니라 관광지로 소비되는 현실은, 하나님께서 건축물이 아니라 백성의 마음과 그들이 드리는 예배 가운데 임재하신다는 진리를 일깨워 줍니다. 그러므로 오늘날 교회가 회복해야 할 것은 규모나 위용이 아니라, 하나님을 예배하고 함께 기도할 수 있는 거룩한 공동체, 곧 "성막의 교회"입니다. 지

기독교인만 읽는 책

역의 불신자들이 동경할 만큼 작지만 진리와 사랑이 가득한 교회, 그것이 하나님께서 기뻐하시는 교회입니다. 유대인들이 웅장한 유적을 남기지 않았으나 말씀을 붙들며 흩어진 자리에서 세상을 변화시켰듯이, 오늘의 교회 역시 건물보다 말씀과 양심을 붙들어야 합니다. 하나님의 진리를 구현하는 공동체를 세우는 것이야말로, 온 세계 교회를 향한 하나님의 뜻이며 우리가 지속해야 할 참된 개혁입니다.

3) 자연과 피조 세계를 통한 섭리

하나님의 섭리는 인간 사회나 역사의 흐름 속에서만 드러나는 것이 아닙니다. 성경 창세기의 선언처럼 "태초에 하나님이 천지를 창조하시니라"(창 1:1)는 말씀은, 하나님께서 모든 존재의 근원이시며 지금도 만물을 보존하시는 분이심을 밝히는 진리입니다. 자연은 스스로 존재하거나 우연히 발생한 체계가 아니라, 창조주 하나님의 섭리 안에서 시작되어 지금도 그분의 뜻에 따라 유지되고 있습니다. 태양과 달의 운행, 별자리의 질서, 사계절의 순환, 바람과 비의 주기, 그리고 씨앗이 자라 열매를 맺는 과정은 모두 우연한 현상이 아니라, 하나님께서 세우신 창조 질서이자 그분의 섭리를 드러내는 증거입니다.

사도 바울은 "창세로부터 그의 보이지 아니하는 것들, 곧 그의 영원하신 능력과 신성이 그가 만드신 만물에 분명히 보여 알려졌나니 그러므로 그들이 핑계하지 못할지니라"(롬 1:20)라고 증언하였습니다. 이 말씀은 자연이 단순히 인간의 생존을 위한 배경이 아니라, 창조주의 영광과 섭리를 드러내는 살아 있는 교과서임을 보여 줍니다. 하늘과 땅과 바다, 그리고 그 안에서 일어나는 모든 질서와 조화는 하나님의 손길과 그분의 신실하심을 증언하고 있습니다.

그러나 자연은 단순한 은혜의 통로로만 존재하지 않습니다. 자연 속에는 하나님의 경고와 징계의 메시지도 담겨 있습니다. 성경은 자연재해를 단순히 불운한 사건으로 설명하지 않습니다. 노아 시대의 대홍수는 인간의 죄악이 세상에 가득 차서 하나님의 심판이 임한 사건이었습니다(창 6:11-13). 또한 이스라엘이 불순종할 때에는 가뭄과 전염병, 황충의 재앙이 뒤따랐으며(신 28장), 그것은 회개로 돌아오라는 하나님의 섭리적 징계였습니다. 오늘날 인류가 직면한 기후 위기, 생태 파괴, 환경 오염 역시 하나님의 창조 질서를 거슬러 인간이 자기 욕망을 따라 자연을 착취하고 파괴한 결과이며, 하나님께서 자연을 통해 인류에게 주시는 무거운 경고로 읽을 수 있습니다.

이처럼 자연은 하나님께서 인간을 교훈하시고 이끄시는 섭리의 도구입니다. 시편 기자가 "땅과 거기에 충만한 것과 세계와 그 가운데에 사는 자들은 다 여호와의 것이로다"(시 24:1)라고 고백한 것처럼, 모든 피조물은 하나님의 소유이며, 인간은 그것을 다스리되 정복자가 아니라 청지기로 섬기도록 부름을 받았습니다. 하나님께서는 자연의 섭리를 통하여 인간을 겸손케 하시고, 회개와 순종의 길로 인도하시며, 피조 세계를 통해 자신의 신실하심과 영광을 드러내십니다. 따라서 자연을 대하는 우리의 태도는 단순한 생태 보존을 넘어, 창조주 하나님의 뜻에 순종하는 경건한 삶의 표현이 되어야 합니다.

4) 선교와 열방을 향한 섭리

하나님께서는 인류 전체를 향한 구속의 섭리를 선교의 역사 속에서 분명하게 나타내 보이셨습니다. 창세기에서 하나님은 아브라함에게 "땅의 모든 족속이 너로 말미암아 복을 얻을 것이라"(창 12:3)고 말씀하셨습니다. 이 언약은 이스라엘 한 민족에 국한되지 않고, 모든 민족과 열방을 향한 하나님의 구속 계획을 선포한 것이었습니다. 그리고 그 계획의 완성은 예수 그리스도의 십자가와 부활, 그리고 "너희는 가서 모든 민족을 제자로 삼으라"(마 28:19)는 예수 그리스도의 지상명령으로 이어졌습니다.

역사를 돌이켜 보면, 세계사의 중요한 사건들은 결코 우연히 일어난 것이 아니라, 하나님의 선교적 섭리를 이루기 위한 도구로 사용되어 왔습니다. 로마 제국의 팍스 로마나와 광대한 도로망, 그리고 헬라어의 보급은 초대교회가 단기간에 지중해 전역으로 복음을 전할 수 있도록 결정적인 기반을 마련하였습니다. 중세 말기의 인쇄술 발명은 종교개혁과 함께 성경 번역과 보급을 폭발적으로 확산시켰습니다. 또한 대항해시대와 산업혁명, 현대의 교통과 통신 기술의 발달은 국경과 언어의 장벽을 넘어 복음이 전 세계로 전파되는 길을 열었습니다. 이 모든 것은 단순한 문명의 진보가 아니라, 모든 민족에게 복음이 전해지도록 인류의 역사를 섭리하신 하나님의 주권적인 계획이었습니다.

하나님의 선교 섭리는 언제나 성령의 주권적 인도하심 속에서 이루어졌습니다. 사도행전에서 바울이 아시아로 가려 하였으나 성령께서 그 길을 막으시고, 마게도냐 사람의 환상을 통해 유럽으로 인도하신 사건(행 16:6~10)은 선교의 방향이 인간의 의지나 전략이 아니라 하나님의 섭리에 의해 결정된다는 사실을 보여 줍니다. 오늘날도 하나님께서는 다양한 방식으로 복음의 길을 열어 가십니다. 어떤 지역에서는 교회의 핍박이 오히려 신앙의 불꽃을 일으키는 도구가 되고, 또 다른 지역에서는 문화와 제도의 변화가 복음 전파의 문을 엽니다. 그 모든 것은 하나님께서 열방 가운데 복음을 확장하시려는 섭리의 역사입니다.

기독교인만 읽는 책

요한계시록은 이러한 하나님의 선교 섭리가 종말에 이르러 완성될 모습을 보여 줍니다. "각 나라와 족속과 백성과 방언에서 아무라도 능히 셀 수 없는 큰 무리"(계 7:9)가 어린양의 보좌 앞에 서서 하나님을 찬양하는 장면은, 선교의 목적이 인류 구원의 완성에 있음을 선명하게 드러냅니다. 따라서 교회의 선교는 인간의 열심만으로 이루어지는 일이 아니라, 하나님의 섭리적 계획에 순종하여 동참하는 신앙의 행위입니다. 그것은 역사의 마지막 완성을 향해 나아가는 하나님의 거대한 구속 여정 속에서, 교회가 맡은 거룩한 사명이며 믿음의 순종입니다.

5) 역사의 종말에 대한 섭리

성경에 의하면, 하나님께서는 자기 형상 곧 하나님의 형상대로 사람을 창조하시되, 남자와 여자를 창조하시고 그들에게 복을 주시며 이르시기를 "생육하고 번성하여 땅에 충만하라, 땅을 정복하라, 바다의 물고기와 하늘의 새와 땅에 움직이는 모든 생물을 다스리라" 하셨습니다(창 1:27~28). 그러나 하나님은 인간이 선악을 알게 되는 것을 원하지 않으셨습니다. 즉, 하나님은 인간이 스스로 선악을 판단하는 능력을 갖추는 것을 원하지 않으셨습니다. 그래서 여호와 하나님은 아담에게 엄중하게 경고하셨습니다. "동산 각종 나무의 열매는 네가 임의로 먹되,

선악을 알게 하는 나무의 열매는 먹지 말라. 네가 먹는 날에는 반드시 죽으리라"(창 2:16~17). 아담의 아내 하와도 하나님의 경고를 알고 있었습니다. "동산 중앙에 있는 나무의 열매는 하나님의 말씀에 '너희는 먹지도 말고 만지지도 말라, 너희가 죽을까 하노라' 하셨느니라"(창 3:3). 그런데 하와가 사탄의 계교와 유혹에 빠졌습니다. "뱀이 여자에게 이르되, 너희가 결코 죽지 아니하리라. 너희가 그것을 먹는 날에는 너희 눈이 밝아져 하나님과 같이 되어 선악을 알 줄 하나님이 아심이니라"(창 3:5).

사탄의 유혹에 넘어간 하와는 하나님의 금지와 경고의 말씀을 무시하고, 선악을 알게 하는 나무의 열매를 따 먹었습니다. 그리고 아담에게도 주어 함께 먹게 함으로써 인간의 본성에는 인간도 하나님처럼 선과 악을 판단할 수 있다는 교만함이 생겨났고, 이 교만함은 인간의 행위를 언제나 악한 방향으로 나타나도록 타락시켰습니다. 이처럼 하나님의 말씀과 경고를 거역하고 사탄의 계교를 따라 선악을 판단하게 된 아담과 하와의 타락은 단순한 범죄가 아니라, 하나님의 창조 질서 전체를 시작부터 파괴한 역사적인 사건이었습니다. 왜냐하면 하나님은 세상을 선하게 이끌어 가시려고 선과 악을 통치의 수단으로 사용하시지만, 피조물인 인간의 선악 판단은 언제나 자기중심적이고 이기적이어서 악하기 때문입니다. 그래서 하나님은 인간에게 선악을 분별하는 능력을 허락하지 않으셨던 것입니다. 결

　　　　　　　　　　　　　기독교인만 읽는 책

국 이와 같은 인간의 타락은 먼저 하나님과의 관계를 단절시켰습니다. 하나님은 죄인과 함께하실 수 없는 거룩한 분이기에 인간과 하나님의 관계는 단절되었습니다. 그때부터 인간은 하나님을 두려워하게 되었고, 언제나 악한 판단으로 서로에게 해악을 끼치며 교만하고 부끄러운 모습으로 죄악 속에서 방황하게 된 것입니다.

그러나 하나님께서는 자신이 창조하신 인간을 향한 사랑을 버리지 않으셨습니다. 구약의 오랜 세월 동안 하나님께서는 아브라함과 모세, 그리고 선지자들을 앞세워 자신의 백성을 죄로부터 구원하시려 하셨습니다. 그러나 본성이 악한 인간의 죄악은 반복되었고, 그 어떤 율법이나 제도로도 인간이 뒤집어쓴 죄의 굴레를 벗길 수 없었습니다. 그래서 하나님은 인간의 수명을 120년으로 제한하시고 죄의 삶을 사망으로 정하셨습니다. 그리고 하나님께서는 인간을 구원하시기 위해 사람의 몸으로 이 땅에 오셨습니다. 그분이 바로 구원의 주, 성자 하나님 예수 그리스도이십니다. 구원의 주 예수 그리스도께서는 하나님의 뜻에 순종하여 인간의 죄를 대신 짊어지고 십자가에서 죽으셨으며, 하나님은 예수 그리스도를 죽음에서 부활시키시고 사탄이 휘두르는 사망의 권세를 깨뜨리셨습니다. 그리고 하나님은 인간에게 생명의 길과 사망을 길을 제시하셨습니다. 하나님께서는 예수 그리스도를 믿고 그의 교훈을 따르는 자에게는 영생을 약속하셨습니다. 그러나 예수 그리스도를 믿지 않는 자에게는 영벌, 즉 두 번째 죽음을 예비하셨습니다. 그리고 그 심판을 하나님이 정하시는 종말의 때에 재림하시는 예수 그리스도에게 맡기셨습니다. 그러므로 종말은 단순히 세상의 끝이 아니라, 예수 그리스도의 최후 심판을 통해 하나님의 구속사가 완전히 완성되어 새 하늘과 새 땅이 열리는 순간입니다. 곧 종말의 날은 파멸의 날이 아니라 회복의 날이며, 심판의 날이면서 동시에 구원의 날입니다. 역사는 우연한 사건의 연속이 아니라 하나님께서 친히 다스리시는 구속의 여정이며, 그 마지막은 하나님께서 "보시기에 심히 좋았더라" 하셨던 창조의 회복입니다.

마. 맺음말

그리스도인의 역사관은 무엇보다 하나님의 역사에 근거합니다. 하나님께서는 완전한 창조로 역사를 시작하셨지만, 인간의 타락은 그 질서를 무너뜨렸고, 그 결과 심판이 임했습니다. 그러나 하나님은 예수 그리스도의 구속과 성령을 통한 교회의 역사를 통해 인류의 구원을 계속 이어 가고 계십니다. 오늘 우리가 서 있는 자리는 바로 이 진행 중인 하나님의 역사 안에 있으며, 지금 이 순간에도 하나님의 구속사는 계속되고 있습니다. 인간이 역사를 기록하지만, 그 모든 사건과 변화의 배후에는 하나님의 주권적 손길이 있습니다. 성경은 "하나님이 하시는 일의 시종을 사람으로 측량할 수 없게 하셨다"(전 3:11)고 말씀합니다. 이는 인간의 지식으로는 역사를 완전히 이해할 수 없지만, 믿음의 눈으로 보면 모든 역사는 하나님의 뜻 안에서 움직이고 있음을 보여 줍니다.

이에 대조되는 것은 인간의 역사입니다. 인간의 역사는 탐욕과 교만, 지배와 복종의 반복으로 이어져 왔습니다. 사상과 이념의 역사에서는 인간이 스스로를 진리의 중심에 두며 교만을 드러냈고, 전쟁과 테러의 역사에서는 욕망이 폭력으로 변하여 생명을 파괴했습니다. 권력의 역사에서는 부패가, 경제의 역사에서는 끝없는 욕심이 불평등과 파괴를 낳았습니다. 이러한 역사는 인간 본성의 타락이 얼마나 깊은지를 보여 주는 거울이며, 하나님 없는 세상이 어떤 결과를 맞이하는지를 증언하는 기록입니다. 그러나 하나님은 인간의 악함 속에서도 역사를 포기하지 않으시고, 그 모든 과정을 통해 구속의 뜻을 이루어 가십니다.

하나님께서는 섭리와 통치를 통해 인간의 악을 제어하시고, 모든 역사를 당신의 뜻대로 주관하시며 종말, 곧 역사의 완성으로 이끌어 가십니다. 하나님은 주권적 통치로 만물을 보존하시며, 교회를 개혁과 회복으로 새롭게 하시고, 피조 세계를 번성케 하십니다. 또한 복음을 열방에 확장하시는 선교의 섭리를 통해 인류 구속의 역사를 이루시며, 마침내 예수 그리스도의 재림을 통하여 새 하늘과 새 땅, 곧 완전한 하나님 나라를 세우실 것입니다. 그러므로 역사의 목적은 인간의 문명이나 진보에 있지 않고, 오직 하나님의 뜻이 완전히 이루어지는 데 있습니다. 모든 역사는 결국 창조의 본뜻이 회복되고, 하나님께서 친히 다스리시는 새 하늘과 새 땅으로 나아가는 여정입니다.

  결국 그리스도인의 역사관은 단순한 과거 해석이 아니라, 현재를 살아가며 미래를 소망하는 신앙의 시각이어야 합니다. 인간의 역사는 죄로 인해 반복되지만, 하나님의 역사는 그 속에서 구속을 이어 가며, 하나님의 섭리는 궁극적으로 역사의 완성을 준비하고 있습니다. 인류의 역사와 우주의 질서를 주관하시는 분은 인간이 아니라 삼위일체 하나님이십니다. 그러므로 이 세상과 인간, 그리고 교회는 하나님의 진리와 교훈에 순종하며, 성령의 인도하심 속에서 예수 그리스도의 복음과 하나님의 사랑을 증거해야 합니다. 역사를 읽는 일은 단순한 학문적 탐구가 아니라, 신앙의 눈으로 하나님의 손길을 발견하는 영적 행위입니다. 세상은 역사의 우연을 말하지만, 신앙인은 역사의 목적을 봅니다. 하나님의 섭리를 깨닫는 사람은 절망 속에서도 소망을 잃지 않고, 혼란 속에서도 하나님의 뜻을 붙듭니다. 이것이 바로 기독교인의 역사관의 결론이며, 모든 역사를 하나님의 구속사 속에서 해석해야 하는 이유입니다.

제4부

기독교인의 세계관

가. 서문

기독교인의 세계관은 성경적 기독교 세계관으로 정립되어야
합니다. 오늘날의 그리스도인은 정보와 사상의 홍수 속에서 살
아가고 있습니다. 과학과 기술의 급속한 발전, 그리고 문화와
사상의 경계가 무너진 시대에 우리는 '무엇이 진리인가'라는 근
본적 질문 앞에서 혼란을 겪고 있습니다. 세속적 인본주의가
인간의 중심을 차지하면서, 하나님 중심의 질서와 도덕은 점점
밀려나고 있습니다. 이러한 시대일수록 그리스도인은 신앙의
토대를 다시 확인하고, 성경에 기초한 바른 세계관을 회복해야
합니다. 왜냐하면 세계관은 단순한 지식의 체계가 아니라, 인생
의 방향과 삶의 목적을 결정짓는 근본적 기준이기 때문입니다.
　성경적 기독교 세계관은 세속적 세계관과 본질적으로 다릅
니다. 성경은 인간의 사상이나 문화적 경험이 아니라, 하나님
께서 자신의 뜻을 인간에게 계시하신 하나님의 말씀, 곧 절대

적 진리입니다. 성경적 세계관은 세상을 인간 중심으로 해석하지 않고, 창조주 하나님 중심으로 바라보게 합니다. 인간의 존재와 역사, 가치와 윤리, 그리고 구원의 문제까지 모든 것을 하나님의 시각에서 조명하며, 인간이 살아야 할 이유와 방향을 분명히 제시합니다. 따라서 성경적 세계관은 단순히 신앙의 한 부분이 아니라, 삶 전체를 하나님의 주권 아래 통합하는 사고의 구조입니다.

오늘날 교회와 성도들이 혼란에 빠진 이유는 신앙의 중심이 성경에서 멀어지고, 세속의 가치와 타협했기 때문입니다. 믿음이 삶의 중심이 되지 못하고, 예배가 형식으로 변하며, 윤리와 진리가 상대화되는 현실은 바로 세계관의 혼란에서 비롯된 결과입니다. 교회 안에서도 성경적 세계관보다 문화적 세계관이 더 강하게 작용하고 있으며, 세상적 성공과 인간 중심의 사고가 신앙의 본질을 흐리게 하고 있습니다. 그러나 성경은 분명히 명하십니다. "너희는 이 세대를 본받지 말고 오직 마음을 새롭게 함으로 변화를 받아"(로마서 12장 2절) 하나님의 뜻을 분별하라고 하셨습니다. 그리스도인은 세상의 가치가 아니라, 하나님의 말씀을 삶의 기준으로 삼아야 합니다.

그러므로 이제 우리는 성경적 기독교 세계관을 새롭게 세워야 합니다. 이 세계관은 인간의 철학이나 이성으로 만들어 내는 개념이 아니라, 성령의 조명하심 속에서 성경의 진리를 깨달고, 그것을 삶 속에서 실천하는 믿음의 체계이자 신앙의 원리입니다. 성경적 세계관을 가진 사람은 세상을 하나님의 뜻에 따라 해석하고, 모든 영역에서 하나님 나라의 질서를 구현하며, 그분의 영광을 드러냅니다. 이것이 하나님께서 그리스도인에게 원하시는 삶이며, 교회가 회복해야 할 진리의 기초입니다. 성경적 기독교 세계관은 단순한 사상이나 교리의 체계가 아니라, 하나님의 말씀으로 세상을 이해하고, 그 뜻에 순종하며, 하나님의 영광을 위해 살아가는 삶의 방식입니다.

기독교인만 읽는 책

나. 세계관이란 무엇인가

1) 세계관의 개념과 본질

세계관은 인간이 세상과 인생을 어떻게 이해하고 해석하며 살아가야 하는지를 결정짓는 삶의 근본 구조입니다. 인간은 누구나 자신이 세상을 바라보는 틀을 가지고 있으며, 그 틀 안에서 "나는 누구인가?", "왜 사는가?", "무엇이 옳은가?"와 같은 궁극적인 질문에 대답합니다. 이런 의미에서 세계관은 단순한 지식의 체계가 아니라, 인간의 사고와 판단, 그리고 행동의 기초가 되는 전(前)이론적 인식 구조라 할 수 있습니다.

세계관(worldview)을 뜻하는 독일어 '벤트안샤웅(Weltanschauung)'은 철학자 임마누엘 칸트(Immanuel Kant)에 의해 처음 사용되었습니다. 칸트는 1790년『판단력 비판』에서 이 개념을 소개하며, "세상을 바라보는 관점, 사물에 대한 조망, 우주를 인식하는 방식"으로 정의했습니다. 이후 이 용어는 19세기 독일의 역사학자들과 철학자들에 의해 "한 민족의 지속적이고 심오한 문화적 패턴"을 뜻하는 말로 발전하였으며, 근대 이후에는 철학, 문학, 종교, 인류학 등 다양한 학문 영역으로 확장되었습니다.

그러나 세계관은 단지 철학적 개념이나 문화적 전통의 산물이 아닙니다. 세계관은 인간이 스스로 세상을 정의하는 틀인 동시에, 자신의 존재와 삶의 방향을 결정짓는 나침반입니다. 따라서 세계관이 바르지 않으면, 인간의 삶 전체가 왜곡된 방향으로 흘러가게 됩니다. 인간은 자신이 어떤 세계관을 가지고 있느냐에 따라 현실을 다르게 보고, 진리와 도덕, 행복의 의미를 다르게 판단합니다. 그러므로 바른 세계관을 세운다는 것은 인생의 기초를 바로 세운다는 뜻이며, 그리스도인에게 있어 그것은 곧 하나님의 말씀 위에 인생을 세우는 일입니다.

성경적 관점에서 세계관은 하나님의 창조와 계시에 근거한 진리의 틀입니다. 인간의 지식이나 문화가 아니라, 하나님께서 창조와 섭리를 통하여 세상에 드러내신 하나님의 시각과 질서가 바로 세계관의 근본입니다. 따라서 성경적 세계관은 인간 중심이 아닌 하나님 중심의 사고체계이며, 인생의 목적과 가치, 그리고 구원의 의미를 오직 하나님의 뜻 안에서 바라보게 합니다.

기독교인만 읽는 책

2) 세계관의 역사적 발전

세계관이라는 개념이 철학적으로 정립된 역사는 약 200년에 불과하지만, 인간이 인생의 근원적 의미를 탐구한 역사는 2,500년을 훌쩍 넘습니다. 고대 그리스의 철학자 소크라테스, 플라톤, 아리스토텔레스는 인간의 이성과 윤리, 그리고 우주의 질서를 탐구하며 서양 철학의 기초를 세웠습니다. 동양에서도 공자와 석가모니는 인간의 도리와 사회 질서를 통해 삶의 의미를 해석하려 했습니다. 이러한 사상들은 모두 인류 문명의 사유 구조를 형성하는 데 기여했지만, 그 근본은 어디까지나 인간 중심적 세계관이었습니다.

이처럼 인간의 철학과 종교, 문화 속에서 형성된 세계관은 오늘날까지도 '성경 밖의 세계관', 즉 문화적 세계관(cultural worldview)으로 이어지고 있습니다. 문화적 세계관은 인간의 경험, 전통, 지식, 사회적 가치 등을 토대로 형성되며, 결국 인간이 세상의 중심이 되어 선과 악, 진리와 행복의 기준을 스스로 설정하게 만듭니다. 그러나 이러한 사고는 창조주 하나님을 배제한 세계 해석이기에, 진리의 기준이 모호하고 도덕의 토대가 흔들릴 수밖에 없습니다.

반면 성경적 기독교 세계관은 인간의 사색이 아니라 하나님의 계시로부터 출발합니다. 하나님은 아브라함을 부르시고 자신을 그의 하나님으로 계시하셨으며, 모세에게 율법을 주시고, 예언자들을 통해 하나님의 도덕과 공의의 질서를 세상에 선포하셨습니다. 그리고 예수 그리스도 안에서 그 세계관은 완성되었습니다. 즉, 성경적 세계관은 인간이 구성한 사상이 아니라, 하나님께서 인간에게 주신 계시적 진리의 구조입니다. 그 중심에는 창조—타락—구속—회복이라는 구속사의 질서가 자리하고 있습니다.

결국 세계관의 역사는 인간이 스스로 의미를 찾으려 한 긴 여정이지만, 성경은 그 모든 질문의 완전한 해답을 제시합니다. 인류의 모든 철학과 사상은 진리를 향한 탐색이었으나, 성경은 진리 자체이신 하나님의 말씀이며, 인간의 사유를 완성시키는 유일한 기준입니다. 그러므로 기독교인의 세계관은 세상의 철학 위에 세워질 수 없고, 반드시 하나님의 계시 위에 정립되어야 합니다.

3) 세계관의 구분과 기능

세계관은 인간이 세상을 이해하고 행동하는 모든 영역에 영향을 미칩니다. 그것은 단순한 사고의 틀을 넘어, 인생의 목적을 정하고 삶의 방향을 결정짓는 내면의 지도와 같습니다. 모든 사람은 의식하든 그렇지 않든, 자신이 가진 세계관의 인도

기독교인만 읽는 책

아래 살아갑니다. 그러므로 세상에는 두 부류의 사람이 있습니다. 하나는 문화적 세계관의 지배를 받는 사람, 또 하나는 성경적 세계관의 인도를 받는 사람입니다.

문화적 세계관은 인간의 전통과 풍습, 지식과 경험에 뿌리를 두고 있습니다. 한국 사회의 경우, 유교·불교·무속·도교 등의 종교적 요소와 근대 교육을 통해 형성된 인본주의적 가치가 뒤섞여 '혼합주의적 세계관'을 이루고 있습니다. 이런 세계관은 겉으로는 다양성과 관용을 내세우지만, 그 안에는 진리의 절대성을 부정하는 상대주의가 자리하고 있습니다. 결국 하나님을 배제한 문화적 세계관은 인간을 중심에 두며, 인간의 이성과 감정을 신뢰하게 만듭니다.

반면 성경적 기독교 세계관은 성경의 계시와 성령의 조명하심에 의해 형성됩니다. 이 세계관은 하나님을 창조주로 인정하고, 인간을 피조물로 이해하며, 세상을 하나님의 뜻 안에서 해석합니다. 그러므로 성경적 세계관은 단지 교리적 체계가 아니라, 하나님을 중심으로 사고하고, 판단하고, 행동하게 하는 신앙적 질서입니다.

세계관은 인간의 삶 전반에 작용합니다. 그것은 학문과 정치, 경제, 윤리, 예술, 가정, 교육, 그리고 일상의 모든 판단의 방향을 결정합니다. 그리스도인이 성경적 세계관을 세운다는 것은 곧, 삶의 모든 영역에서 하나님 나라의 질서를 실현하는 것을 의미합니다. 하나님께서 원하시는 정의와 사랑, 정직과 거룩이 우리의 생각과 행동 속에서 드러날 때, 세상은 그리스도인의 삶을 통해 하나님의 영광을 보게 됩니다.

다. 세계관의 유형과 분류

1) 세계관의 일반적 분류

세계관은 인간이 현실을 어떻게 이해하고 해석하는가에 따라 여러 유형으로 구분할 수 있습니다. 철학적 세계관, 과학적 세계관, 종교적 세계관 등 다양한 형태가 존재하지만, 그 근본적인 기준은 '무엇을 중심으로 세상을 바라보는가'에 있습니다. 인간은 누구나 자신이 신뢰하는 절대적 근거를 통해 세상을 해석하려는 본성을 가지고 있습니다. 어떤 이는 인간의 이성이나 경험을 중심에 두고, 또 어떤 이는 신(神) 혹은 초월적 존재를 중심에 둡니다. 따라서 세계관의 가장 큰 구분 기준은 하나님 중심이냐, 인간 중심이냐의 문제로 귀결됩니다.

인간 중심의 세계관은 세상의 의미와 가치를 인간 스스로의 판단에 의해 결정합니다. 이성주의, 인본주의, 자연주의, 실존주의 등은 모두 이러한 사상적 흐름 속에서 형성되었습니다. 이 세계관은 인간의 자유와 자율성을 강조하지만, 동시에 절대적 진리의 기준을 상실하게 만듭니다. 반면 하나님 중심의 세계관은 모든 존재의 근원과 목적이 하나님께 있음을 인정합니다. 인간의 이성과 경험은 진리를 완전히 포착할 수 없으며, 오직 하나님의 계시를 통해서만 참된 지식과 삶의 방향을 얻을 수 있습니다.

이러한 이유로 세계관은 단순한 학문적 구분이 아니라 신앙의 선택과 관련된 문제입니다. 인간은 중립적인 존재가 아니며, 반드시 어떤 가치와 신념의 체계 안에서 살아갑니다. "하나님을 믿는가, 아니면 자신을 믿는가"라는 질문은 곧 "당신의 세계관은 어디에 근거하고 있는가"라는 질문과 같습니다. 세상은 겉으로는 다양성과 관용을 내세우지만, 실제로는 하나님을 배제한 세계관이 지배하고 있습니다. 그렇기에 그리스도인은 자신의 사고방식이 세속적 세계관에 오염되지 않았는지를 늘 점검해야 합니다.

결국 모든 세계관은 두 가지로 수렴됩니다. 하나는 하나님을 중심에 둔 성경적 기독교 세계관, 다른 하나는 하나님을 배제한 문화적 세계관입니다. 이 두 세계관은 단순한 철학적 차이가 아니라, 인간의 삶 전체를 서로 다른 방향으로 이끌어가는 근본적인 질서의 차이입니다.

　　　　　　　　기독교인만 읽는 책

2) 문화적 세계관의 특징

문화적 세계관은 인간의 역사와 사회 속에서 자연스럽게 형성된 인식의 구조입니다. 그것은 전통, 풍습, 종교, 교육, 철학, 예술 등 인간의 모든 문화적 활동을 통해 만들어집니다. 겉보기에는 다양하고 복잡하지만, 그 중심에는 공통된 특징이 있습니다. 바로 인간이 세상의 중심이라는 사고방식입니다. 문화적 세계관은 인간의 감정과 경험, 이성적 판단을 진리의 기준으로 삼으며, 초월적 권위보다 인간의 자율성과 자유를 더 중요하게 여깁니다.

오늘날 한국 사회를 비롯한 현대 문명은 이러한 문화적 세계관에 깊이 뿌리내리고 있습니다. 유교적 질서, 불교적 관용, 무속적 신비, 서구적 인본주의, 그리고 과학적 합리주의가 복합적으로 뒤섞여 있습니다. 이러한 혼합주의적 문화 속에서는 절대적 진리 대신 다원주의가 강조되고, 도덕의 기준이 상대화됩니다. 그 결과, 선과 악의 구분이 흐려지고, 인간의 욕망이 윤리보다 우선하게 됩니다.

문화적 세계관은 겉으로는 평화와 공존을 말하지만, 실제로는 하나님 없는 세상을 정당화하는 논리를 제공합니다. "모든 종교는 결국 같은 진리를 말한다", "인간은 스스로 선해질 수 있다"는 말들은 그럴듯하게 들리지만, 결국 인간의 교만을 합리화하는 주장일 뿐입니다. 하나님을 부정한 문화는 진리를 상실하고, 진리를 잃은 사회는 결국 혼란과 무질서 속에 빠지게 됩니다.

그러므로 문화적 세계관은 단순히 다른 생각의 체계가 아니라, 하나님을 대체하려는 인간의 시도입니다. 창세기 3장에서 인간이 "너희가 하나님과 같이 될 것이라"는 뱀의 유혹에 넘어간 순간부터, 인류는 문화라는 이름 아래 하나님 없이 살아가려는 문명을 세워 왔습니다. 문화적 세계관의 본질은 바로 이 교만이며, 하나님 없는 인간의 자율이 결국 죄의 구조로 이어진다는 사실을 우리는 잊지 말아야 합니다.

3) 성경적 기독교 세계관의 본질

성경적 기독교 세계관은 인간이 아닌 하나님으로부터 시작됩니다. 이 세계관은 창조주 하나님께서 세상을 창조하시고, 인간을 그분의 형상으로 지으셨다는 사실에서 출발합니다. 성경은 "태초에 하나님이 천지를 창조하시니라"(창 1:1)라고 선포하며, 이 한 구절이 모든 진리의 근거가 됩니다. 하나님은 우주의 주인이시며, 인간은 그분의 뜻 안에서 존재하는 피조물입니다. 이 단순한 진리 위에 성경적 세계관의 모든 구조가 세워집니다.

성경적 세계관의 핵심은 하나님 중심의 사고입니다. 인간은 자신의 이성이나 감정이 아닌, 하나님의 말씀을 기준으로 세상을 바라보아야 합니다. 성경은 인간의 역사와 문화를 단순한 진화의 결과로 보지 않습니다. 세상의 역사는 하나님의 섭리 속에서 진행되는 구속사(redemptive history)이며, 그 목적은 하나님의 영광을 드러내는 데 있습니다. 그러므로 성경적 세계관은 인간이 스스로 완성하는 세계가 아니라, 하나님께서 다스리시는 세계를 인식하게 합니다.

또한 성경적 세계관은 창조—타락—구속—회복의 구속사적 구조를 통해 세상을 해석합니다. 하나님이 창조하신 세상은 선했으나, 인간의 타락으로 인해 죄가 들어왔고, 그리스도의 십자가를 통해 구속이 이루어졌습니다. 그리고 성령의 역사로 말미암아 인간은 새로운 피조물로 변화되어 하나님 나라의 회복에 동참하게 됩니다. 이처럼 성경적 세계관은 단순한 철학적 관념이 아니라, 인간의 삶 전체를 변화시키는 구원의 세계관입니다.

성경적 기독교 세계관은 또한 행동의 세계관입니다. 참된 신앙은 단순한 사상이나 감정이 아니라, 말씀에 근거한 삶의 실천으로 드러나야 합니다. 하나님을 사랑하고, 이웃을 사랑하며, 세상 속에서 하나님의 정의와 평화를 이루는 것—이것이 성경적 세계관이 지향하는 삶의 모습입니다. 그러므로 그리스도인은 성경적 세계관을 통해 세상을 바라보고, 판단하며, 행동해야 합니다. 이것이 하나님께서 우리에게 주신 진리의 길이며, 세상 속에서 빛과 소금으로 살아가는 방법입니다.

라. 문화적 세계관과 성경적 세계관의 충돌

1) 현대 사회의 문화적 흐름과 세계관의 위기

오늘날 인류는 과거 어느 시대보다 풍요롭고 지식이 넘치는 시대에 살고 있습니다. 그러나 그만큼 가치의 혼란과 윤리의 붕괴도 심화되고 있습니다. 과학기술의 발전과 글로벌 문화의 확산은 인류에게 편리함을 주었지만, 동시에 하나님 없는 문명을 만들어 냈습니다. 세상은 더 이상 진리를 절대적인 기준으로 인정하지 않고, 다원주의와 상대주의를 새로운 미덕으로 여깁니다. 이런 흐름 속에서 사람들은 "모든 진리는 같으며, 각자의 선택이 곧 옳음"이라는 거짓된 신념을 따르고 있습니다.

문화적 세계관은 이러한 혼란의 중심에 있습니다. 그것은 인간의 자율과 쾌락을 최고의 가치로 삼으며, 하나님이 주신 질서와 절대적 도덕을 거부합니다. 예를 들어 현대의 교육은 인간의 잠재력과 성취를 강조하지만, 인간이 하나님의 형상대로 창조되었다는 사실은 가르치지 않습니다. 예술과 미디어는 인간의 욕망과 감정을 미화하고, 죄를 자유의 표현으로 포장합니다. 그 결과, 사람들은 점점 하나님의 존재를 망각하고, 스스로를 삶의 주인으로 삼게 되었습니다.

이러한 사상적 흐름은 신앙의 영역까지 침투했습니다. 교회 안에서도 성경보다 세상의 기준을 우선시하고, 신앙의 본질보다 외형과 감정에 치우치는 현상이 나타납니다. 예배는 경건보다 오락의 형식으로 변하고, 설교는 진리보다 위로와 성공을 강조하게 되었습니다. 이는 곧 세계관의 위기이며, 신앙이 삶의 중심에서 밀려난 증거입니다.

그리스도인은 이런 시대 속에서 더욱 깨어 있어야 합니다. 세상의 흐름을 따라가는 것이 아니라, 말씀의 빛으로 세상을 분별해야 합니다. 진리를 상대화하는 문화적 조류 속에서, 성경적 세계관은 여전히 절대적 진리를 선포하며 하나님 중심의 질서를 회복하는 유일한 길임을 우리는 분명히 인식해야 합니다.

2) 진리의 상대화와 도덕의 붕괴

오늘날의 문화는 '절대적인 진리'를 부정합니다. 진리는 개인의 선택에 따라 달라질 수 있다고 말하며, 도덕은 상황에 따라

바뀔 수 있다고 주장합니다. 이러한 상대주의는 겉으로는 관용과 자유를 말하지만, 실제로는 진리를 해체하는 논리입니다. 진리가 사라진 자리에는 인간의 욕망과 권력이 들어서고, 정의는 다수의 여론에 따라 흔들리게 됩니다.

특히 포스트모더니즘은 이러한 상대주의를 철학적으로 뒷받침했습니다. 그것은 모든 가치와 규범이 사회적 구성물에 불과하다고 주장하며, 보편적 기준을 부정합니다. 그 결과, 사람들은 무엇이 선이고 악인지조차 분간하지 못한 채 살아가게 되었습니다. 성경이 가르치는 도덕적 절대 기준—예를 들어 생명의 존엄, 성의 순결, 정직과 정의—은 시대착오적인 것으로 취급됩니다.

이러한 사상의 파급력은 사회 전반에 깊숙이 스며들었습니다. 가정에서는 부모의 권위가 무너지고, 학교에서는 도덕보다 성취가 우선시됩니다. 경제 영역에서는 탐욕이 미덕이 되고, 정치 영역에서는 진실보다 이익이 더 중요하게 여겨집니다. 결국 진리의 부재는 인간 사회를 혼란에 빠뜨리고, 하나님의 질서를 무너뜨리는 결과를 낳습니다.

성경은 이런 시대를 미리 경고하셨습니다. "사람들이 바른 교훈을 받지 아니하며 귀가 가려워 자기 사욕을 따를 스승을 많이 두리라"(딤후 4:3)는 말씀처럼, 세상은 스스로 듣기 좋은 이야기만을 선택하고 있습니다. 그러나 그리스도인은 시대의 조류에 휩쓸리지 않고, 하나님의 말씀을 유일한 진리로 붙잡아야 합니다. 진리의 상대화가 지배하는 세상 속에서, 오직 하나님의 말씀만이 우리의 양심과 도덕의 기준이 되어야 합니다.

3) 인간 중심의 문화와 하나님 중심의 신앙

현대 문화의 가장 근본적인 문제는 인간 중심주의에 있습니다. 인간 중심주의는 하나님을 배제하고, 인간의 이성과 자유를 절대화합니다. "인간은 스스로 선해질 수 있다"는 낙관적 인간관은 죄의 현실을 무시하게 만들고, "행복이 곧 선이다"라는 세속적 윤리는 쾌락을 정당화합니다. 그 결과, 인간은 점점 하나님이 아닌 자신을 신으로 섬기며, 자기만족과 성공을 삶의 목적으로 삼게 되었습니다.

이에 반해 성경적 세계관은 모든 중심을 하나님께 두고 있습니다. 하나님은 인간의 창조주이시며, 인간은 그분의 형상대로 지음 받은 존재입니다. 그러므로 인간의 가치는 하나님께로부터 주어지는 것이지, 스스로 만들어 내는 것이 아닙니다. 인간은 하나님께 순종할 때 비로소 자유로워지며, 그분의 뜻을 따를 때 참된 행복을 누립니다.

인간 중심의 세계관은 결국 스스로를 파괴합니다. 하나님 없이 인간의 이성만으로 세상을 완성하려는 시도는 역사 속에서 이미 수차례 실패로 드러났습니다. 물질문명은 발전했지만, 인간의 영혼은 더 공허해졌습니다. 경제는 성장했지만, 사회는 분열되었습니다. 하나님 없는 진보는 결국 방향을 잃은 발전이며, 빛을 잃은 지식입니다.

그리스도인은 이 흐름 속에서 다시 하나님 중심의 질서를 회복해야 합니다. 우리의 사고와 가치, 그리고 삶의 모든 영역에서 하나님을 주권자로 인정할 때, 세상 속에서도 신앙의 등불이 꺼지지 않을 것입니다. 하나님 중심의 신앙은 단순한 종교적 태도가 아니라, 삶 전체를 새롭게 만드는 근원적 변화의 힘입니다.

4) 두 세계관의 대결과 교회의 사명

문화적 세계관과 성경적 세계관의 충돌은 단순한 사상적 논쟁이 아닙니다. 그것은 인간의 영혼을 둘러싼 영적 전쟁입니다. 세상은 하나님 없는 진리를 주장하고, 교회는 그 한복판에서 하나님의 말씀을 선포해야 합니다. 교회가 세상과 타협할 때, 진리는 힘을 잃고, 신앙은 형식으로 변합니다. 그러나 교회가 말씀 위에 굳게 설 때, 세상은 다시 하나님을 보게 됩니다.

오늘날 교회가 감당해야 할 사명은 단순히 종교적 역할에 머물지 않습니다. 교회는 세상 속에서 하나님의 뜻을 증거하고,

성경적 세계관으로 사회의 방향을 제시해야 합니다. 교육, 문화, 경제, 정치, 과학 등 모든 영역에서 성경적 가치가 회복될 때, 비로소 하나님 나라의 질서가 세상 속에 드러나게 됩니다.

그리스도인은 교회의 일원으로서 세상 속에서 진리의 증인으로 살아가야 합니다. 우리의 삶이 곧 복음의 해석이 되며, 우리의 언행이 하나님의 세계관을 드러내야 합니다. "너희는 세상의 빛이라"(마 5:14)는 주님의 말씀처럼, 세상이 어둠에 빠질수록 성경적 세계관의 빛은 더 밝게 빛나야 합니다.

결국 두 세계관의 대결은 하나님과 인간, 진리와 거짓, 생명과 죽음의 문제입니다. 교회는 세속의 흐름 속에서도 하나님의 말씀을 붙잡고, 진리를 선포하는 등불이 되어야 합니다. 이것이 오늘을 사는 그리스도인에게 주어진 사명이자, 세상을 변화시키는 하나님의 방법입니다.

마. 성경적 세계관의 구조와 핵심 원리

성경적 기독교 세계관은 단순한 신앙의 체계가 아니라, 하나님께서 세상을 다스리시는 역사적 질서를 반영하는 구속사적 구조를 가지고 있습니다. 이 구조는 창세기에서 요한계시록에 이르기까지 일관되게 흐르는 하나님의 구원의 이야기이며, 인간의 모든 역사와 삶을 그 틀 안에서 이해하도록 이끌어 줍니다. 그 핵심은 창조(Creation)—타락(Fall)—구속(Redemption)—회복(Restoration)의 네 단계로 요약할 수 있습니다. 이 네 가지 원리는 성경 전체를 꿰뚫는 하나님의 경륜이며, 성경적 세계관의 토대이자 방향을 제시하는 나침반입니다.

하나님께서는 세상을 완전하게 창조하셨고, 인간을 하나님의 형상으로 지으셨습니다. 그러나 인간은 교만으로 인해 하나님의 뜻을 거역하고 타락했습니다. 그 결과 죄와 사망이 세상에 들어왔고, 인간의 모든 관계가 무너졌습니다. 하지만 하나님은

기독교인만 읽는 책

타락한 세상을 버리지 않으시고, 예수 그리스도를 통해 구속의
길을 여셨습니다. 그리고 구속받은 자들은 다시 하나님의 형상
을 회복하며, 장차 새 하늘과 새 땅에서 완전한 회복을 이루게
될 것입니다.

이 구속사적 구조는 단순히 성경의 이야기 흐름이 아니라, 모
든 인간의 삶을 해석하는 틀입니다. 인간의 역사, 문화, 과학,
예술, 경제, 정치—all 영역은 이 네 가지 단계 안에서 이해될 때
비로소 의미를 갖습니다. 세상은 단순히 진화나 우연의 결과가
아니라, 하나님의 창조로 시작되어, 인간의 타락을 거쳐, 구속
과 회복으로 나아가는 거대한 구속의 드라마 안에 존재합니다.

따라서 성경적 세계관을 세운다는 것은 이 네 가지 구속사의
흐름 속에서 자신의 존재와 삶을 해석하는 것입니다. 창조의
질서 속에서 자신을 발견하고, 타락의 현실 속에서 죄를 인식
하며, 구속의 은혜 안에서 삶을 새롭게 하고, 회복의 소망 속에
서 하나님 나라를 바라보는 것—이것이 성경적 세계관의 핵심
구조입니다.

1) 창조: 하나님의 질서와 인간의 목적

성경의 첫 구절은 이렇게 시작됩니다. "태초에 하나님이 천지
를 창조하시니라"(창 1:1). 이 말씀은 모든 존재의 근원이 하나

님께 있음을 선언합니다. 하나님은 세상을 질서 있게 창조하시고, 그 안에 선과 아름다움, 그리고 목적을 부여하셨습니다. 피조물 하나하나가 하나님의 뜻 안에서 존재하며, 그분의 영광을 드러내기 위해 창조되었습니다. 인간 역시 그분의 형상(Imago Dei)으로 지음 받아, 하나님의 뜻을 나타내고 세상을 다스리며 보존할 사명을 부여받았습니다.

창조의 질서 속에서 인간은 하나님과의 관계, 타인과의 관계, 자연과의 관계 속에서 조화를 이루며 살도록 설계되었습니다. 그러나 이 질서는 하나님을 중심에 두고 있을 때만 유지됩니다. 인간이 하나님을 떠나면, 모든 질서가 혼란에 빠집니다. 그러므로 창조는 단순히 시작의 사건이 아니라, 지금도 계속되는 하나님의 섭리 속에서 유지되는 질서입니다. 성경적 세계관은 바로 이 창조의 질서를 인식하고, 인간의 존재 목적이 하나님께 영광을 돌리는 데 있음을 깨닫게 합니다.

또한 창조의 원리는 인간의 모든 활동에 방향을 제시합니다. 과학자는 자연 속에 숨겨진 하나님의 질서를 탐구하고, 예술가는 창조의 아름다움을 표현하며, 기업가는 하나님의 청지기로서 자원을 관리합니다. 인간의 모든 직업과 역할은 창조의 연장선 안에서 이해되어야 하며, 그 근본 목적은 하나님의 뜻을 이루는 것입니다.

따라서 성경적 세계관은 인간이 창조주 하나님께 속한 존재임을 인정하고, 삶의 모든 영역에서 창조의 질서를 따라 사는 것을 목표로 삼습니다. 하나님께서 정하신 질서를 따를 때 인간은 비로소 참된 자유를 누리고, 그분의 뜻 안에서 삶의 의미를 발견하게 됩니다.

2) 타락: 죄로 인한 질서의 붕괴

하나님께서 완전하게 창조하신 세상에 죄가 들어온 것은 인간의 불순종 때문이었습니다. "선악을 알게 하는 나무의 열매를 먹지 말라"는 하나님의 명령을 어긴 순간, 인간은 하나님과의 관계에서 단절되었고, 영적 죽음이 시작되었습니다. 그때부터 인간의 마음은 교만과 탐욕으로 물들었고, 세상은 고통과 혼돈, 폭력과 부패의 세계로 변해 갔습니다. 타락은 단지 한 인간의 범죄가 아니라, 인류 전체의 세계관이 왜곡된 사건이었습니다.

타락의 본질은 하나님 중심의 세계관에서 인간 중심의 세계관으로의 전환입니다. 인간은 스스로 선과 악의 기준을 정하려 하였고, 하나님 없이도 살 수 있다고 믿었습니다. 이로써 창조의 질서는 무너지고, 죄와 죽음이 세상에 들어왔습니다. 인간은 더 이상 진리를 분별하지 못하고, 자신의 욕망을 기준으로 선과 악을 판단하게 되었습니다.

오늘날의 세상은 바로 이 타락의 결과입니다. 인간의 탐욕은 자연을 파괴하고, 이기심은 사회를 분열시키며, 불의는 정의를 삼켜 버렸습니다. 문화와 예술, 과학과 기술도 하나님의 뜻을 떠나 인간의 욕망을 충족시키는 수단이 되었습니다. 타락한 인간의 세계관은 결국 스스로 만든 우상에 굴복하며, 참된 자유 대신 허무와 불안을 낳습니다.

그러나 성경은 인간의 타락을 절망으로만 그리지 않습니다. 타락의 현실은 하나님의 구속의 필요성을 드러내는 서곡이기 때문입니다. 인간은 스스로를 구원할 수 없지만, 하나님은 타락한 세상을 회복하기 위한 구원의 계획을 이미 준비하셨습니다. 그러므로 성경적 세계관은 타락의 현실을 직시하되, 그 안에서 구속의 소망을 바라보게 합니다.

3) 구속과 회복: 하나님의 은혜와 인간의 소명

하나님께서는 타락한 세상을 구원하기 위해 예수 그리스도를 이 땅에 보내셨습니다. 그분은 인간의 죄를 대신 짊어지고 십자가에서 죽으심으로 하나님의 공의를 이루셨고, 부활을 통해 죄와 사망의 권세를 이기셨습니다. 이것이 바로 구속(Redemption)입니다. 구속은 단순히 죄의 용서가 아니라, 인간이 하나님과의 관계를 회복하고 창조의 질서로 돌아가는 은혜의 사건입니다.

기독교인만 읽는 책

예수 그리스도 안에서 새로운 피조물이 된 그리스도인은 더이상 죄의 종이 아니라, 의의 도구로 부름받은 사람들입니다. 성령께서 그 마음속에 새 생명을 심으시며, 이제 그들은 세상 속에서 하나님 나라의 일꾼으로 살아가야 합니다. 구속의 은혜는 개인의 내면에 머무르지 않고, 사회와 문화, 가정과 일터 속에서 구체적으로 드러나야 합니다. 성경적 세계관을 가진 사람은 자신의 삶을 통해 세상 속에서 하나님의 정의와 사랑을 실현하는 소명을 감당합니다.

그리고 구속의 완성은 궁극적으로 회복(Restoration)에 있습니다. 성경은 새 하늘과 새 땅의 비전을 약속하며, 하나님께서 모든 것을 새롭게 하실 날을 선포합니다. 이 회복은 단지 미래의 사건이 아니라, 지금도 성령을 통해 이루어지고 있는 현재적 현실입니다. 교회는 그 회복의 도구로 세워졌으며, 그리스도인은 세상 속에서 하나님의 나라를 확장하는 회복의 증인으로 살아야 합니다.

결국 성경적 세계관은 인간의 노력으로 완성되는 체계가 아니라, 하나님의 구속의 역사 속에서 완성되는 진리의 구조입니다. 그리스도인은 구속받은 존재로서, 자신의 삶 속에서 하나님의 창조 질서를 회복하고, 그분의 영광을 드러내는 일을 감당해야 합니다. 이것이 바로 성경적 세계관이 가르치는 삶의 방향이며, 인류가 회복되어야 할 근본 목적입니다.

바. 성경적 세계관의 삶의 적용

1) 가정: 하나님의 창조 질서가 시작되는 곳

가정은 하나님께서 세상을 창조하실 때 가장 먼저 세우신 공동체입니다. 하나님은 아담과 하와를 창조하시고, 그들에게 생육하고 번성하여 땅을 다스리라는 사명을 주셨습니다(창 1:28). 그러므로 가정은 단순한 인간의 사회적 제도가 아니라, 하나님의 창조 질서가 실현되는 최초의 현장입니다. 성경적 세계관에서 가정은 하나님 사랑의 교훈이 시작되는 장소이며, 인류 문명의 기초를 이루는 신성한 삶의 기반입니다.

오늘날 많은 가정이 무너지고 있는 이유는, 그 중심에서 하나님을 잃어버렸기 때문입니다. 결혼이 인간의 감정적 결합으로만 여겨지고, 부모와 자녀의 관계가 계약적 이해관계로 전락하면서, 하나님이 가정을 세우신 이유와 목적을 잊어 가고 있습

기독교인만 읽는 책

니다. 그러나 성경은 분명히 가르칩니다. 남편은 그리스도께서 교회를 사랑하신 것처럼 아내를 사랑해야 하고, 아내는 교회를 향한 그리스도의 순종처럼 남편을 존중해야 합니다(엡 5:22-25). 부모는 자녀를 주의 교훈과 훈계로 양육해야 하며(엡 6:4), 자녀는 부모를 공경함으로써 하나님께 순종해야 합니다(출 20:12).

성경적 세계관 안에서 가정은 단순히 '사랑하는 관계'가 아니라 '하나님의 뜻을 배우고 실천하는 공동체'입니다. 부부의 사랑은 지배와 복종이 아니라 배려와 양보로 드러나야 하고, 부모와 자녀의 사랑은 양육과 순종으로 이루어져야 합니다. 가정을 향한 하나님의 뜻과 목적은 가족이 화목하게 살면서 서로를 존중하며 하나님의 창조를 지속시키는 것입니다.

그러므로 가정을 회복한다는 것은 단지 인간관계를 회복하는 것이 아니라, 하나님의 창조 질서를 회복하는 일입니다. 인류 사회를 구성하는 기초 단위인 가정이 성경적 가치관 위에 세워질 때, 비로소 그 사회에는 하나님의 정의와 공의가 강같이 흐르게 될 것입니다.

2) 교육: 진리를 가르치는 지혜의 과정

성경적 세계관에서 교육은 단순한 지식의 전달이 아니라, 하나님의 진리를 깨닫고 실천하게 하는 지혜의 훈련입니다. 잠언은 "여호와를 경외하는 것이 지식의 근본"(잠 1:7)이라 말씀합니다. 참된 교육은 인간의 지성과 재능을 개발하는 것이 아니라, 하나님을 아는 지식을 심어 주는 데 있습니다. 인간은 지식을 통해 성장하지만, 그 지식이 하나님을 향하지 않으면 교만에 빠지고 결국 자신을 파괴합니다.

오늘날의 교육은 가치 중립이라는 이름 아래 신앙을 배제하고, 인간 중심의 성공을 추구하게 만들었습니다. 학교는 경쟁과 성취를 가르치지만, 인격과 도덕을 가르치지 않습니다. 그 결과 학생들은 무엇을 위해 공부해야 하는지를 잃어버린 채, 단지 점수와 진로를 위해 배웁니다. 이것이 바로 세계관의 위기이며, 교육의 방향을 잃은 세대의 모습입니다.

성경적 교육은 '무엇을 배우느냐'보다 '어떻게 살아가느냐'를 가르칩니다. 하나님께서 지혜의 근원이시며, 인간은 그분의 말씀 안에서만 참된 지식을 얻을 수 있음을 깨닫게 합니다. 또한 배움의 목적은 자기 영광이 아니라 하나님의 뜻을 이루는 데 있습니다. 따라서 교사와 학부모는 지식을 가르치기 이전에, 경외와 순종의 본을 보여야 합니다.

그리스도인은 교육을 통해 세상의 기준을 뛰어넘는 가치관을 심어야 합니다. 학생들이 과학, 역사, 철학, 예술을 배우되, 그 모든 것을 하나님의 창조 질서 안에서 해석하게 해야 합니다. 교육의 목표는 하나님께 영광을 돌리고, 이웃에게 유익을 주는

기독교인만 읽는 책

삶의 방향을 제시하는 것입니다. 이것이 바로 성경적 교육의
근본 목적입니다.

3) 경제: 청지기의 책임과 나눔의 윤리

경제는 인간의 삶에서 물질적 생존을 유지하는 영역이지만,
성경적 세계관 안에서는 단순한 이익의 추구가 아니라 청지기
의 사명으로 이해됩니다. 하나님은 인간에게 세상을 다스리고
자원을 관리하라고 명하셨습니다(창 1:28). 그러므로 경제 활동
은 하나님의 위임 명령을 수행하는 일이며, 그 목적은 나의 풍
요가 아니라 하나님의 뜻을 이루는 것입니다.

세속적 경제는 소유와 축적을 중심으로 돌아갑니다. 이익이
선이 되고, 경쟁이 미덕이 되며, 약자는 뒤로 밀려납니다. 그러
나 성경은 "네 보물이 있는 그곳에 네 마음도 있느니라"(마 6:21)
고 말씀하시며, 돈이 인간의 주인이 되어서는 안 된다고 경고
합니다. 인간은 돈을 다스릴 때 자유로워지고, 움켜쥐려 할 때
불행해집니다.

성경적 세계관은 경제를 '하나님의 선물'을 관리하는 도덕적
책임의 영역으로 봅니다. 부는 탐욕의 결과가 아니라, 하나님
의 뜻을 이루기 위한 수단입니다. 그러므로 부유한 자는 가난
한 자를 도와야 하며, 자신의 소유를 나누어야 합니다. 나눔은

단순한 선행이 아니라, 하나님의 공의와 사랑을 실천하는 행위입니다. "주라 그리하면 너희에게 줄 것이니"(눅 6:38)라는 말씀은 경제의 근본 원리가 나눔임을 보여 줍니다.

결국 성경적 경제윤리는 탐욕의 경제에서 사랑의 경제로의 전환을 요구합니다. 물질을 소유하되 그것에 지배받지 않고, 일하되 그 결과를 나누며, 축복받되 그 축복으로 다른 사람을 섬기는 삶—이것이 성경이 가르치는 참된 부의 윤리입니다. 하나님께서는 선한 청지기를 통하여 세상의 필요를 채우시며, 그 일을 통해 자신의 영광을 드러내십니다.

4) 문화와 정치: 하나님 나라의 가치 실현

문화와 정치는 인간 사회의 정신과 질서를 형성하는 두 축입니다. 그러나 오늘날의 문화는 쾌락과 자율을, 정치는 이익과 권력을 우상으로 삼고 있습니다. 세속 문화는 하나님의 이름을 지우고 인간의 욕망을 예술로 미화하며, 정치는 진리보다 세속적 유익을 따릅니다. 이 두 영역이 타락하면 사회는 무질서와 부패로 기울게 됩니다.

성경적 세계관은 문화와 정치를 모두 하나님 나라의 가치가 구현되어야 할 영역으로 봅니다. 문화는 인간이 창조된 목적을 표현하는 통로이며, 정치 역시 정의와 질서를 통해 하나님의 통치를 반영해야 합니다. 따라서 문화의 창조자는 예술가이지만, 그 영감의 근원은 하나님께 있습니다. 정치의 주체는 인간이지만, 그 권위의 원천은 하나님께 있습니다(롬 13:1).

그리스도인은 세상의 문화와 정치를 외면하거나 도피해서는 안 됩니다. 오히려 그 안에서 진리의 가치와 하나님의 정의를 드러내야 합니다. 예술가는 하나님의 아름다움을 표현하고, 과학자는 창조의 신비를 탐구하며, 정치가는 공의를 세우는 일을 통해 하나님 나라의 질서를 실현해야 합니다. 이것이 바로 '세상 속의 신앙'이며, 성경적 세계관이 지향하는 삶의 태도입니다.

결국 문화와 정치의 목표는 인간의 영광이 아니라 하나님의 영광입니다. 세상의 권력과 명예는 지나가지만, 하나님 나라의 의는 영원합니다. 그러므로 그리스도인은 각자의 삶의 자리에서 하나님의 통치를 실현하며, 세상의 문화를 변화시키는 하나님의 대사로 살아야 합니다.

5) 환경: 창조 세계를 돌보는 청지기의 소명

하나님께서는 인간에게 자연을 주시며 "이것을 경작하며 지키라"(창 2:15)고 명하셨습니다. 이것은 단순한 생태적 명령이 아니라, 하나님의 창조 세계를 보존하라는 영적 책임입니다.

환경을 돌보는 일은 단지 윤리적 선택이 아니라, 신앙의 순종입니다. 자연은 인간의 소유가 아니라 하나님의 작품이며, 인간은 그분의 청지기로서 관리의 의무를 지닙니다.

그러나 현대 사회는 탐욕과 소비 중심의 문화 속에서 하나님의 창조 세계를 파괴했습니다. 환경 오염과 기후 위기, 생태계 붕괴는 인간의 무절제한 욕망이 초래한 결과입니다. 성경적 세계관은 이러한 현실을 단순한 사회 문제로 보지 않습니다. 그것은 인간이 하나님과의 관계에서 멀어진 결과이며, 회개와 회복이 필요한 영적 문제입니다.

성경은 피조 세계 또한 하나님의 구속의 대상임을 가르칩니다. "피조물이 고대하는 바는 하나님의 아들들이 나타나는 것이니라"(롬 8:19)라는 말씀처럼, 인간이 하나님과 바른 관계를 회복할 때 자연도 함께 회복됩니다. 그러므로 환경보호는 단지 생태적 운동이 아니라, 하나님 나라의 질서를 회복하는 사명입니다.

그리스도인은 환경을 소중히 여기며 절제와 감사의 삶을 살아야 합니다. 자원을 낭비하지 않고, 창조 세계의 아름다움을 보존하며, 다음 세대를 위한 하나님의 선물을 지켜야 합니다. 이것이 바로 성경적 환경 윤리이며, 창조주를 경외하는 신앙의 실천입니다.

사. 성경적 기독교 세계관의 정립

1) 왜 성경적 기독교 세계관이어야 하는가

오늘날 그리스도인에게 가장 시급한 과제는 신앙의 본질을 회복하는 일입니다. 교회의 외형은 커졌으나, 신앙의 중심인 세계관은 흔들리고 있습니다. 예배는 많아졌으나 삶의 변화는 없고, 성경은 읽히지만 진리는 실천되지 않습니다. 이러한 혼란의 근본 원인은 바로 성경적 세계관의 부재입니다. 성경적 기독교 세계관이 무너질 때, 신앙은 감정이 되고, 교회는 제도가 되며, 삶은 목적을 잃게 됩니다.

성경적 기독교 세계관은 단순한 종교적 관점이 아니라, 하나님께서 세상을 해석하라고 우리에게 주신 진리의 틀입니다. 세속적 세계관은 인간을 중심에 두지만, 성경적 세계관은 하나님을 중심에 둡니다. 세상은 진리를 상대화하지만, 성경은 진리를 절대화합니다. 세상은 인간의 행복을 목적으로 하지만, 성경은 하나님의 영광을 목적으로 합니다. 이처럼 두 세계관은 공존할 수 없습니다. 그리스도인은 선택해야 합니다. 세속적인 관점으로 살 것인가, 하나님의 말씀에 근거한 성경적 관점으로 살 것인가.

하나님의 말씀은 인간의 이성이나 문화의 산물이 아니라, 스스로 존재하시는 하나님께서 우리에게 주신 계시입니다. 그러므로 성경적 세계관을 정립한다는 것은 단순히 교리를 아는 것이 아니라, 세상을 보는 눈을 바꾸는 일이며, 생각과 행동의 중심을 하나님께 옮기는 영적 혁명입니다. 이것이 바로 오늘의 교회가, 그리고 모든 성도가 다시 서야 할 자리입니다.

2) 진리의 기준을 회복해야 한다

세상은 끊임없이 진리의 경계를 허물고 있습니다. "모든 것은 상대적이다", "나에게 옳으면 그것이 진리다"라는 거짓된 사상이 사람들의 생각을 지배하고 있습니다. 그러나 진리가 상대화될 때, 도덕은 무너지고, 신앙은 공허해집니다. 인간의 기준은 언제나 변하지만, 하나님의 말씀은 변하지 않습니다. "하늘과 땅은 없어지겠으나 내 말은 없어지지 아니하리라"(마 24:35)는 주님의 말씀처럼, 성경은 시대를 초월한 절대 기준입니다.

성경적 기독교 세계관은 이 변하지 않는 진리를 기초로 합니다. 세상은 학문과 지식으로 진리를 대체하려 하지만, 아무리 많은 지식도 하나님 없이는 지혜가 될 수 없습니다. 잠언은 말합니다. "여호와를 경외하는 것이 지식의 근본이라"(잠 1:7). 그러므로 진리를 회복한다는 것은 단지 지식을 늘리는 것이 아니라, 하나님을 경외하는 마음을 되찾는 일입니다.

성경적 세계관은 인간이 아니라 하나님을 중심에 두고, 지식이 아니라 말씀을 기준으로 삼습니다. 이 기준이 바로 설 때, 신앙은 방향을 찾고, 교회는 세상을 변화시키는 힘을 얻게 됩니다. 진리를 잃은 교회는 세상의 소금이 될 수 없지만, 말씀위에 선 교회는 세상의 빛이 됩니다.

3) 성경적 세계관은 삶을 변화시킨다

세계관이란 단순한 사상 체계가 아니라, 삶을 지배하는 사고의 방향입니다. 사람이 무엇을 믿고, 무엇을 옳다고 생각하느냐에 따라 그의 모든 판단과 행동이 결정됩니다. 세상은 "믿음은 마음의 영역이고, 삶은 현실의 영역"이라 말하지만, 성경은 그렇게 구분하지 않습니다. 믿음은 삶의 근본이며, 삶은 믿음의 결과입니다.

성경적 기독교 세계관을 정립한 사람은 세상을 보는 눈이 다룹니다. 고난 속에서도 하나님의 뜻을 찾고, 성공 속에서도 겸손을 잃지 않습니다. 가난할 때는 하나님께 소망을 두고, 부요할 때는 하나님께 감사할 줄 압니다. 그의 일터는 예배의 현장이 되고, 그의 가정은 하나님 나라의 모형이 됩니다. 성경적 세계관은 단지 신앙의 이론이 아니라, 삶을 새롭게 하는 능력입니다.

하나님의 말씀은 인간의 마음을 변화시키고, 변화된 마음은 행동을 변화시킵니다. 이 변화가 개인에게서 공동체로, 가정에서 사회로, 교회에서 나라로 확산될 때, 비로소 하나님 나라의 회복이 이루어집니다. 그러므로 세계관의 변화는 곧 삶의 혁명이며, 세상을 새롭게 하는 출발점입니다.

4) 교회의 사명은 성경적 세계관을 세우는 일이다

오늘날 교회가 감당해야 할 가장 중요한 사명은 복음 전파와 더불어 성경적 세계관 교육입니다. 교회는 단순히 예배와 봉사를 담당하는 기관이 아니라, 세상 속에서 진리를 가르치고 삶의 방향을 제시하는 진리의 학교입니다. 초대교회의 성도들이 세상의 박해 속에서도 흔들리지 않았던 이유는, 그들의 신앙이 단순한 감정이 아니라 '세계관적 신앙'이었기 때문입니다.

성경적 세계관이 서 있는 교회는 세상을 두려워하지 않습니

기독교인만 읽는 책

다. 그것은 세상과 타협하지 않고, 세상을 복음으로 변화시키는 힘을 가집니다. 교회가 세상의 문화에 휩쓸릴 때, 교회는 그 빛을 잃지만, 말씀 위에 세워질 때 교회는 어둠을 밝히는 등불이 됩니다. 그러므로 교회는 성경적 세계관을 가르치고, 성도는 그 가르침을 따라 세상 속에서 살아 내야 합니다.

성경적 세계관 교육은 단순한 지식의 훈련이 아니라, 삶의 방향을 바로 세우는 영적 재건 운동입니다. 교회가 이 사명을 감당할 때, 다음 세대는 흔들리지 않는 신앙의 기초 위에 서게 되며, 세상은 다시 하나님의 영광을 보게 될 것입니다.

아. 우주만물의 기원은 무엇인가

"우주만물의 기원은 무엇인가"라는 질문은 일상적인 것이 아니라 철학적인 것이며, 그 대답이 곧 화자(話者)의 세계관입니다. 즉, 이 질문은 "세계관의 분수령"이며, 그 대답을 "성경 안"에서 생각하는 사람과 '성경 밖'에서 생각하는 사람의 세계관은 전혀 다릅니다. 이 질문에 대한 대답을 "성경 안"에서 찾는 사람들은 우주와 만물이 생성된 제1 원인을 "하나님"으로 믿고, 자신도 하나님께서 "창조하신 인간"이라고 믿습니다. 그러나 '성경 밖'에서 이 질문의 대답을 찾는 사람들은, 대체로 인간을 유인원(類人猿)에서 '진화된 동물'이라고 생각하며, 우주와 만물은 자연적으로 발생한 것으로 생각합니다. 물론 더러는 잘 모른다고 대답할 사람도 있지만, 그들도 "성경"에 기록된 "하나님의 창조"가 우주만물이 생성된 제1 원인이라는 진리를 인정하지 않는 측면에서는 '성경 밖'의 사람들과 마찬가지입니다. 그러나 우주만물의 기

기독교인만 읽는 책

원은 무엇인가라는 질문과 그에 대한 대답은 그 사람의 세계관으로서 인생의 방향을 인도하고 생각과 행동의 방식을 결정하는 가치판단의 준거가 됩니다. 통계에 의하면, 서구사회는 자신을 '창조된 인간'으로 믿는 사람과 '진화된 인간'으로 생각하는 사람으로 나누어져 있고, 그 비율은 대략 반반이라고 합니다. 그러나 "우주만물의 기원은 무엇인가"라는 질문에 대답하는 일은 결코 간단하지 않습니다. 따라서 우리는 '성경에 기초한 기원론'과 '자연과학에 기초한 기원론'의 차이와 다름을 생각해 보고, '기원에 관한 올바른 인식과 태도'가 무엇인지 정립시킬 필요가 있습니다. 왜냐하면 "하나님의 청지기"로써 또 "그리스도의 향기"로써, 하나님의 "문화명령(창 1:28)"과 그리스도의 "지상명령(마 28:19-20)"을 수행하려면 "하나님의 창조"에 대한 확신이 반드시 필요하기 때문입니다. 즉, "우주만물의 기원은 무엇인가"를 대답하려면 창조주 하나님께서 우리 인간에게 주신 "특별계시(성경의 진리)"와 "일반계시(자연과학)"에 대한 '앎'이 모두 필요합니다. 다시 말해서, 이 질문에는 '지식과 경험'으로 대답해야 할 부분과 '믿음과 신앙'으로 대답해야 할 부분이 함께 있기 때문입니다.

1) 성경에 기초한 기원론

"성경"은 우주와 만물이 "하나님에 의해 창조된 것"임을 선포하고 있습니다. 즉, 빛과 어둠이 말씀으로 이루어졌고, 해와 달과 별들로 가득한 우주와 생명을 가진 만물들이 모두 각각 "종류대로" "하나님에 의해 창조되었다"는 진리를 선포하고 있습니다. 그리고 만물 중에서 인간은 특히 하나님의 형상을 닮은 존재로 지어졌다고 기록되어 있습니다. 하나님께서 창조하신 최초의 인간은 그 본질이 "흙"이고(창 2:7) 형상과 모양은 하나님을 닮았다고 합니다(창 1:26). 그리고 하나님은 인간을 남자와 여자로 창조하셨으며(창 1:27), 여자는 남자를 돕는 배필로 지으셨고(창 2:18), 남자가 성장하면 부모를 떠나 여자를 아내로 삼고 둘이 한 몸을 이루게 하셨다고 합니다(창 2:24). 그리고 남자와 여자에게 생식의 능력과 번식의 본능을 주셔서, 자식을 낳고 기를 수 있는 완전한 인간으로 지으셨습니다(창 4:1). 또한 "아담이 이르되 이는 내 뼈 중의 뼈요 살 중의 살이라 이것을 남자에게서 취하였은즉 여자라 부르리라"(창 2:23)는 말씀을 생각할 때, 인간은 본래부터 정서적이고 감정적인 존재였습니다. 그리고 인간은 하나님께서 지으신 모든 동물들의 이름을 지어줄 만큼 지성적인 존재였으며(창 2:19), 하나님과 대화를 나누고 부끄러우면 몸을 가리고 두려우면 몸을 숨길 줄 아는 인격적인 존재였습니다(창 3:10).

그리고 하나님께서는 이 세계의 창조가 지속되도록 우주만물에 번성의 능력과 함께 생명의 생성과 소멸에 넘침과 부족함이

기독교인만 읽는 책

없도록 자연의 법칙을 정해 주셨습니다. 하나님께서 인간을 남자와 여자로 창조하시고, 동물과 식물들을 암수로 창조하셨습니다. 이처럼 생명체들을 암수로 만드신 이유는 창조가 지속되게 하려는 하나님의 완전한 지혜이고 정하신 법칙이며 또한 질서의 토대입니다. 하나님께서는 인간에게 남녀가 합하여 아기를 낳아 양육하는 능력을 주셨듯이, 동물들에게도 암수가 연합하여 새끼를 낳거나 알을 낳아 부화시키고 양육하는 본능과 지능을 부여하셨습니다. 인간에게나 동물에게나 공통적으로 주신 양육의 본능은 하나님의 본성이신 '사랑'과 '긍휼'을 닮았습니다. 그리고 하나님은 창조가 지속되도록 우주만물에 '창조의 질서'를 부여해 두셨으며, 그 질서는 하나님께서 정하신 '자연의 법칙'에 의해서 성취되고 있습니다. 자연의 법칙이란 자연세계의 모든 생명체는 하나님이 정해주신 수명의 범위 안에서, 생성과 소멸을 반복한다는 것입니다. 즉, 인간과 자연세계의 모든 생명체는 살아 있는 동안에는 번식하고 양육하며 생성의 창조를 지속하고, 생명의 연한이 다 되었을 때는 소멸의 법칙을 따라야 한다는 것이 하나님이 정하신 자연의 법칙입니다.

이러한 "성경"의 "말씀"을 진리로 믿는 사람들은 자신을 "창조된 인간"이라고 믿으며, 우주만물의 기원 즉, 만물생성의 제1 원인은 "하나님"이라고 믿습니다. 그들은 인간을 비롯한 모든 동물들, 즉 땅 위를 기거나 걸어 다니고, 바다 속에서 헤엄

치며 하늘을 날아다니는 모든 생명체들을 "하나님께서 각각 그 종류별로 창조하셨다"고 믿습니다. 또한 그들은 하나님께서 이 모든 생명체들을 '말씀'으로 창조하셨다고 믿으며, '완전한 생명체'로 창조하셨다고 믿습니다. 즉, '하나님의 말씀'으로 창조된 피조계의 모든 생명체는 자신의 생명을 보존하고 생존하며 지속적으로 번식할 수 있는 기능과 품격을 갖춘 완전한 개체로 창조되었다고 믿습니다. 쉽게 말해서 "닭이 먼저인가, 알이 먼저인가"라는 해학적인 질문에 대하여, "성경"적으로 대답하자면, 하나님은 닭을 창조하셨고, 그 닭의 본능 속에 달걀을 낳는 생식기능과 달걀을 부화시키고 병아리를 양육할 수 있는 지능을 주셨다는 말입니다. 이러한 본능과 지능은 모든 생명체에게 개별적으로 주어진 보편적인 능력과 특성이며, 하나님의 창조가 지속되게 하신 자연의 법칙이고 질서입니다. 그러므로 자신을 "창조된 인간"이라고 믿는 사람들과 그리스도인들은 만물의 생성된 제1 원인을 '하나님'이라고 믿는 것이 온당한 것입니다.

그렇다면, 자신을 "창조된 인간"이라고 생각하는 사람들이 신앙하는 '믿음'의 근거는 무엇인가? 그것은 그들이 "예수 그리스도를 믿으니 하나님을 믿는 것이고, 하나님을 믿으니 그의 말씀이 기록된 "성경"을 믿는 것이며, "성경"을 믿으니 그 안에 기록된 말씀을 진리로 믿는 것입니다." 즉, "하나님의 창조"에 대한 믿음은 '지식'에 근거한 것이 아니라 '신앙'에 근거한 믿음이며, 그 토대는 "성경"의 '창세기(Genesis)'에 기록된 진리의 말씀들에 대한 믿음인 것입니다.

2) 과학적 기원의식

우주의 기원은 인류가 가장 오래 묻고, 여전히 해답을 찾지 못한 근본적인 질문입니다. "우주는 어디서 왔는가?", "왜 존재하는가?"라는 물음은 단순한 과학적 탐구가 아니라, 인간의 존재 이유와 삶의 목적을 규정하는 물음입니다. 현대 과학은 우주를 물질과 자연법칙의 산물로 설명한다. 대표적인 빅뱅 이론은 약 138억 년 전, 무한히 작은 특이점(singularity)에서 폭발이 일어나며 시간과 공간이 생겨났다고 주장합니다. 허블의 관측과 방사선 배경복사 등은 이러한 이론을 지지하지만, 이 설명은 "어떻게" 우주가 팽창했는가를 말할 뿐, "왜" 우주가 존재해야 하는가에 대해서는 아무런 대답을 주지 못합니다. 그 결과 인간의 존재는 우연의 부산물로 전락하고, 생명과 도덕, 목적과 가치의 의미는 희미해집니다.

동양의 종교와 철학은 우주를 영원히 순환하는 질서로 이해해 왔습니다. 힌두교는 브라만 안에서 만물이 생겨나고 사라진다고 보며, 불교는 연기(緣起)의 원리를 통해 모든 존재가 인연에 따라 생멸한다고 설명합니다. 그러나 이러한 사상에는 인격적 창조주가 존재하지 않습니다. 인간은 비인격적 질서 속에서 단지 순환의 한 부분일 뿐이어서, 도덕적 책임과 영적 목적을 분명하게 찾기 어렵습니다. 과학 역시 비슷합니다. 빅뱅이론은 우주의 과정(process)을 설명하지만, 주체(agent)나 이유(purpose)를 밝히지는 못합니다. "무(無)"에서 "유(有)"가 생겼다는 가정은 결국 '그 무(無)를 누가 있게 하셨는가?'라는 질문 앞에서 멈추게 되며, 인간의 이성만으로는 근원적 원인을 규명할 수 없습니다.

성경은 인간의 추측과 가정을 넘어 분명하게 선언합니다. "태초에 하나님이 천지를 창조하시니라"(창세기 1:1). 우주는 우연의 산물이 아니라 하나님의 말씀과 뜻에 의해 존재하게 되었습니다. 하나님은 무(無)로부터 유(有)를 창조하신 자존하신 분이시며, 시간과 공간, 물질과 생명을 주관하십니다. 하나님께서 모세에게 "나는 스스로 있는 자니라"(출애굽기 3:14)고 말씀하신 것은, 그분이 만물의 제약을 받지 않으시는 자존적 존재이심을 보여 줍니다. 그러므로 우주의 기원은 인간의 탐구만으로 설명될 수 있는 사건이 아니라, 하나님의 창조 행위 그 자체입니다. 하늘의 별이 질서를 잃지 않고, 바다가 경계를 넘지 않으며, 생명이 세대와 세대를 이어 지속되는 것은 하나님의 창조 질서가 지금도 유효하다는 증거입니다. "하늘이 하나님의 영광을 선포하고 궁창이 그 손으로 하신 일을 나타내는도다"(시편 19:1)는

기독교인만 읽는 책

말씀은 우주의 정밀함과 조화가 우연이 아니라 창조주의 지혜의 산물임을 보여 줍니다.

그렇다고 해서 빅뱅이론이나 진화론적 탐구를 무가치한 지식으로 여겨서는 안 됩니다. 오히려 그것은 하나님께서 창조하신 우주의 신비와 생명체가 존재하는 법칙과 질서를 탐구하려는 인간의 지적 노력으로 이해되어야 합니다. 과학은 창조의 수단과 법칙을 연구하고, 신앙은 창조의 이유와 목적을 밝힙니다. 기독교인은 과학을 배척하지 않으며, 오히려 과학을 통해 하나님의 섭리와 창조 질서를 더욱 체계적으로 이해할 필요가 있습니다. 인간이 공유하는 공통언어는 과학적 지식이지 종교적 교의가 아니기 때문입니다. 다만 과학이 하나님의 존재를 부정하고 인간의 지식을 절대화할 때, 기독교인은 성경에 기록된 진리를 기준으로 그 한계를 분별해야 합니다. 결국 모든 탐구의 끝에는 "태초에 하나님이 계셨다"는 단순하지만 궁극적인 진리가 서 있습니다. 우주는 스스로 생겨난 존재가 아니라 하나님의 말씀으로 창조된 세계이며, 그 안에서 인간은 하나님의 창조 목적을 깨닫고 그 뜻을 따라 살아가야 합니다.

3) 진화론적 기원의식

진화론은 생명과 우주의 기원을 자연적인 과정으로 설명하려는 대표적인 시도입니다. 찰스 다윈은 『종의 기원』(1859)에서 "자연선택(Natural Selection)"을 통해 생명체가 단순한 형태에서 복잡한 형태로 진화했다고 주장했습니다. 이 이론은 생명 다양성을 설명하는 하나의 가설로서 일정한 학문적 가치를 지니지만, 생명의 '시작'을 증명하지는 못합니다. 진화론은 어디까지나 "어떻게 변화했는가"를 설명하려는 가설일 뿐, "무엇으로부터 생명이 시작되었는가"라는 근본 질문에는 침묵합니다. 결국 생명의 기원을 밝히지 못한 진화론은 인간 존재의 목적도 설명하지 못하며, 인간을 "하나님의 형상대로 지음 받은 존재"가 아닌 "고도로 진화한 동물"로 격하시킵니다. 이러한 인식은 인간의 존엄성과 도덕적 근거를 무너뜨리고, 생명을 우연한 산물로 보게 만듭니다.

진화론이 과학적으로 신뢰받기 어려운 이유는 그것이 수많은 가정과 가설에 기초하기 때문입니다. 진화의 중간 단계에 해당하는 명확한 화석 증거는 지금까지 발견되지 않았으며, 단세포 생물에서 인간으로의 발전 과정도 실험적으로 재현된 적이 없습니다. 생명체의 유전정보(DNA)는 우연히 조합되기에는 지나치게 정교하고 복잡하며, 이는 단순한 확률의 문제가 아니라 지성과 의도를 가진 설계자의 존재를 암시합니다. 다윈 자신조차 "자연선택이 생명의 궁극적 원인이라는 주장은 가설일 뿐"이라고백한 바 있습니다. 그러나 진화론은 점차 과학의 영역을 넘어

기독교인만 읽는 책

인간의 사상과 가치관을 지배하게 되었고, 결과적으로 인간의 생명을 창조주의 뜻이 아닌 생존 경쟁의 결과로 해석하게 만들었습니다. 그 결과 오늘날 낙태, 안락사, 유전자 조작과 같은 생명윤리 문제들이 도덕적 기준을 잃고 혼란에 빠졌습니다.

성경은 만물의 기원에 대해 분명히 선언합니다. "하나님이 이르시되 빛이 있으라 하시니 빛이 있었고"(창 1:3), "하나님이 보시기에 좋았더라"(창 1:10)는 말씀은 창조가 단순한 우연이 아니라, 하나님의 의도와 목적 속에서 이루어진 질서임을 보여 줍니다. 하나님은 무질서와 혼돈 가운데 질서를 세우시고, 각 피조물에 고유한 목적과 역할을 부여하셨습니다. 요한복음은 "만물이 그로 말미암아 지은 바 되었으니"(요 1:3)라고 증언하며, 예수 그리스도를 통해 창조의 주체가 드러났음을 밝힙니다. 성부 하나님은 창조의 근원이시고, 성자 예수 그리스도는 말씀으로 창조를 이루셨으며, 성령 하나님은 그 생명을 유지하고 완성하십니다. 따라서 만물은 하나님으로부터 나왔고, 하나님 안에서 의미를 가지며, 결국 하나님께로 돌아갑니다. 인간은 이 피조 세계의 주인이 아니라 하나님의 뜻을 따라 세상을 관리하고 보존하는 청지기입니다.

생명의 기원 또한 동일합니다. 생명은 단순한 화학 반응의 산물이 아니라, 하나님의 숨결로 시작된 신성한 사건입니다. "여호와 하나님이 땅의 흙으로 사람을 지으시고 생기를 그의 코에 불어넣으시니 사람이 생령이 되니라"(창 2:7)는 말씀처럼, 인간의 생명은 하나님의 생기(生命氣)로부터 비롯되었습니다. 자연주의는 무생물이 스스로 생명을 만들어 냈다고 가정하지만, 아직 그 어떤 실험도 이를 증명하지 못했습니다. 생명 안에 담긴 영혼과 도덕, 사랑과 양심의 기원은 물질의 결합으로 설명될 수 없습니다. 성경은 "그 안에 생명이 있었으니 이 생명은 사람들의 빛이라"(요 1:4)고 말하며, 생명이 하나님의 사랑과 영광을 드러내기 위해 존재한다고 선언합니다. 그러므로 그리스도인은 진화론의 학문적 성과를 존중하되, 그것을 진리로 받아들이지 않습니다. 과학은 현상을 설명하고 성경의 진리는 존재의 목적을 밝힙니다. 결국 "생명은 생명으로부터 나온다"는 불변의 원리는, 모든 생명의 근원이 하나님이심을 증언하는 자연의 언어이며, 이것이 성경적 기원의식을 세우는 근본적인 토대입니다.

기독교인만 읽는 책

자. 맺음말

　기독교인의 세계관은 단순히 생각의 틀이 아니라, 하나님이 창조하신 세상과 인간의 존재를 성경의 빛으로 이해하고 해석하는 믿음의 체계입니다. 인간의 사고는 언제나 자신이 가진 세계관의 지배를 받습니다. 어떤 사람은 세상을 물질로 보고, 어떤 사람은 힘으로 보고, 또 어떤 사람은 인간의 자율과 진보로 이해합니다. 그러나 기독교인은 세상을 하나님께서 창조하시고 지금도 다스리시는 살아 있는 역사로 봅니다. 세상은 우연이 아니라 하나님의 말씀으로 존재하며, 인간은 스스로 목적을 정하는 존재가 아니라, 하나님의 뜻을 실현하도록 부름받은 피조물입니다.

　세계관이 올바르지 않으면 삶의 방향도 왜곡됩니다.

　문화적 세계관은 인간의 욕망을 중심에 두지만, 성경적 세계관은 하나님의 주권과 인간의 책임을 중심에 둡니다. 세상은 끊임없이 인간의 자율을 외치지만, 성경은 하나님께 순종할 때 진정한 자유가 주어진다고 가르칩니다. 세속적 문화는 진리와 선악의 경계를 흐리지만, 성경은 하나님의 말씀을 기준으로 분별하는 명철한 사고를 요구합니다. 오늘의 기독교인이 해야 할 일은 세상을 부정하는 것이 아니라, 그 세상 속에서 하나님의 질서를 회복하고 복음을 실천하는 일입니다.

성경적 세계관은 세속적 세계관 또는 문화적 세계관과 늘 충돌합니다.

하나님 중심의 세계관은 언제나 인간 중심의 세계관과 부딪힙니다. 세상은 진리를 절대화하는 것을 싫어하고, 모든 것을 상대화하려 합니다. 그러나 기독교인은 하나님의 말씀을 기준으로 선악을 분별해야 하며, 세상과 타협하지 않는 믿음의 용기를 가져야 합니다. 이것이 성경적 세계관이 문화적 세계관과 대립하는 지점입니다. 그러나 그 대립은 증오가 아니라, 사랑 안에서의 대화와 진리 안에서의 저항입니다. 그리스도인은 세상을 파괴하려는 사람이 아니라, 하나님의 질서로 세상을 회복하는 사람입니다.

기독교인의 세계관은 또한 삶의 현장 속에서 드러나는 실천적 신앙입니다.

성경적 세계관은 철학의 언어로 설명되는 개념이 아니라, 매일의 선택 속에서 증거되는 믿음의 행위입니다. 가정에서의 사

기독교인만 읽는 책

랑과 용서, 직장에서의 정직과 책임, 사회에서의 정의와 공의, 자연을 대하는 청지기의 자세—이 모든 것이 세계관의 실천입니다. 세상을 바라보는 눈이 바뀌면, 행동이 달라지고, 행동이 달라지면 세상이 달라집니다. 하나님은 세상의 변화를 제도로 이루지 않으시고, 한 사람의 변화된 마음을 통해 이루십니다.

기독교인의 세계관은 결국 하나님으로 시작하여 하나님으로 돌아가는 순환적 진리입니다.

그 시작은 "하나님이 태초에 천지를 창조하셨다"는 믿음이며, 그 완성은 "새 하늘과 새 땅이 임할 것"이라는 소망입니다. 세계관은 과거의 기원을 설명하는 지식이 아니라, 현재의 삶을 인도하는 빛이며, 미래의 역사를 준비하는 믿음입니다. 하나님은 인간의 역사를 단절된 시간 속에 두지 않으시고, 구속의 섭리 속에서 일관되게 이끌고 계십니다. 그러므로 기독교인은 역사를 두려워하지 않고, 세상을 원망하지 않으며, 하나님이 지금도 일하신다는 확신 속에서 세상을 바라봅니다.

결국 기독교인의 세계관은 하나님의 말씀을 기준으로 사고하고, 성령의 인도하심 속에서 판단하며, 예수 그리스도의 삶을 따라 실천하는 인생관입니다.

이 세계관을 가진 사람은 세상의 혼란 속에서도 흔들리지 않습니다. 그는 눈으로 보이는 현실보다 말씀으로 보이는 진리를 붙잡고, 인간의 지혜보다 하나님의 명철을 의지하며, 자기 확신이 아니라 성령의 인도를 따라 살아갑니다. 그의 사고는 기도로 시작되고, 그의 행동은 순종으로 완성됩니다.

기독교인의 세계관이 회복될 때, 세상은 달라집니다.

그것은 한 사람의 회심으로부터 시작됩니다. 세상은 여전히 어둡지만, 하나님의 말씀은 여전히 빛입니다. 그 빛으로 세상을 해석하고, 그 빛으로 자신을 비추며, 그 빛으로 이웃을 사랑할 때, 기독교인의 세계관은 단순한 사상이 아니라 하나님의 뜻을 이 땅에 실현하는 능력이 됩니다.

이것이 바로 성경적 세계관이 우리에게 요구하는 결론입니다.

세상을 올바로 이해하는 지성, 진리를 바로 분별하는 명철, 그리고 그 말씀대로 살아 내는 순종—이 세 가지가 하나로 통합될 때, 우리는 비로소 '기독교인의 세계관'을 완성하게 됩니다.

제5부

기독교인의 가치관

가. 서문

그리스도인은 세상의 빛이자 소금으로 부름받은 사람입니다. 그러므로 그들의 신앙은 교회 안에서의 예배나 종교적 의식에 머물러서는 안 됩니다. 신앙은 주일의 행위가 아니라 삶의 방향이며 존재의 태도입니다. 가정과 사회, 일터와 공동체 속에서 신앙이 실천될 때 비로소 그리스도인의 삶은 완전해집니다. 생명을 존중하는 태도, 가정을 지키는 헌신, 사회 정의를 세우는 실천, 그리고 물질과 권력 앞에서도 바른 선택을 하는 용기—이 모든 것이 참된 신앙의 열매입니다.

하나님께서 인간을 창조하신 목적은 세상을 다스리고 지키게 하시려는 데 있습니다(창 1:28). 그러므로 그리스도인의 가치관은 단순한 신념이 아니라 신앙과 윤리, 사회적 책임이 하나로 연결되는 삶의 질서입니다. 예수께서 말씀하신 "마음을 다하고 목숨을 다하고 뜻을 다하여 하나님을 사랑하라"와 "이웃을 네 몸과 같이 사랑하라"(마 22:37-39)는 명령은 모든 가치 판단의 중심축이며, 개인의 도리에서 사회와 국가의 책임까지 아우르는 삶의 기준입니다.

오늘의 세상은 과학의 진보와 물질의 풍요 속에서도 인간의 내면이 공허해지고 있습니다. 생명의 존엄은 무너지고, 가정은 해체되며, 사회는 불신과 경쟁으로 갈라지고 있습니다. 사람들은 성공을 인생의 목적으로 삼지만, 그 안에 참된 행복은 없습니다. 이 시대의 문제는 도덕의 부재가 아니라 가치의 혼란입니다. 진리가 사라진 자리에는 욕망이 기준이 되고, 공동체의 질서는 개인의 이익에 종속됩니다. 이러한 시대에 그리스도인은 다시금 하나님의 질서와 가치를 세우는 사람으로 부름받았습니다. 세상은 변하지만, 하나님의 말씀은 변하지 않습니다. 변하지 않는 말씀의 원리가 인간의 존엄과 사회의 정의를 회복시키는 유일한 기준입니다.

이 책은 그리스도인이 세상 속에서 실천해야 할 아홉 가지 가치를 다룹니다. 각 장은 단순한 교훈이 아니라 신앙의 원리가 삶 속에서 구현되는 기준이며, 하나님 나라의 질서를 사회 속에 드러내는 실천입니다. 생명과 정의, 사랑과 용서, 정직과 책임, 절제와 헌신의 가치들은 모두 하나님의 창조 질서를 회복하는 삶의 열쇠입니다. 신앙은 비판보다 실천이며, 예배당의 믿음이 일터와 가정으로 이어질 때 완성됩니다. 이 책이 독자들에게 진리의 기준을 새롭게 세우고, 혼란한 시대 속에서 바른 삶의 방향을 회복하는 영적 나침반이 되기를 바랍니다.

나. 기독교인에게 진리란 무엇인가

인간의 사유와 삶의 모든 출발점에는 "무엇이 참인가?"라는 근본적인 질문이 놓여 있습니다. 그러나 오늘의 세상은 이 질문에 대한 해답을 하나님이 아닌 인간 자신에게서 찾으려 합니다. 과학은 실험으로, 철학은 사변으로, 종교는 체험으로 진리를 설명하려 하지만, 그 어떤 길도 절대적 기준이 되지 못합니다. 성경은 이러한 인간의 모든 시도를 넘어, 진리를 하나님의 자기계시로 선포합니다. "나는 곧 길이요 진리요 생명이라"(요 14:6)라는 말씀은 진리가 단순한 개념이 아니라 인격, 곧 하나님 자신임을 보여 줍니다. 그러므로 진리는 인간이 도달하는 대상이 아니라, 하나님께서 스스로를 드러내시는 사건이며, 인간은 그 계시를 통해서만 참된 지식과 생명을 얻게 됩니다.

성경적 진리관의 출발점은 언제나 하나님께 있습니다. 하나님께서는 말씀으로 천지를 창조하셨고, 그 말씀은 곧 진리의 본체이십니다. 그러나 인간은 타락 이후 자신의 이성과 경험으로 진리를 판단하려 하였고, 그 결과 절대 진리를 상대적 의견으로 바꾸어 버렸습니다. 오늘날 "나의 진리"라는 말이 흔하게 사용되지만, 성경은 오직 하나님의 말씀이 불변의 기준임을 증언합니다. 인간의 지성은 진리를 담는 그릇이 될 수 있으나, 진리 자체가 될 수는 없습니다. 진리를 안다는 것은 단순한 지적 이해가 아니라, 하나님과의 관계 속에서 깨닫는 영적 인식입니다. 하나님이 진리이시기에, 그분을 떠난 인간의 지식은 언제나 불완전하고 왜곡될 수밖에 없습니다.

기독교 신앙의 핵심은 바로 이 진리에 대한 믿음입니다. 신앙은 단순한 감정의 열정이 아니라, 진리에 근거한 이성적 신뢰이며, 동시에 전인적인 헌신입니다. 교회 역사 속에서 신학의 다양성과 교리의 차이는 존재했지만, 그것은 진리의 분열이 아니라 진리의 풍성함을 해석하는 다양한 언어였습니다. 그러므로 진리관은 하나의 교리나 사상에 갇히지 않습니다. 진리는 인간의 논리로 포착되는 대상이 아니라, 하나님의 영에 의해 열리는 깨달음의 세계입니다. 성령께서 우리의 마음을 비추어 주실 때, 진리는 단지 '아는 것'을 넘어 '사는 것'이 되며, 진리를 아는 사람은 반드시 그 진리에 순종하는 삶으로 나아가야 합니다.

진리는 인간의 생각을 정당화하는 도구가 아니라, 인간을 변화시키는 하나님의 능력입니다. 진리는 곧 생명이기에, 우리로 하여금 하나님의 뜻을 깨닫게 하고 그 뜻에 순종하게 합니다. 그러므로 참된 신앙인은 진리를 단순히 지식으로 소유하지 않고, 삶으로 실천하며 증언합니다. 세상이 진리를 잃을수록, 그리스도인은 더욱 진리의 사람으로 살아야 합니다. 성경의 진리는 우리를 어둠에서 빛으로, 거짓에서 참으로 인도합니다. 결국 진리를 아는 것이 신앙의 시작이라면, 진리대로 사는 것은 신앙의 완성입니다. 참된 삶은 진리를 깨닫는 데서 비롯되고, 진리에 순종하는 데서 완성됩니다.

다. 옳고 그름의 판단 기준은 무엇인가

세상은 끊임없이 "무엇이 옳은가, 무엇이 그른가"를 묻습니다. 그러나 그 대답은 시대와 문화, 그리고 개인의 경험에 따라 달라집니다. 과거에는 절대적 도덕이 존재한다고 믿었지만, 오늘날 많은 사람들은 선과 악조차 개인의 선택과 감정에 따라 달라진다고 생각합니다. 이처럼 가치의 혼란이 깊어질수록 사회는 방향을 잃고, 도덕적 붕괴의 길로 빠져듭니다. 그러나 성경은 분명히 말씀합니다. "너희는 이 세대를 본받지 말고 마음을 새롭게 함으로 변화를 받아 하나님의 선하시고 기뻐하시고 온전하신 뜻이 무엇인지 분별하라"(롬 12:2). 참된 가치의 기준은 인간의 생각이 아니라 하나님의 뜻 안에 있으며, 그분의 말씀만이 옳고 그름을 판단하는 궁극적인 기준입니다.

가치관은 단순한 선택의 문제가 아니라, 세계관의 열매입니다. 무엇이 옳고 그르다고 판단하는 기준은 우리가 세상을 어떤 눈으로 바라보느냐에 따라 달라집니다. 하나님 중심의 세계 관을 가진 사람은 하나님의 말씀을 따라 옳고 그름을 분별하지 만, 인간 중심의 세계관을 가진 사람은 인간의 이익과 쾌락을 기준으로 판단합니다. 오늘날의 가치 혼란은 바로 이 기준의 상실에서 비롯됩니다. 그러므로 성경적 가치관을 세운다는 것 은 단순히 도덕적 규율을 지키는 것이 아니라, 하나님의 말씀 을 삶의 중심 기준으로 삼고 모든 판단의 출발점을 말씀에 두 는 일입니다. 십계명과 예수 그리스도의 가르침은 인간의 도덕 을 넘어, 하나님의 성품을 닮아가는 삶의 원리를 제시합니다.

성경적 가치관은 지식으로만 배워지는 것이 아니라, 하나님 과의 관계 속에서 체험되고 훈련되어야 합니다. 하나님을 사랑 하는 사람은 그분의 뜻을 따르며 살고자 하고, 이웃을 사랑하 는 사람은 정의와 선을 실천하게 됩니다. 따라서 성경적 가치 관은 사랑, 정의, 정직, 절제, 책임, 용서, 그리고 희생과 같은 덕목 속에서 구체적으로 드러납니다. 세속적 가치는 인간의 성 공과 쾌락을 추구하지만, 성경적 가치는 하나님을 영화롭게 하 고 이웃을 살리는 데 목적이 있습니다. 그리스도인의 삶은 이 두 가치 체계의 갈등 속에서 날마다 결단을 요구받습니다. 그 러므로 우리는 하나님의 말씀 안에서 옳고 그름을 분별하는 영 적 통찰력, 곧 명철(明哲)을 길러야 합니다.

가치관은 단지 개인의 윤리 문제가 아니라, 인류 문명의 방향

기독교인만 읽는 책

을 결정짓는 힘입니다. 가치의 기준이 흔들리면 공동체의 질서
는 무너지고, 인간의 존엄은 퇴색합니다. 그러나 하나님의 말
씀 위에 세워진 가치관은 세상을 밝히는 등불이 됩니다. 그리
스도인은 세상의 도덕적 기준이 아니라 하나님의 말씀을 따라
옳고 그름을 판단해야 합니다. 이것이 곧 세상을 본받지 않고
하나님 나라의 문화를 세우는 첫걸음입니다. 진정한 가치관은
규범이 아니라 삶의 방향이며, 그리스도인은 그 방향을 따라
세상 속에서 빛과 소금의 역할을 감당해야 합니다. "의인은 믿
음으로 말미암아 살리라"(롬 1:17)는 말씀처럼, 성경적 가치관은
믿음으로 행하는 삶의 원리이자 하나님 나라를 이루는 삶의 근
본 기준입니다.

라. 자유롭게 산다는 것은 어떤 삶을 말하는가

오늘 우리가 사는 시대는 자유를 '내 멋대로 사는 것'으로 이해하고 있습니다. "내 인생은 내 것이다", "하고 싶은 대로 사는 것이 곧 자유다"라는 구호가 세속의 표어처럼 자리 잡았습니다. 그러나 이러한 자유는 결국 인간을 자유롭게 하지 못하고, 오히려 욕망의 노예로 만듭니다. 방종은 자유의 이름으로 위장되지만, 그 결과는 공동체의 해체와 도덕적 혼란, 그리고 인간 내면의 공허함입니다. 자유를 외친 인간이 오히려 자유를 잃고 혼돈 속에서 살아가고 있는 것이 오늘의 현실입니다. 자유의 본래 의미가 무너진 사회는 반드시 병들게 되어 있고, 그 병은 개인을 넘어 민족 전체를 어둡게 만듭니다.

그러나 성경이 말하는 자유는 이러한 세속적 자유와 본질적으로 다릅니다. 예수 그리스도께서는 "진리를 알지니 진리가 너희를 자유롭게 하리라"(요 8:32)고 말씀하셨습니다. 성경이 말

기독교인만 읽는 책

하는 자유는 하고 싶은 것을 마음대로 하는 권리가 아니라, 죄와 사망의 권세에서 해방되어 하나님의 뜻에 순종할 수 있는 능력입니다. 즉, 자유는 자율적 방종이 아니라 하나님의 법 안에서 거룩함을 선택할 수 있는 은혜의 능력입니다. 사도 바울은 "그리스도께서 우리를 자유롭게 하려고 자유를 주셨으니"(갈 5:1)라고 말하면서, 그 자유가 "사랑으로 서로 종노릇하라"(갈 5:13)는 형태로 나타나야 한다고 가르쳤습니다. 참된 자유는 성령 안에서 절제와 자제, 그리고 사랑의 섬김으로 드러나며, 그 결과는 성령의 열매—사랑, 희락, 화평, 오래 참음, 자비, 양선, 충성, 온유, 절제—로 나타납니다(갈 5:22-23).

진정한 자유란 자기 안의 욕망과 죄의 충동으로부터 해방되어, 하나님이 주신 도덕적 질서와 윤리적 기준을 자발적으로 따를 수 있는 상태입니다. 자유는 타인의 간섭이 없는 상태가 아니라, 스스로를 다스릴 수 있는 능력입니다. 자기의 유익만을 추구하며 책임을 회피하는 자유는 결국 자기를 파괴하는 지름길이며, 공동체의 평화를 무너뜨립니다. 반면 성경이 말하는 자유는 하나님의 뜻에 순종함으로써 마음의 평안을 얻고, 사랑 안에서 이웃을 살리는 능력으로 드러납니다. 신명기 6장은 "마음을 다하고 뜻을 다하고 힘을 다하여 네 하나님 여호와를 사랑하라"(신 6:5)고 명령하면서, 자유가 율법의 속박이 아니라 사랑에서 비롯된 순종임을 보여 줍니다. 인간이 하나님의 법을 기쁨으로 따를 때 비로소 진정한 복, 곧 자유를 누리게 됩니다.

결국 자유는 내 욕망을 따라 사는 것이 아니라, 하나님의 뜻에 자발적으로 복종하는 능력이며, 세속적 욕망으로부터의 해방을 통해 얻는 내면의 평안입니다. 세상은 "남에게 피해만 주지 않으면 무엇이든 할 수 있다"는 자유를 말하지만, 성경은 "진리를 알고 진리에 순종할 때 비로소 자유를 얻는다"고 가르칩니다. 진정한 자유는 자신을 위한 것이 아니라 이웃을 위한 자기 제약의 능력이요, 공동선을 세우는 도덕적 힘이며, 하나님께서 주신 은혜의 증거입니다. 그러므로 우리는 담대히 고백해야 합니다. "자유는 내 멋대로 사는 것이 아니라, 하나님 앞에서 절제와 책임으로 살아가는 것이다." 이것이 바로 성경적 세계관이 밝히는 자유의 본질이며, 이 시대를 살리는 유일한 길입니다.

기독교인만 읽는 책

마. 정직한 삶이란 어떤 삶을 말하는가

정직은 누구나 중요하다고 말하지만, 실제 삶에서는 손해를 보는 것처럼 여겨질 때가 많습니다. 그러나 성경은 정직을 단순한 도덕적 미덕이 아니라 신앙의 본질로 가르칩니다. 정직하게 산다는 것은 단순히 거짓말을 하지 않는 것이 아니라, 하나님 앞에서 숨김없이 사는 것을 의미합니다. "정직한 자는 안전히 행하거니와"(잠언 10장 9절)라는 말씀처럼, 정직은 하나님 앞에서의 투명성과 신앙의 일관성을 뜻합니다. 사람에게 보이기 위한 외적 도덕이 아니라, 하나님을 의식하며 사는 내면의 중심 태도인 것입니다.

세상은 거짓과 불성실로 이익을 얻는 경우가 많지만, 성경은 정직을 지키는 자가 결국 하나님의 은혜와 사람의 신뢰를 얻게 된다고 가르칩니다. 정직은 환경의 결과가 아니라 신앙의 결단에서 비롯되며, 삶을 단단하게 세우는 기초입니다. 그러나 성도는 현실 속에서 '정직하면 손해를 본다'는 유혹과 맞닥뜨립니다. 직장이나 사업, 인간관계에서 진실을 말했더니 오히려 불이익을 당하고, 정직하게 보고했음에도 관계가 틀어지는 일들은 흔히 일어납니다. 이때 믿음의 사람은 "모두가 속이는데 나만 정직해야 하는가?"라는 내면의 갈등에 직면하게 됩니다. 결국 문제는 손해 여부가 아니라, 내가 누구를 주인으로 삼고 있는가에 달려 있습니다.

정직을 지키는 일은 결코 쉽지 않습니다. 그래서 성도는 묵상과 기도로 하나님께 지혜와 명철을 구해야 합니다. 현실의 이익이 더 커 보이는 순간에도 "정직한 자의 길을 지켜 주신다"는 하나님의 약속을 붙들어야 합니다. 정직은 타인의 평가나 지지로 유지되는 것이 아니라, 하나님 앞에 홀로 서는 결단에서 시작됩니다. 그 행위가 세상에서 어떤 결과를 낳을지는 하나님의 섭리에 맡겨야 하며, 성도는 오직 하나님을 기쁘시게 하는 선택을 묵상하며 기도 속에서 그 길을 걸어가야 합니다. 정직은 단순한 행동의 문제가 아니라, 하나님께 대한 경외의 표현이며 신앙의 깊이를 드러내는 행위입니다.

정직은 세상의 계산으로 보면 손해처럼 보이지만, 믿음의 눈으로 보면 하나님 앞에서 가장 안전한 길입니다. 순간의 이익을 버리고 하나님 앞에 진실하게 서는 결단은 곧 하나님을 경외하는 지혜이며, 그 결과는 하나님이 이루십니다. 성도의 정

기독교인만 읽는 책

직은 세상적 보상을 보장하지 않는 듯 보이지만, 하나님께서 선하게 인도하신다는 믿음 안에서 이미 승리입니다. 그러므로 성도는 현실의 딜레마를 피하지 않고, 묵상과 기도를 통해 명철을 구하며, 오직 하나님 앞에서 정직을 지키는 길을 걸어야 합니다. 그것이 손해처럼 보여도 결국 진리와 생명으로 이어지는 길임을 믿는 것이 바로 신앙인의 삶입니다.

바. 정의로운 삶은 어떤 삶을 말하는가

성경은 하나님을 정의의 하나님이라 부릅니다. 따라서 하나님의 형상대로 창조된 성도는 정의롭게 살아야 합니다. 그러나 오늘날 '정의'라는 말은 종종 추상적이거나 상대적인 개념으로 흐르고 있습니다. 성경이 말하는 정의는 단순히 법을 지키거나 공정하게 판단하는 차원을 넘어, 하나님의 공의와 사랑을 함께 드러내는 삶입니다. 정의는 옳고 그름을 분명히 하며 약자를 보호하고, 불의한 세상 속에서도 하나님의 뜻을 따르는 삶의 태도입니다. 그러므로 정의롭게 산다는 것은 하나님의 성품을 닮아 가며, 그분의 공의를 이 땅에서 실천하는 것을 의미합니다.

그러나 현실에서 정의를 지키며 산다는 일은 쉽지 않습니다. 세상은 정의보다 이익을, 공정보다 편의를 앞세웁니다. 의로운 말을 한 사람이 미움을 받고, 부정을 고발한 사람이 불이익을 당하며, 불의를 거절한 사람이 소외되기도 합니다. 그 결과 성도는 "정의를 따르려다 왜 고난을 당해야 하는가?"라는 물음을 품게 됩니다. 이 질문은 단순히 사회적 정의의 문제가 아니라, 하나님 앞에서 의롭게 살려는 신앙인의 내면 갈등을 드러냅니다. 불의한 사람이 득세하는 현실은 정의를 향한 신앙의 결단을 더욱 어렵게 만듭니다. 그러나 성경은 정의가 세상의 보상 논리로 평가되는 것이 아니라, 하나님 앞에서 이미 옳은 길임을 증언합니다.

정의로운 선택은 때로 고난으로 이어지지만, 그 고난은 정의가 실패했다는 증거가 아닙니다. 오히려 참된 정의가 여전히 세상의 불의와 맞서고 있음을 드러내는 표지입니다. 성도는 억울한 상황 속에서도 하나님이 의인을 기억하시고 그의 길을 지켜주신다는 약속을 붙들어야 합니다. 기도와 묵상 속에서 얻게 되는 지혜와 명철은 "고난은 순간적이지만 정의는 영원하다"는 진리를 깨닫게 합니다. 하나님께서는 세상의 불의를 잠시 허락하실지라도, 결국 공의로 심판하시고 정의를 세우시는 분이십니다.

결국 정의롭게 산다는 것은 세상의 칭찬이나 안락을 구하는 길이 아니라, 하나님을 기쁘시게 하는 믿음의 행위입니다. 성도는 정의를 행하는 순간 고난을 만날 수 있음을 알면서도, 하나님의 뜻이 선하다는 확신으로 그 길을 선택해야 합니다. 정의는 세상의 기준으로 보상받는 가치가 아니라, 하나님 앞에서 드려지는 충성의 고백입니다. 비록 불의가 더 강해 보이는 세상이라 할지라도, 믿음의 눈으로 보면 정의가 최종적으로 승리합니다. 그러므로 성도는 하나님의 공의를 신뢰하며 정의의 길을 묵묵히 걸어야 합니다. 그 길 끝에서 누리게 될 하나님의 평강과 의로움이야말로, 세상이 줄 수 없는 가장 큰 상급이기 때문입니다.

사. 사랑의 가치 - 사랑은 자라야 한다

사랑은 인간이 경험할 수 있는 가장 고귀한 감정이지만, 동시에 가장 많은 오해와 왜곡을 받는 주제이기도 합니다. 세상은 사랑을 감정이나 낭만으로 한정하지만, 성경은 사랑을 하나님의 본성이자 인간 존재의 목적이라고 말씀합니다. "하나님은 사랑이시라"(요일 4:8)는 말씀은 사랑이 단순한 감정이 아니라, 하나님의 성품과 창조 질서 전체를 지탱하는 근본적인 힘임을 보여 줍니다. 인간은 하나님께서 부여하신 이 사랑의 질서 안에서 살아야 하며, 그 사랑은 반드시 성장해야 합니다. 성경적 사랑은 멈추어 있지 않고, 에로스(Eros)에서 필리아(Philia)를 거쳐 아가페(Agape)로 성숙해 가는 생명력입니다.

사랑의 여정은 세 단계를 따라 자랍니다. 에로스(Eros)는 하나님께서 창조의 질서 속에 두신 본능적인 사랑으로, 남자와 여자가 서로를 향해 끌리는 감정은 단순한 욕망이 아니라 하나님께서 인류의 생명과 가정을 유지하도록 세우신 거룩한 본능입니다. "남자가 부모를 떠나 그의 아내와 합하여 둘이 한 몸을 이룰지로다"(창 2:24)는 말씀은 에로스가 하나님의 창조 목적 안에서 새로운 생명을 낳고, 부부의 연합을 이루는 사랑임을 보여 줍니다. 그러나 타락한 인간은 이 사랑을 자기중심적 쾌락으로 변질시켰습니다. 그러므로 본능적인 사랑은 반드시 관계적인 사랑, 곧 필리아(Philia)의 단계로 성장해야 합니다.

필리아는 관계적인 사랑으로, 이해와 신뢰, 헌신을 통해 성숙합니다. 이 사랑 안에는 부모와 자녀의 사랑(스토르게), 부모의 헌신적 사랑(필리오테크니아), 친구 간의 사랑(필리아)이 모두 포함됩니다. 자녀의 부모 사랑은 스토르게의 본능적 애정에서 출발하지만, 성경은 그것을 단순한 감정이 아닌 "공경"(ωάμιτ)의 윤리적 사랑으로 승화시킵니다(엡 6:2). 부모의 사랑은 보답을 바라지 않는 헌신으로, 용서와 기다림으로 자녀를 품는 사랑입니다(눅 15:20-24). 친구의 사랑은 상호적 신뢰와 진리의 동행으로 완성됩니다(요 15:15). 이처럼 관계적인 사랑은 가정에서 시작되어 공동체로 확장되는 훈련의 장이며, 하나님 사랑을 배우는 학교입니다.

마지막 단계인 아가페(Agape)는 희생적인 사랑입니다. 하나님께서 "세상을 이처럼 사랑하사 독생자를 주셨다"(요 3:16)는 말씀은 사랑의 절정이 자기희생에 있음을 보여 줍니다. 에로스가 생명의 시작이라면, 필리아는 그 생명을 관계 속에서 가꾸는 과정이고, 아가페는 그 생명을 위해 자신을 내어주는 완성의 단계입니다. 사랑의 세 단계는 단절된 것이 아니라 연속된 성장의 과정이며, 본능적인 사랑이 관계를 통해 성숙하고 관계적인 사랑이 희생을 통해 완성될 때, 인간의 사랑은 하나님 안에서 새로워집니다. 그러나 본능적인 사랑에서 관계적이고 희생적인 사랑으로 성장하지 못한 사랑은 눈물의 씨앗이 되어 인생을 불행하게 만들고, 사랑이 성장하면 행복의 씨앗이 되어 아름다운 인생을 살게 합니다.

사랑은 자라야 하고, 그 성장은 아가페에서 완성됩니다. 본능적인 사랑은 생명을 낳게 하고, 관계적인 사랑은 그 생명을 돌보며, 희생적인 사랑은 그 생명을 살립니다. 그리스도인의 사랑은 이 세 단계를 거치며 자기중심적 사랑에서 하나님 중심의 사랑으로 변형됩니다. 결국 사랑은 하나님께서 우리 안에 심으신 생명이며, 우리가 하나님과 이웃을 사랑할 때 완성됩니다. "그런즉 믿음, 소망, 사랑, 이 세 가지는 항상 있을 것인데 그중의 제일은 사랑이라"(고전 13:13).

아. 일의 가치 - 인간은 일을 해야 한다

일은 인간 존재의 가장 본질적인 표현입니다. 인간은 단순히 생존을 위해 일하는 존재가 아니라, 하나님께서 창조하신 세상을 돌보며 그분의 뜻을 실현하도록 부름받은 존재입니다. 성경은 "여호와 하나님이 그 사람을 이끌어 에덴동산에 두어 그것을 경작하며 지키게 하시고"(창 2:15)라고 말씀합니다. 이는 일이 인간에게 주어진 벌이 아니라 축복임을 의미합니다. 인간은 일을 통해 자신을 표현하고 세상을 섬기며, 하나님의 창조 질서 안에서 삶의 의미를 완성합니다. 일은 단순한 생계의 수단이 아니라, 하나님께서 인간에게 맡기신 창조의 명령에 순종하는 행위입니다.

오늘날 AI 기술의 발달은 인간의 노동 형태를 급속히 변화시키고 있습니다. 인공지능과 자동화는 효율성을 높이고 노동을 대신하지만, 결코 일의 인간적 의미를 대체할 수는 없습니다. 인간의 일은 단순한 생산 활동이 아니라, 자신이 살아 있음을 확인하고, 세상과 관계를 맺으며, 공동체 속에서 자신의 존재를 증명하는 행위입니다. 기계가 인간의 손과 머리를 대신할수는 있지만, 일을 통해 느끼는 성취감과 감사, 사랑과 책임의가치를 대신할 수는 없습니다. 일은 인간을 사회와 연결시키는관계의 행위이며, 인간다움을 지탱하는 중심입니다.

"어떤 일을 해야 하는가?"라는 질문은 "무엇을 위해 살아야하는가?"라는 질문과 같습니다. 일의 가치는 직업의 종류나 지위가 아니라 그 일을 대하는 태도와 목적에 있습니다. 성실하고 정직하게 일하는 사람은 어떤 직업에 있든 존중받을 만한가치가 있습니다. 가정에서 자녀를 돌보는 부모든, 땀 흘리는노동자든, 연구하는 학자든, 그 일의 목적이 타인을 유익하게하고 사회를 아름답게 하는 데 있다면 모두 하나님이 기뻐하시는 일입니다. 일이 돈을 벌기 위한 수단에 머물지 않고, 하나님의 사랑과 정의를 실천하는 통로가 될 때, 그것이 참된 일의 의미입니다.

결국 인간은 일을 통해 자신이 세상의 한 부분으로서 유익한존재임을 깨닫습니다. 일은 피로와 부담이 아니라, 인간의 존재 이유를 확인하게 하는 축복입니다. 게으름은 자신을 무너뜨리지만, 땀 흘린 수고는 삶을 견고하게 세웁니다. 일은 자신을단련하고, 타인을 섬기며, 세상을 가꾸는 사랑의 행위입니다.

그러므로 "인간은 일을 해야 한다"는 말은, 인간이 자신의 삶을 성실히 살아가야 한다는 뜻이며, 하나님의 창조 명령에 대한 응답입니다. 하나님께서는 오늘도 일하는 자를 통해 세상을 지탱하시며, 그들의 손을 통해 사랑과 정의를 이루십니다.

자. 질서의 가치 – 위계질서의 중요성

오늘의 사회는 평등과 자유를 내세우며 전통적인 위계질서와 권위를 부정하는 풍조로 가득합니다. 부모가 자녀를 꾸짖으면 폭력으로 오해받고, 교사가 학생을 훈육하면 인권침해로 비난받습니다. 직장에서는 상급자의 지시가 권위주의로 몰리고, 정부의 통치는 억압의 상징처럼 여겨집니다. 그러나 성경은 하나님께서 세상을 창조하실 때 모든 피조물 안에 질서를 세우셨다고 가르칩니다. 해와 달이 제자리를 지키듯이, 인간도 각자에게 주어진 역할과 책임 안에서 조화를 이루도록 창조되었습니다. 하나님 나라는 혼란이 아니라 사랑과 정의가 살아 있는 질서의 나라입니다. 질서는 억압을 위한 구조가 아니라 인간이 서로를 존중하며 조화롭게 살아가기 위한 하나님의 창조 원리입니다.

가정은 질서를 배우는 첫 학교입니다. 부모는 자녀를 양육할 책임이 있고, 자녀는 부모를 공경하며 순종할 의무가 있습니다. "네 부모를 공경하라"(출 20:12)는 말씀은 단순한 예절이 아니라 사랑을 기반으로 한 질서의 원리를 가르칩니다. 그러나 현대 사회는 자녀의 자유와 권리를 앞세워 부모의 권위를 약화시켰습니다. 그 결과 자녀는 자유를 배워도 절제를 배우지 못하고, 권리를 누려도 책임을 배우지 못합니다. 부모의 권위는 억압이 아니라 사랑이며, 자녀의 인격을 세우는 책임의 표현입니다. 부모의 권위가 회복될 때 자녀는 존중과 순종 속에서 참된 자유를 배우게 됩니다.

학교와 직장은 사회 질서를 배우는 두 번째 공간입니다. 학교에서 스승의 권위가 무너지고, 직장에서 상하 관계가 무시되면 공동체의 협력과 신뢰는 사라집니다. 교사는 단순히 지식을 전하는 사람이 아니라 진리와 도덕을 가르치는 인격적 스승이며, 그 권위는 학생의 자유를 억압하는 수단이 아니라 올바른 방향을 제시하는 울타리입니다. 직장 또한 마찬가지입니다. 상급자는 권력을 행사하는 지배자가 아니라 조직의 질서를 유지하고 구성원의 성장을 돕는 책임자입니다. 부하직원은 순종과 성실로 공동체의 질서를 지켜야 하며, 상호 존중과 신뢰가 세워질 때 직장은 하나님 나라의 질서와 닮은 협력의 현장이 됩니다. 직장은 인간의 노동이 하나님의 창조 명령에 참여하는 자리이므로, 그 안에서의 권위와 순종은 억압이 아니라 질서를 통한

기독교인만 읽는 책

선한 사역의 체계입니다.

국가적 차원에서도 질서의 회복은 반드시 필요합니다. 성경은 "위에 있는 권세에 복종하라. 권세는 하나님께로 나지 않음이 없나니"(롬 13:1)라고 말씀합니다. 하나님께서는 통치자에게 악을 억제하고 선을 보호하라는 권위를 부여하셨습니다. 그러나 권력이 부패할 때, 그리스도인은 폭력과 분노가 아닌 회개와 인내로 응답해야 합니다. 칼빈은 선한 통치자는 하나님의 자비의 증거이며, 불의한 통치자는 백성의 도덕적 타락을 징계하시려는 하나님의 섭리라고 말했습니다. 그러므로 사회의 부패를 비난하기보다 자신이 그 회복을 위해 무엇을 하고 있는지를 먼저 돌아보아야 합니다. 하나님의 주권을 신뢰하는 그리스도인은 질서 속에서 정의를 실천하며, 합법적 절차와 기도를 통해 하나님 나라의 원리를 세워 가야 합니다. 하나님께서 세우신 위계질서의 목적은 지배가 아니라 섬김이며, 억압이 아니라 사랑입니다. 자유에는 책임이 따르고, 권리에는 의무가 있으며, 평등은 질서를 떠나 존재할 수 없습니다. 부모는 자녀를 사랑으로 다스리고, 교사는 학생을 진리로 인도하며, 상급자는 직원들을 공의로 이끌고, 통치자는 백성을 정의로 보호할 때 그 사회는 하나님 나라를 닮은 공동체가 됩니다.

차. 결혼, 비혼, 독신 – 사랑과 책임의 선택

하나님께서 인류에게 주신 창조의 목적은 남자와 여자가 서로 사랑하며 결혼을 통해 생명을 잇고, 가정을 이루어 행복을 누리게 하시는 데 있습니다. 결혼은 인간의 본능이나 사회적 계약이 아니라, 생명의 연속과 질서 유지를 위한 하나님의 창조 원리입니다. 성경은 결혼의 신성함을 분명히 가르칩니다. 하나님께서는 "남자가 부모를 떠나 그의 아내와 합하여 둘이 한 몸을 이룰지로다"(창 2:24) 하셨고, 예수님은 "하나님이 짝지어 주신 것을 사람이 나누지 못할지니라"(막 10:9)고 말씀하셨습니다. 그러므로 결혼은 단순한 감정의 결합이 아니라, 생명을 이어가며 세상을 보존하기 위한 하나님의 뜻이 담긴 거룩한 명령입니다. 사랑은 순간의 감정이 아니라, 서로를 위해 살아가기로 결심한 믿음의 표현입니다. 결혼은 인간이 사랑과 책임, 그리고 생명의 질서를 배워 가는 첫 학교이며, 하나님이 세우신 가장 기본적인 공동체입니다.

그러나 현대 사회는 결혼을 부담으로 여기며, 개인의 자유와 자기실현을 우선시하는 풍조로 가득합니다. "혼자가 편하다"는 말이 일상이 되고, "가정은 속박이다"라는 인식이 세대의 공감이 되었습니다. 하지만 자유는 관계 속에서 완성되고, 진정한 평화는 사랑의 온기를 나눌 때에만 찾아옵니다. 혼자의 평화는 오래가지 않으며, 함께함의 따뜻함이 인간을 성숙하게 합니다. 사랑이 감정으로만 머물면 쉽게 식지만, 관계 속에서 책임으로 자라날 때 비로소 인간은 성장합니다. 결혼은 바로 그 성숙을 훈련하는 과정이며, 자유를 절제와 책임 속에서 새롭게 배우는 길입니다. 인간은 관계를 통해 성장하고, 사랑을 나누며 존재의 의미를 완성합니다.

그렇다고 독신이 반드시 결핍의 상태를 의미하지는 않습니다. 성경은 사명과 헌신을 위해 독신을 택한 이들도 인정합니다. 결혼이 생명을 낳아 창조의 질서를 이어가는 길이라면, 사명직 독신은 사랑과 봉사로 그 질서를 확장하는 길입니다. 그러나 현대의 비혼 문화는 이러한 헌신적 독신과는 본질적으로 다릅니다. 비혼은 종종 관계의 책임을 회피하고, 자유를 절대시하며, 개인의 편안함을 인생의 목표로 삼는 경향을 보입니다. 그것은 자유의 이름으로 관계를 단절하고, 책임의 이름으로 사랑을 유보하는 태도입니다. 그러나 사랑이 없는 자유는 방향을 잃은 방황이 되고, 책임 없는 평화는 결국 공허로 귀결됩니다. 결혼이든 독신이든, 중요한 것은 그 중심에 사랑과 책임이 있느냐 하는 것입니다. 하나님은 형태보다 중심을 보십니다. 사랑과 생명을 존중하는 지혜가 있는 선택은 언제나 복된 길이 됩니다.

결혼은 혼자의 평화보다 둘의 따뜻함이 오래가는 삶의 방식입니다. 집은 벽으로 세워지지만, 가정은 사람으로 완성됩니다. "다녀왔어요"라는 한마디에는 귀가의 의미가 담겨 있고, 함께 사는 일은 나를 줄이는 것이 아니라 나를 확장하는 일입니다. 결혼은 하루의 사건이 아니라 평생에 걸쳐 써 내려가는 두 사람의 이야기입니다. 아이의 웃음소리는 세상 어떤 음악보다 오래 남는 사랑의 흔적이며, 함께 늙어 가는 부부의 모습은 하나님이 주신 은혜의 초상입니다. 결혼의 목적은 행복이며, 행복은 누군가가 주는 선물이 아니라 함께 만들어 가는 여정 속에서 피어납니다. 결혼이든 독신이든, 그 선택의 중심에 생명과 사랑을 향한 지혜가 자리할 때, 그 길은 분명 복된 길이 됩니다. 자유는 책임을 버릴 때 완성되는 것이 아니라, 사랑과 헌신 속에서 더욱 깊어집니다. 사랑과 책임이 함께하는 인생, 그것이 하나님이 설계하신 행복의 길입니다.

기독교인만 읽는 책

카. 맺음말

그리스도인이 추구해야 할 궁극적인 가치는 신실한 그리스도인으로 사는 것입니다. 하나님께서는 언제나 사람을 통해 일하십니다. 세상을 창조하실 때도, 구속의 역사를 이루실 때도, 오늘의 교회와 사회를 새롭게 하실 때도 신실한 사람을 세우십니다. 역사를 바꾼 것은 제도나 권력이 아니라, 하나님 앞에 정직하고 진실하려는 한 사람의 믿음이었습니다. 그러므로 한 신실한 그리스도인의 존재는 한 나라의 법보다 강하고, 한 세대의 미래보다 소중합니다.

신실함은 단순한 성실이나 도덕적 근면이 아닙니다. 그것은 하나님 앞에서 중심을 잃지 않는 삶의 자세입니다. 세상이 흔들려도 진리를 붙들고, 환경이 바뀌어도 신앙의 기준을 지키는 사람, 바로 그가 신실한 그리스도인입니다. 다니엘이 포로의 땅에서도 뜻을 정해 왕의 진미로 자신을 더럽히지 않았던 것처럼(단 1:8), 신실한 사람은 타협보다 순종을 택합니다. 하나님은 그런 사람을 통해 시대를 새롭게 하십니다.

신실한 그리스도인은 세상 속의 양심이며, 하나님의 통로입니다. 사회가 부패할수록, 도덕이 무너질수록 그들의 정직과 사랑은 더욱 빛납니다. 세상은 성공을 높이지만, 하나님은 신실함을 귀히 보십니다. 사람은 외모를 보지만, 하나님은 중심을 보십니다(삼상 16:7). 신실한 사람은 눈에 띄지 않아도, 세상의 방향을 바꾸는 숨은 힘이 됩니다. 그들의 믿음과 행실이 곧 하나님의 나라를 이 땅에 드러내는 씨앗이 됩니다.

AI 시대의 급변하는 세상에서도 신실함의 가치는 결코 변하지 않습니다. 기술과 지식은 세상을 빠르게 바꾸지만, 인간의 마음을 바르게 세우는 것은 여전히 신앙과 진실입니다. 신실한 그리스도인은 가정에서는 부모로서 모범이 되고, 직장에서는 정직한 일꾼으로, 사회에서는 법을 존중하는 시민으로 살아갑니다. 그들은 세상 속에서 하나님의 뜻을 증언하며, 사랑과 정의를 실천합니다. 하나님께서 찾으시는 사람은 완벽한 사람이 아니라, 끝까지 믿음을 지키는 사람입니다. 우리가 그 신실함을 삶으로 살아 낼 때, 하나님은 우리의 시대를 새롭게 하시고, 그 믿음의 유산을 다음 세대에 이어가게 하실 것입니다.

기독교인만 읽는 책

제6부

기독교인의 윤리관

가. 서문

기독교인의 윤리관은 자유와 책임의 조화 속에서 출발합니다. 인간은 생각하고 판단하며 스스로 선택할 수 있는 존재로서, 이러한 자유의 능력은 단순히 생물학적 존재를 넘어 사회적 관계를 맺고 윤리적 판단을 내리는 도덕적 주체로 살아가게 만듭니다. 그러나 성경은 인간의 자유를 세상과는 전혀 다른 차원에서 이해하게 합니다. 세상은 자유를 "억압에서 벗어난 상태"나 "자신이 원하는 대로 선택할 권리"로 여깁니다. 하지만 성경이 말하는 자유는 죄와 사망의 속박에서 벗어나 하나님께 순종할 수 있는 능력을 의미합니다. 곧, 그리스도인의 자유란 자율이 아니라 하나님의 뜻 안에서의 해방이며, 자기중심적 독립이 아니라 진리 안에서의 평화입니다. 예수 그리스도께서는 "진리를 알지니 진리가 너희를 자유롭게 하리라"(요 8:32)고 말씀하셨습니다. 이 말씀은 자유가 단순한 권리나 선택의 문제가

기독교인만 읽는 책

아니라, 진리와의 관계 속에서만 참되게 누릴 수 있는 것임을 보여 줍니다. 인간은 스스로 자유를 얻을 수 없습니다. 하나님의 진리가 마음을 비추고 영혼을 해방할 때, 비로소 인간은 죄의 지배에서 벗어나 진정한 자유를 경험하게 됩니다. 사도 바울은 "너희가 죄로부터 해방되어 하나님께 종이 되어 거룩함에 이르는 열매를 얻었으니 그 마지막은 영생이라"(롬 6:22)고 말했습니다. 이 말씀은 자유가 독립이 아니라 하나님께 속함으로써 완성되는 상태임을 분명히 가르칩니다.

그리스도인의 자유는 언제나 책임과 결합되어 있습니다. 그리스도인은 자유를 누릴 권리를 받았지만 동시에 그 자유를 사랑으로 사용해야 할 책임을 부여받았습니다. "형제들아, 너희가 자유를 위하여 부르심을 입었으나 그 자유로 육체의 기회를 삼지 말고 오직 사랑으로 서로 종노릇하라"(갈 5:13)는 말씀처럼, 자유는 타인을 위해 자신을 제한할 줄 아는 성숙한 선택이어야 합니다. 자기 이익만을 위한 자유는 결국 방종이 되고, 사랑을 위한 절제 속에서만 자유는 생명을 살리는 능력이 됩니다. 성경은 또한 율법과 자유의 관계를 분명히 가르칩니다. 율법은 자유를 억압하는 장벽이 아니라, 자유를 보호하고 완성하는 질서입니다. 예수님께서 "내가 율법이나 선지자를 폐하러 온 것이 아니라 완전하게 하려 함이라"(마 5:17) 하신 말씀은 율법이 자유의 반대가 아니라 그 완성을 위한 틀임을 의미합니다. 율법 없는 자유는 방종이 되고, 자유 없는 율법은 억압이 됩니다. 그러므로 그리스도인의 자유는 율법의 정신을 지키며 사랑을 실천하는 자유, 곧 책임 있는 순종을 전제로 한 자유입니다.

이러한 자유와 책임은 개인의 삶을 넘어 사회적 차원으로 확장됩니다. 인간은 가정, 교회, 국가라는 공동체 안에서 관계를 맺고 살아가는 존재입니다. 가 영역에서 그리스도인은 자신의 자유를 함부로 사용하지 않고, 공동체의 유익과 질서를 위해 책임 있게 행사해야 합니다. 부모는 자녀를 사랑으로 양육할 책임이 있으며, 지도자는 공동체의 정의를 세울 책임이 있습니다. 또한 모든 사람은 자연과 문화를 관리하며 하나님의 창조 세계를 보전할 책임을 지닙니다. 자유가 이 책임과 분리될 때 사회는 무질서와 불의에 빠지고, 인간은 자기중심적 욕망의 노예로 전락합니다. 사도 바울은 "모든 것이 내게 가하나 모든 것이 유익한 것은 아니요"(고전 6:12)라고 말했습니다. 인간은 무엇이든 선택할 수 있는 자유를 가졌지만, 그 선택이 공동체를 세우지 못한다면 그것은 결코 유익하지 않습니다. 그러므로 그리스도인은 자유를 자신을 위한 권리가 아니라 이웃을 살리는 도구로 사용해야 합니다. 그리스도 안에서의 자유는 개인의 독립이 아니라, 사랑으로 서로를 세우고 진리로 세상을 변화시키는 능력입니다.

마지막으로, 그리스도인의 자유는 성령 안에서 완성됩니다. "주는 영이시니 주의 영이 계신 곳에는 자유가 있느니라"(고후 3:17). 성령이 역사하실 때 인간은 죄의 속박에서 벗어나며, 자신의 욕망이 아니라 하나님의 뜻에 따라 살아갈 수 있는 내적 능력을 얻게 됩니다. 이 성령의 역사는 신비하거나 초자연적인 체험에만 국한되지 않습니다. 그것은 우리의 양심 속에서 선한 마음이 깨어나는 순간, 즉 '선한 양심의 발동'으로 나타납니다. 남을 미워하기보다 용서하고, 불의를 외면하지 않고 바른 선택을 하려는 마음, 손해를 감수하더라도 진실을 따르려는 결심이 일어날 때, 바로 그 순간이 성령이 우리 안에서 역사하시는 때입니다. 성령의 인도하심을 따르는 자유는 방종이 아니라 거룩한 질서 속에서 자발적으로 선을 선택하는 자유입니다. 그러므로 성령 안에서의 자유는 곧 하나님이 주신 선한 양심을 따라 살아가는 자유, 즉 옳고 선한 일을 기꺼이 선택할 수 있는 자유입니다. 성경은 인간을 권리의 주체가 아니라 책임의 주체로 가르칩니다. 하나님은 인간에게 자유를 주셨지만 동시에 그 결과를 감당할 책임도 부여하셨습니다. 참된 자유인은 자신이 행한 일의 결과를 하나님 앞에서 책임질 줄 아는 사람입니다. "우리 각 사람이 자기 일을 하나님께 직고하리라"(롬 14:12)라는 말씀은, 그리스도인의 자유가 결코 무책임한 독립이 아니라 하나님 앞에서의 도덕적 성숙임을 일깨워 줍니다. 결국, 그리스도인의 자유는 순종 속에서 완성되고, 책임 속에서 유지되며, 사랑 안에서 빛나는 은혜의 선물입니다. 그리스도인은 세상의 자유보다 더 깊은 자유를 누립니다. 그것은 자기 뜻대로 사는 자유가 아니라, 하나님께 순종함으로 세상을 사랑으로 변화시키는 자유이며, 그 자유를 사랑과 책임으로 사용할 때 우리는 참된 평안과 행복을 경험하게 됩니다.

나. AI 시대, 생명 윤리

AI와 생명공학의 발전은 인간이 생명을 새롭게 만들고 통제할 수 있다는 착각을 낳고 있습니다. 인공지능이 인간의 사고를 모방하고, 유전자 편집이 생명의 구조를 바꾸며, 인공 자궁과 장기 복제가 생명의 시작과 끝을 인간의 손에 두려 합니다. 그러나 이러한 시도는 하나님께서 세우신 질서를 넘어서는 일입니다. 성경은 "하나님이 자기 형상대로 사람을 창조하시되…"(창 1:27)라고 말씀하며, 생명이 하나님의 주권 아래에 있음을 분명히 밝힙니다. 인간은 생명을 만든 존재가 아니라, 하나님께서 주신 생명을 맡아 관리하고 책임지는 존재입니다. 기술의 발전이 아무리 눈부셔도 인간은 창조주가 될 수 없으며, 피조물로서 하나님이 정하신 한계를 기억해야 합니다.

성경이 제시하는 생명 윤리의 기준은 단순하고 명확합니다. 생명을 살리는 일은 옳고, 생명을 죽이는 일은 그릇된 일입니다. 이 절대적 원칙은 시대와 환경을 초월하는 하나님의 법이며, 인간의 판단이나 사회적 합의보다 우위에 있습니다. 십계명은 생명을 보존하기 위한 도덕의 근간으로 주어졌으며, 그중 제6계명 "살인하지 말라"(출 20:13)는 모든 생명의 존엄을 지키라는 명령입니다. 예수 그리스도께서 "하나님을 사랑하고 이웃을 사랑하라"(마 22:37-39)고 하신 말씀은 이러한 계명을 완성하는 원리입니다. 하나님을 사랑한다는 것은 생명을 존중하는 것이고, 이웃을 사랑한다는 것은 생명을 보호하는 것입니다. 그러므로 그리스도인은 언제나 스스로에게 물어야 합니다. "이 행동이 생명을 살리는가, 아니면 해치는가?" 이 단순한 질문이 모든 생명 관련 판단의 핵심이며, AI 시대에도 변함없는 성경적 기준입니다.

AI와 생명공학의 기술은 인간의 삶을 편리하게 하고 질병을 줄이는 유익을 주지만, 그 사용의 목적이 바르지 않으면 생명을 해치는 도구가 될 수 있습니다. 기술은 선도 악도 아니며, 그것을 무엇을 위해, 어떤 태도로 사용하는가가 중요합니다. 성경은 인간에게 기술과 능력을 주신 이유를 "정복하고 다스리되, 창조 세계를 지키고 생명을 보존하게 하려는 것"(창 1:28)으로 제시합니다. 하나님께서 세상을 창조하실 때 이미 자연의 법칙을 정하셨습니다. 낮과 밤, 계절의 순환, 씨 뿌림과 거둠의 질서처럼 모든 생명

기독교인만 읽는 책

은 하나님의 법칙 안에서 조화를 이루도록 설계되었습니다 (창 8:22). 따라서 인간의 기술은 이러한 하나님의 질서를 거스르거나 조작하는 것이 아니라, 그 질서를 이해하고 유지하며 생명을 지속하고 보호하기 위한 수단이 되어야 합니다. 성경은 또한 한 생명을 살리기 위해 다른 생명을 복제하거나 훼손하는 기술을 죄악으로 경고합니다. "주께서 내 내장을 지으시며 나의 모태에서 나를 만드셨나이다… 내가 주의 눈 앞에서 지음을 받았나이다"(시 139:13-16)라는 말씀은 생명의 형성과 존재가 하나님의 주권 아래 있음을 보여 줍니다. "무죄한 자의 피를 흘리지 말라"(신 27:25)와 "살인하지 말라"(출 20:13)는 명령은 인간이 어떤 이유로든 다른 생명을 수단화하거나 희생시켜서는 안 된다는 절대적 기준을 세웁니다. 인간이 기술을 통해 하나님의 뜻을 벗어나는 순간, 그 기술은 생명을 해치는 교만의 도구가 되지만, 하나님이 정하신 자연의 법칙 안에서 사용될 때 그것은 생명을 살리고 회복시키는 선한 도구가 됩니다.

AI 시대의 생명 윤리는 복잡한 철학이나 과학의 문제가 아니라, 하나님의 말씀에 따라 생명을 어떻게 대하고 보호할 것인가의 문제입니다. 인간은 생명을 주관할 수 없으며, 단지 맡은 것을 올바르게 돌볼 책임이 있습니다. "사람의 걸음은 여호와께서 인도하신다"(잠 20:24)는 말씀처럼, 생명을 다루는 지혜는 하나님을 경외하는 마음에서 시작됩니다. 그러므로 그리스도인은 어떤 과학적 발전이나 사회적 논의 앞에서도 생명의 주권이 하나님께 있음을 잊지 말아야 합니다. 하나님께서 정하신 자연의 법칙을 존중하고, 그 안에서 생명을 지속하며 보호하는 것—이것이 성경이 가르치는 생명 윤리의 핵심이며, 그리스도인이 세속적 생명관 속에서도 끝까지 지켜야 할 신앙의 태도입니다.

기독교인만 읽는 책

다. AI 시대, 기술 윤리

오늘날 인류는 인공지능(AI)과 로봇, 드론 등 첨단기술의 급속한 발전 속에서 과거에는 경험하지 못한 새로운 윤리적 문제와 마주하고 있습니다. 기술은 노동을 대체하고 생산성을 향상시켰으며, 인간의 생활을 편리하게 만들었지만 그 이면에는 인간의 존엄과 자유, 그리고 공동체의 질서를 위협하는 그림자가 드리워져 있습니다. AI가 인간의 판단을 대신하고, 알고리즘이 인간의 감정과 선택을 조종하는 시대에 인간은 기술의 주인이 아니라 오히려 기술의 산물로 전락할 위험에 놓여 있습니다. 빌 게이츠는 AI를 인류에게 주어진 새로운 기회로 보았으나, 스티븐 호킹은 그것이 인류가 통제하지 못할 경우 최악의 재앙이 될 수 있다고 경고했습니다. 결국 문제의 핵심은 기술 그 자체가 아니라, 그것을 설계하고 사용하는 인간의 윤리적 수준에 있습니다.

오늘의 사회는 점점 더 '탈도덕화'의 길을 걷고 있습니다. 기술의 기준은 진리가 아니라 효율이 되고, 윤리의 척도는 선이 아니라 이익으로 바뀌었습니다. 인간의 욕망과 편의가 옳고 그름의 기준이 되어 버린 시대에, 인류에게 필요한 것은 더 뛰어난 기술이 아니라 절대적으로 변하지 않는 도덕의 기준입니다. 법은 살인을 금할 수는 있어도 증오를 금하지 못하고, 간통을 처벌할 수는 있어도 음욕을 막지 못합니다. 법은 인간의 행위를 제한할 수는 있어도 마음을 다스릴 수는 없습니다. 그러므로 기술문명이 급격히 발전하는 시대일수록, 인간의 내면에 자리한 윤리적 양심이 더욱 중요해집니다. 성경은 이 기준을 분명히 제시합니다. 하나님께서는 인간에게 양심의 법을 주시고, 공동체가 타락하지 않도록 도덕의 경계를 세워 주셨습니다. 십계명과 예수 그리스도의 강령은 단순한 종교적 규칙이 아니라, 인간 사회를 지탱하는 윤리의 기둥입니다.

AI 시대의 그리스도인 윤리는 세 가지 방향으로 요약할 수 있습니다. 첫째, 기술의 기준은 인간의 욕망이 아니라 하나님의 도덕법이어야 합니다. 기술의 발전은 인간의 편의보다 생명을 보존하고 공동체를 보호하는 방향으로 나아가야 합니다. 둘째, 기술의 진보는 인간의 존엄을 침해해서는 안 됩니다. AI는 인간의 노동을 대신할 수는 있지만, 인간의 존재 가치를 대신할 수는 없습니다. 어떤 기술도 인간을 평가하거나 통제하는

기독교인만 읽는 책

수단이 되어서는 안 되며, 생명과 자유, 인격의 존중이 효율보다 앞서야 합니다. 셋째, 자유에는 책임이 따른다는 원리를 잊지 말아야 합니다. 기술의 개발과 활용은 자유로운 창의의 영역이지만, 그 자유는 반드시 이웃 사랑과 공공선의 책임 속에서 이루어져야 합니다. 자기이익만을 위한 기술은 결국 인간을 파괴하고 공동체를 병들게 합니다.

이처럼 기술은 인간의 손끝에서 만들어지지만, 그 방향은 인간의 도덕적 판단이 결정합니다. 시장은 언제나 이익을 향해 움직이지만, 그 손은 결코 도덕적이지 않습니다. 그러므로 누군가는 기술의 속도에 제동을 걸고 그 방향이 옳은지를 묻는 양심의 감시자가 되어야 합니다. 바로 그 일을 감당할 수 있는 사람은 신실한 그리스도인입니다. 그들은 세상의 가치에 순응하지 않고, 진리의 목소리를 따라 사는 사람들입니다. 세상이 침묵할 때에도 진리를 말하고, 다수가 옳다고 할 때에도 그것이 악이라면 "아니오"라고 말할 수 있는 사람, 그가 바로 하나님이 찾으시는 사람입니다. AI 시대의 진정한 개혁은 더 빠른 기술이 아니라, 더 깊은 윤리의 회복에서 시작됩니다. 기술은 인간을 대신할 수는 있어도 인간의 양심을 대신할 수 없기 때문입니다. 그러므로 신실한 그리스도인은 시대의 불의와 탐욕 앞에서 멈추어 서서, 하나님이 주신 사랑과 양심으로 기술문명을 정화시키는 마지막 방파제가 되어야 합니다.

라. 정치 윤리

정치는 인간의 공동체가 질서와 공공의 선을 이루기 위해 세운 제도이지만, 성경은 그 권력의 근원을 인간의 합의가 아니라 하나님께 두고 있습니다. 사도 바울은 "각 사람은 위에 있는 권세들에게 복종하라. 권세는 하나님께로 나지 않음이 없나니 모든 권세는 하나님께서 정하신 바라"(롬 13:1)라고 말했습니다. 이 말씀은 세상의 권력이 본래 악하거나 우연히 생긴 것이 아니라, 하나님께서 질서를 유지하기 위해 허락하신 통치의 도구임을 보여 줍니다. 그러나 인간은 그 권세를 하나님의 뜻에서 벗어나 자기의 이익과 욕망의 수단으로 삼음으로써 정치 질서를 불의와 부패의 도구로 타락시켜 왔습니다. 성경의 역사 속에서 하나님은 언제나 권세의 배후에서 일하셨습니다. 민족이 하나님을 떠나 부패할 때에는 악한 지도자를 내세워 그 백성을 징계하시고, 민족이 회개하고 정의를 구할 때에는 선한 지도자

기독교인만 읽는 책

를 세워 회복하게 하셨습니다. 그리고 이 원리는 정치권력에만 적용되는 것이 아니라 교회에도 동일하게 적용됩니다. 교회가 하나님을 경외하지 않고 세속적 욕망과 권위주의에 빠질 때, 하나님은 그 안에서도 징계와 분열을 허락하시어 거짓된 권위를 무너뜨리고 참된 회복을 이루십니다. 그러므로 기독교인은 정치와 교회 모두의 과거, 현재, 미래가 하나님의 주권적 통치로 다스려지고 있음을 의식하고, 개인과 공동체의 의로움을 위해 하나님의 선하심을 간구해야 합니다.

인간의 욕망과 교만, 재물과 명예에 대한 욕심, 그리고 권력을 사유화하려는 어리석음이 정치의 타락을 낳습니다. 바벨탑 사건에서 인류는 "자기의 이름을 내기 위해"(창 11:4) 하나님의 뜻을 떠나 스스로 질서를 세우려 했습니다. 그 결과는 분열과 혼란이었습니다. 오늘날의 정치 현실도 다르지 않습니다. 권력은 정의보다 이익을, 진리보다 여론을 따르며, 지도자는 공공의 책임보다 통제를 앞세웁니다. 국민 또한 도덕적 각성보다는 욕망의 충족을 우선시합니다. 이러한 상황은 단순한 제도의 문제가 아니라, 하나님 없이 스스로 선과 악의 기준이 되려는 인간의 교만의 결과입니다. 성경은 이러한 사회적 타락을 '구조적인 악'이라 부르며, 하나님께서 이를 바로잡기 위해 때로는 불의한 권세를 허락하시기도 함을 보여 줍니다(사 10:5). 따라서 정치의 타락은 단순히 제도적 실패가 아니라 영적 심판의 한 형태이며, 그리스도인은 이를 사회 개혁의 관점만이 아니라 회개와 회복의 관점에서 바라보아야 합니다.

그리스도인은 세상의 권세에 복종하되, 그것이 하나님의 뜻에 위배될 때는 단호히 거부해야 합니다. 사도 베드로는 "사람보다 하나님께 순종하는 것이 마땅하니라"(행 5:29)라고 말했습니다. 복종은 맹목적인 복종이 아니라 하나님께 대한 순종의 표현이어야 합니다. 불의한 권력에 맞서 진리를 지키는 것이 참된 신앙이며, 동시에 질서와 평화를 깨뜨리지 않는 지혜로운 시민의 태도가 필요합니다. 이 원리는 교회 안에서도 같습니다. 교회의 권위가 성경적 진리에서 벗어나 인간의 명예나 이익을 따를 때, 신자는 진리의 말씀으로 바로잡아야 합니다. 하나님은 민족이 회개하고 정의를 구할 때, 또 교회가 스스로를 낮추고 겸손히 돌아설 때 그 회개를 외면하지 않으시며, 새로운 지도자와 새 질서를 통해 회복의 길을 여십니다. 그러므로 그리스도인의 정치 윤리와 교회 윤리는 모두 회개와 순종 위에 세워져야 하며, 하나님의 뜻이 사회와 교회 안에서 이루어지도록 기도하며 행동하는 책임의 윤리입니다.

결국 그리스도인의 참여는 세상을 지배하려는 욕망이 아니라, 하나님의 뜻을 이 땅에 구현하려는 사명입니다. 예수 그리스도께서 "가이사의 것은 가이사에게, 하나님의 것은 하나님께 바치라"(마 22:21)고 하신 말씀은, 국가의 질서를 존중하되 하나

기독교인만 읽는 책

님의 주권을 잊지 말라는 교훈입니다. 정치와 교회 모두 하나님께 속하며, 그분의 뜻을 실현하기 위해 존재합니다. 그리스도인은 투표와 사회적 책임, 그리고 교회 안팎의 헌신과 실천을 통해 공의롭고 정직한 지도자가 세워지도록 힘써야 합니다. 그러나 궁극적인 희망은 세상의 제도나 교회의 권위에 있지 않습니다. 정치의 완성도, 교회의 순결도 "공의와 평강이 입 맞추는"(시 85:10) 하나님의 통치 속에서만 이루어집니다. 그러므로 그리스도인의 정치 윤리는 세상의 악한 권력과 교회의 인간적인 타락 속에서도 하나님의 통치를 증거하며, 그분의 나라를 기다리는 믿음으로 진리를 실천하는 삶으로 드러나야 합니다.

마. 경제 윤리

인간은 태어날 때 아무것도 가지고 오지 않았고, 죽을 때에도 아무것도 가지고 갈 수 없습니다. 그러나 살아 있는 동안 사람들은 끊임없이 '내 것'을 소유하려 합니다. 돈, 명예, 권력, 지식, 재능 등은 모두 인간이 세상 속에서 확보하려는 '자산'입니다. 소유는 인간의 삶을 풍요롭게도 하지만, 동시에 욕망을 자극하여 불행의 씨앗이 되기도 합니다. 성경은 인간이 가진 모든 것이 하나님의 것으로부터 왔음을 분명히 가르칩니다. "네가 무엇을 가지고 나지 아니하였느냐? 네가 받았은즉 어찌하여 받지 아니한 것같이 자랑하느냐"(고전 4:7). 이 말씀은 모든 소유의 근원이 하나님께 있음을 상기시킵니다. 우리가 '내 것'이라 부르는 것은 사실 하나님이 잠시 맡기신 '그분의 것'입니다. 그러므로 기독교인은 소유를 절대화하지 않고, 하나님의 목적에 따라 사용해야 할 사명으로 이해해야 합니다.

기독교인만 읽는 책

성경적 세계관에서 재물은 단순히 생계를 위한 수단이 아니라, 하나님이 주신 청지기의 도구입니다. 하나님은 인간에게 창조 세계를 관리하고 보존할 책임을 맡기셨습니다. 따라서 재산은 개인의 만족을 위한 것이 아니라, 하나님이 세우신 질서를 유지하고 이웃을 돕기 위한 수단입니다. 예수님은 "너희 보물 있는 그곳에는 너희 마음도 있느니라"(마 6:21)고 말씀하셨습니다. 이 구절은 인간의 마음이 재물의 방향과 일치한다는 뜻입니다. 재물을 '모으는 마음'은 자기중심적 욕망으로 흐르지만, '나누는 마음'은 하나님 중심의 사랑으로 이어집니다. 인간은 돈을 다스리고 나눌 때 행복해지며, 움켜쥐고 모아둘 때 불행해집니다. 재물은 인간의 마음을 비추는 거울이며, 그것을 통해 하나님께 대한 신앙의 진실함이 드러납니다.

하나님은 인간에게 물질을 축복으로 주시지만, 동시에 그것이 신앙의 시험이 되게 하십니다. 재물은 인간의 믿음과 가치관을 가장 명확히 드러내는 영역입니다. 구약의 욥은 모든 것을 잃었을 때에도 "주신 이도 여호와시요, 거두신 이도 여호와시니"(욥 1:21)라고 고백했습니다. 그는 재산을 소유의 증거로 보지 않았고, 하나님의 주권을 인정했습니다. 반면 부자 청년은 많은 재물을 가지고 있었으나, 그것을 내려놓지 못해 천국의 길에서 돌아섰습니다. 이처럼 재물은 인간의 신앙을 시험하는 양날의 칼입니다. 우리가 가진 것을 '내 것'이라 붙잡을 때,

그것은 우상이 되지만, 하나님의 뜻에 따라 사용할 때 그것은 축복의 통로가 됩니다. 진정한 신앙은 재물을 버리는 것이 아니라, 재물의 주인을 바로 아는 것입니다. 하나님께서 주신 것을 하나님께 돌려드리는 삶, 그것이 곧 청지기의 삶입니다.

결국 "내 것"이란 나의 것이 아닙니다. 재산과 시간, 재능과 생명까지도 하나님께서 잠시 맡기신 선물입니다. 인생의 마지막 순간에 남는 것은 우리가 모은 것이 아니라, 우리가 나누어 준 것뿐입니다. 그러므로 그리스도인의 명철한 삶은 '하늘의 창고'에 쌓는 삶입니다. 하늘에 쌓는다는 것은 하나님 사랑과 이웃 사랑, 정의와 공의, 선행과 나눔을 실천하는 것입니다. 땅의 창고에 쌓는 것은 탐욕과 근심의 결과로 사라지지만, 하늘의 창고에 쌓은 것은 영원히 남습니다. 하나님은 선한 일을 위해 사용한 재물을 다시 채워 주시며, 그것을 통해 하나님의 뜻을 이루십니다. 기독교인의 인생관은 이 사실을 분명히 기억해야 합니다. "너희 보물을 하늘에 쌓아 두라"(마 6:20)는 말씀은 단순한 윤리적 교훈이 아니라, 삶의 본질에 대한 명철한 통찰입니다. 나의 소유가 아니라 하나님의 뜻을 위해 쓰일 때, 재물은 비로소 생명을 살리고 세상을 밝히는 도구가 됩니다. 이것이 성경이 가르치는 참된 '내 것'의 의미이며, 청지기의 길을 걷는 그리스도인의 인생이 가야 할 방향입니다.

바. 사회 윤리

그리스도인의 사회 윤리는 개인의 도덕적 선행을 넘어서, 사회의 구조와 제도 속에 뿌리내린 악과 불의를 discern(분별)하고 그것을 변화시키려는 책임을 포함합니다. 성경은 사회를 단순한 인간 집단으로 보지 않습니다. 사회는 하나님이 인간에게 주신 공동체적 삶의 틀이며, 그 안에서 사랑과 정의가 실현될 때 하나님의 뜻이 드러납니다. 그러나 인간의 죄성과 탐욕은 이 공동체 질서를 왜곡시켜, 약자가 억압받고 강자가 모든 것을 소유하는 구조적 불의를 낳았습니다. 예언자 아모스는 "너희는 정의를 물같이, 공의를 마르지 않는 강같이 흐르게 할지어다"(암 5:24)라고 외쳤습니다. 이 말씀은 그리스도인이 단순히 개인의 선함에 머물지 않고, 사회 속에 흐르는 불의의 구조를 깨뜨리고 정의의 강을 다시 흐르게 해야 할 사명을 일깨워 줍니다.

사회적 악은 개인의 악한 행위가 누적된 결과이기도 하지만, 때로는 의도하지 않은 제도와 문화의 결과로 형성됩니다. 경제 구조가 탐욕을 조장하고, 경쟁이 인간의 존엄을 침해하며, 미디어와 정치가 진리를 왜곡할 때 그 사회는 이미 병들어 있습니다. 그리스도인은 이러한 구조적 악을 인식하고 그 속에 동조하지 않는 윤리적 용기를 가져야 합니다. 예수께서는 "너희는 세상의 소금이요 빛이리"(마 5:13-14) 하시며, 부패한 사회를 정화하고 어두운 제도를 비추는 사명을 주셨습니다. 따라서 그리스도인은 사회 개혁을 단순한 정치 운동이나 이념의 실현이 아니라, 하나님의 정의와 사랑을 제도적으로 승화시켜야 합니다. 그것은 단순한 사상적 논쟁이 아니라, 인간의 존엄을 회복하고 공동체를 새롭게 세우는 실제적 실천입니다.

기독교적 사회 개혁의 핵심은 '정의로운 복지'의 실현입니다. 복지는 단순한 재분배의 제도가 아니라, 하나님의 형상으로 창조된 인간의 존엄을 지키고 '함께 고통을 나눈다'는 의미의 성경이 가르치는 덕목 '긍휼'을 실천하려는 그리스도인의 의로움으로 나타나야 합니다. 성경의 율법은 이미 이 원리를 담고 있었습니다. 추수할 때 밭모퉁이를 남겨 가난한 자가 먹게 하라(레 19:9-10)는 말씀은 인간의 경제 활동이 이윤만이 아니라 이웃의 생존과 공공선을 고려해야 함을 가르칩니다. 참된 복지는 '불쌍히 여김'이라는 감정이 아니라, 하나님의 공의에 근거한

기독교인만 읽는 책

책임의 윤리입니다. 교회는 이러한 복지의 정신을 세상 속에 전하고, 탐욕과 불평등의 구조를 바로잡는 역할을 감당해야 합니다. 그리스도인은 세금이나 제도 개혁, 사회적 나눔의 문제를 단순한 정치 논쟁으로 보지 말고, 하나님의 의를 세상 속에 구체적으로 실천하는 행위로 이해해야 합니다.

결국 그리스도인의 사회 윤리는 하나님 나라의 비전을 이 땅의 현실 속에 예고하고 실천하는 삶입니다. 그리스도인은 불의한 구조를 비판하되, 미움이나 투쟁으로가 아니라 사랑과 정의로 사회를 새롭게 해야 합니다. 사회의 개혁은 궁극적으로 인간의 힘이 아니라 하나님의 은혜와 성령의 역사로 완성됩니다. 그러나 하나님은 언제나 인간의 손과 발을 통해 그 역사를 이루십니다. 그러므로 우리는 세상 속에서 정의를 세우고, 가난한 자를 돌보며, 진리와 공의를 행함으로 하나님의 나라를 미리 보여 주어야 합니다. 세상은 여전히 불의하고 제도는 불완전하지만, 그리스도인은 그 속에서 하나님의 선하신 뜻을 구현하는 개혁자로 부름받았습니다. 사회 윤리는 곧 하나님 사랑과 이웃 사랑이 제도와 문화 속에서 구현되는 윤리이며, 그리스도인은 그 책임을 회피하지 않고 끝까지 감당해야 합니다.

사. 행복의 윤리

사람은 누구나 행복을 추구합니다. 그러나 행복을 어디서 찾느냐에 따라 그 결과는 전혀 다릅니다. 아리스토텔레스는 『니코마코스 윤리학』에서 인간의 최고의 선(善)은 행복(eudaimonia)이라고 말했습니다. 그는 인간이 이성을 따라 덕(virtue)을 실천할 때 행복에 이를 수 있다고 가르쳤습니다. 이 생각은 훌륭해 보이지만, 인간의 이성을 믿는다는 결정적인 약점이 있습니다. 그의 행복은 인간이 스스로 이성을 완성하고 덕을 쌓으면 행복해질 수 있다는 것입니다. 그러나 인간이 살아온 과거의 역사와 오늘날 우리를 둘러싸고 벌어지는 갖가지 악함을 생각할때, 그의 '행복론'은 공허하기가 이를 데 없습니다. 인간의 이성과 도덕적 노력은 결코 인간을 행복하게 만들지 못합니다. 성경이 가르치는 바 '인간의 본성은 타락하여 악해졌다'는 사실과 '타락한 인간의 본성은 스스로 회복할 수 없다'는 진리는 온 세

　기독교인만 읽는 책

상이 역사적으로 옳다고 증거하고 있습니다. 그러므로 행복한 인생을 꿈꾸는 사람은 철학자의 생각을 따르지 말고 죄악에 빠진 인간을 구원하시려고 자기의 목숨을 내어주신 하나님의 아들, 예수 그리스도의 가르침을 따라야 합니다.

성경이 가르치는 바 행복의 조건은 세 가지입니다. 첫째는 예수 그리스도를 믿음으로 죄악으로 깨어진 하나님과의 관계를 회복하고 본성을 선하게 회복시키는 일입니다. 하나님과의 관계를 회복하는 길은 예수 그리스도를 믿고 예배드리기를 기뻐하며 하나님의 말씀과 법도(십계명)에 순종하는 것입니다. 둘째는 예수 그리스도께서 명하신 '하나님을 사랑하고 이웃을 사랑하라'는 강령을 준행하는 것입니다. 셋째는 무조건 다른 사람이 내게 한 잘못을 용서하는 것입니다. 예수 그리스도께서 명하신 '용서'는 '세어가며 용서하라'는 뜻이 아니라, 세지 말고 무조건 용서하라는 명령입니다. 이 세 가지 조건 중 어느 한 가지라도 충족시키지 못하면 참된 행복을 얻을 수 없고 갈등 속의 인생을 살게 될 뿐입니다.

행복을 추구하는 인간은 모두 자신의 지식과 경험으로 형성된 지혜를 토대로 어떻게 해야 행복한 인생을 누릴 수 있을까 생각합니다. 그러나 이 세상에, 우리 주변에, 행복한 인생을 누리는 인간을 본 적이 있습니까? 기뻐하고 즐거워하는 모습은 흔히 봅니다. 그러나 그렇게 짧은 기쁨과 즐거움의 시간이 지나면 그들은 곧 행복한 인생을 찾아 헤매게 됩니다. 이 세상에서 얻을 수 있는 것으로 인간은 행복할 수 없습니다. 아무리 선한 이성을 지니고 도덕적인 삶을 살아도 그 인생의 행복은 전혀 다른 문제이고 성취되지 않습니다. 행복은 세상에서 얻을 수 없는 평안, 즉 하나님이 주시는 참된 평안 속에서만 성취될 수 있고, 이 평안은 하나님과의 관계가 바르게 세워질 때 하나님으로부터 주어집니다.

행복은 관계 속에서 피어납니다. 하나님과의 관계가 회복될 때, 사람과의 관계도 회복됩니다. 부모가 나를 기뻐하실 때 그 얼굴에 인자와 자애로운 미소가 피어날 때 내가 행복해집니다. 내가 구제하여 생명을 살릴 때 행복해집니다. 가족이 나를 자랑스럽게 생각할 때 내가 행복해집니다. 내가 정직하고 공의롭게 기업을 경영하여 직원들을 기쁘게 하고 고객이 감사를 보낼 때 내가 행복해집니다. 내가 정의로워서 바르게 증언하여 다른 사람의 억울함을 풀어줄 때 내가 행복해집니다. 내가 이웃을 돕고 그 가정의 안녕을 보살피며 이웃으로부터 고맙다는 인사를 받을 때 내가 행복해집니다. 결국 이 여섯 가지 행복의 길을 살며 어느 경우에도 원망을 받지 않아야 내가 행복해집니다. 즉, 다른 사람이 나를 용서해야 할 상황 자체를 만들지 않는 것, 내가 다른 사람을 용서해야 할 상황을 만들지 않는 삶, 그것이 행복을 추구하는 그리스도인의 윤리적 삶입니다.

아. 사랑의 윤리

기독교인의 사랑의 윤리는 하나님께서 인간을 그분의 형상으로 창조하셨다는 믿음에서 출발합니다. 그러므로 인간을 사랑한다는 것은 단순한 감정이나 도덕적 선택이 아니라, 하나님께서 사랑하신 존재를 존귀하게 여기는 신앙의 행위입니다. 오늘의 세속 사회는 인간을 존중의 대상이 아니라 이용의 대상으로 바라보는 경향이 강합니다. 사람의 가치는 인격이나 영혼이 아니라 사회적 기능과 경제적 효율성으로 평가되고, 인간은 능력과 성취로 존재의 가치를 판정받습니다. 이러한 세속적 인간 이해는 사랑조차도 거래의 형태로 변질시켰습니다. 기업은 사람을 '인적 자원'이라 부르고, 국가는 국민을 '경제 구성 요소'로 다루며, 사회는 인간을 '성과의 도구'로 삼습니다. 그러나 성경은 인간을 하나님의 형상으로 창조된 고귀한 존재로 가르칩니다. 인간의 가치는 그가 얼마나 유능

한가에 있지 않고, 하나님께서 그를 사랑하셨다는 사실에 근거합니다. 그러므로 그리스도인은 세상의 가치 기준 속에서도 인간을 수단이 아닌 하나님의 형상을 지닌 존귀한 존재로 바라보아야 합니다. 바로 이러한 시각이 사랑의 윤리를 세우는 출발점이며, 신앙이 세상을 새롭게 변화시키는 근본 방향입니다.

그리스도인이 사람을 사랑해야 하는 이유는 예수 그리스도의 명령에 있습니다. 주님은 "새 계명을 주노니 서로 사랑하라"(요 13:34) 하셨고, "네 이웃을 네 자신과 같이 사랑하라"(마 22:39), "원수를 사랑하고 그를 위하여 기도하라"(마 5:44)고 말씀하셨습니다. 사랑은 감정이 아니라 순종이며, 하나님 앞에서의 책임입니다. 세상은 자기중심적 이익을 따라 움직이기에 사랑은 언제나 오해받고, 때로는 이용당하기도 합니다. 그러나 그리스도인은 사람의 사랑을 의지하지 않고 하나님의 사랑을 믿으며, 그 사랑에 순종함으로써 사람을 사랑해야 합니다. 인간의 사랑은 불완전하지만, 하나님의 사랑은 완전하며, 그 사랑이 우리의 삶 속에서 흘러갈 때 세상은 치유됩니다. 따라서 사랑은 신앙의 감정이 아니라 하나님의 뜻에 순종하는 윤리적 결단이며, 그 결단이 곧 신앙인의 도덕적 품격을 드러냅니다.

기독교적 사랑은 단순한 호의나 연민이 아니라 정의와 공의 위에 세워진 실천적 사랑입니다. 참된 사랑은 불의를 묵인하지 않으며, 악을 미워하고 선을 행하는 일 속에서 드러납니다. "네가 굶주린 원수를 만나거든 그에게 음식을 주라"(잠 25:21)는 말씀은 사랑이 감정의 표현이 아니라 의로운 행동임을 보여 줍니다. 그리스도인의 사랑은 가난한 자를 돕고, 병든 자를 돌보며, 억울한 자를 위로하는 구체적인 실천을 통해 완성됩니다. 사랑의 윤리는 세상적 보상이나 인간의 인정에 근거하지 않고, 하나님 앞에서 옳은 일을 행하려는 결단에서 비롯됩니다. 세상이 냉정하고 경쟁적일수록 그리스도인의 사랑은 더욱 따뜻해야 하며, 그 사랑의 실천이 곧 신앙의 진정성입니다. 사랑의 윤리는 추상적 이상이 아니라, 현실 속에서 정의를 실현하고 생명을 회복시키는 하나님의 방법입니다.

결국 인간을 사랑한다는 것은 사람을 향한 감정이 아니라 하나님께 대한 순종의 표현입니다. 사람을 사랑하는 일은 그를 창조하시고 사랑하신 하나님을 존중하는 행위이며, 동시에 하나님의 뜻을 세상 속에 드러내는 삶의 태도입니다. 세상은 여전히 경쟁과 이익의 논리로 돌아가지만, 그리스도인은 그 안에서 하나님의 형상을 존중하고 이웃의 생명을 지키며 약자를 돌보는 책임을 다해야 합니다. 이것이 그리스도인의 윤리적 증언이며, 하나님 나라의 질서를 구현하는 삶입니다. "너희가 서로 사랑하면 이로써 모든 사람이 너희가 내 제자인 줄 알리라"(요 13:35)는 말씀처럼, 사랑은 제자의 표지이자 신앙의 열매입니다. 인간을 이용하지 않고, 이해하지 못하는 자를 품으며, 미워하는 자를 위해 기도할 수 있는 사람— 그가 바로 하나님께 순종하는 진정한 그리스도인입니다.

자. 성(性)의 윤리

오늘날 인간이 말하는 '성적 취향'의 개념은 전적으로 개인이 해결해야 할 죄의 문제에 속합니다. 하나님께서 정하신 창조의 질서와 목적을 거스르는 모든 성적 행위와 사고는 인간의 자유가 아니라 죄의 결과입니다. 성경은 처음부터 인간의 존재와 질서에 대해 분명히 말씀합니다. 하나님은 사람을 남자와 여자로 창조하시고, 그 관계 안에서 사랑과 생명의 질서를 이루게 하셨습니다(창 1:27). 그러나 오늘의 세상은 이 질서를 부정하며 "성적 취향"이라는 이름으로 하나님께서 세우신 창조의 법칙을 파괴하고 있습니다. "나는 그렇게 태어났다", "그것이 나의 선택이다", "나는 그렇게 살 수밖에 없다"라는 말은 자신의 죄악을 변명하는 말이기보다 오히려 나는 결코 이 욕망을 포기하지 않겠다는 선언에 가깝습니다. 하나님은 인간의 타락한 성적 욕망을 인권으로 인정하지 않으십니다. 그러므로 하나님이 정하신 자연의 법칙과 질서를 거스르는 인간의 왜곡된 성적 욕망은 모두 하나님의 심판을 피할 수 없습니다.

성경은 동성애를 명백히 죄로 규정합니다. "남자와 동침하기를 여자와 동침함같이 하지 말라 이는 가증한 일이니라"(레 18:22). "이 때문에 하나님께서 그들을 부끄러운 욕심에 내버려 두셨다"(롬 1:26-27). 인간의 욕망이 죄로 발전할 때, 하나님은 그들을 '내버려두신다'고 하셨습니다. 그것은 방임이 아니라 심판입니다. 이 죄는 인간이 서로 도와 회복시킬 수 있는 잘못의 범주에 속하지 않습니다. 인간이 해결할 수 있는 잘못이 있고, 인간이 결코 해결할 수 없는 죄가 있습니다. 동성애, 성적 취향, 그리고 그와 같은 모든 생각과 행동은 다른 사람이 해결할 수 있도록 도와줄 수 있는 문제가 아닙니다. 성적 타락과 관련된 문제는 오직 개인 스스로가 해결해야 할 문제이고 하나님과 당사자 사이에서만 해결될 수 있는 죄의 문제입니다. 그러므로 교회가 이 문제를 인간적인 연민이나 사랑과 용서의 논리로 다루려는 것은 성경의 가르침을 넘어서는 지혜롭지 못한 생각입니다.

오늘날 교회는 "사랑과 포용"이라는 이름으로 죄를 덮고, 죄인을 품는 것이 참된 사랑이라 주장하는 경우가 많습니다. 그러나 성경이 말씀하시는 참된 사랑은 죄를 감싸는 것이 아니라 죄로부터 떠나게 하는 사랑입니다. 죄를 죄라 밝히는 것이 교

기독교인만 읽는 책

회의 사명이며, 죄를 포용하는 것은 진리를 배반하는 일입니다. 교회가 "성적 취향"이라는 세상의 언어를 받아들이는 순간, 교회와 성도의 가정은 파탄의 위험에 놓이고, 복음의 본질 또한 무너지게 됩니다. 성도의 성인지 감수성에 혼동이 발생하면 개인의 일생이 위험에 빠지고 교회가 가르치는 성경적인 윤리 도덕과 가치관의 일관성과 권위가 사라집니다.

오늘날 일부 신학자나 목사, 신부와 같은 성직자들 가운데에는 동성애자나 소아성애자 등 성소수자의 '성적 취향'을 인권의 이름으로 보호해야 한다고 주장하는 사람들이 있습니다. 그들은 교회가 성소수자들을 포용하고 사랑해야 한다고 말하지만, 그것은 성경이 가르치는 사랑이 아니라 인간의 감정이 만들어 낸 거짓된 사랑입니다. 성경이 말씀하시는 사랑은 죄를 덮되, 죄를 정당화하지 않습니다. 그러나 이들의 주장은 하나님의 말씀보다 세상의 인권 담론을 앞세우며, 자신의 성적 취향을 합리화시키려는 궤변에 지나지 않는다고 생각합니다.

특히 가정을 이루지 않은 성직자, 자녀를 갖지 못한 성직자, 독신주의를 고집하는 성직자들이 성소수자들을 변호하는 것은 성직자로서의 본분을 저버리는 행위라고 생각합니다. 일부 성직자들 중에는 자신의 성적 취향을 옹호하기 위해 그런 주장을 할 수도 있을 것이라는 생각을 하면 그런 행위는 하나님 앞에 큰 죄라고 생각됩니다. 그렇게 생각할 때 2천 년 전 사도 바울의 가르침이 새삼 옳았고 인간의 약함을 꿰뚫어 본 선견지명이고 명철이었다는 생각을 하게 됩니다. 사도 바울은 불같이 타오르는 음욕을 다스리기 위해 결혼이 필요하다고 분명히 가르쳤습니다. "음행을 피하기 위하여 남자마다 자기 아내를 두고 여자마다 자기 남편을 두라"(고린도전서 7:2), "만일 절제할 수 없거든 결혼하라. 정욕이 불같이 타는 것보다 결혼하는 것이 나으니라"(고린도전서 7:9)고 말씀하셨습니다. 또한 감독과 장로, 즉 교회의 지도자는 "한 아내의 남편이 되며"(디모데전서 3:2)라는 기준 아래 세워져야 함을 분명히 하셨습니다. 이는 하나님께서 성을 결혼이라는 언약적 관계 안에서만 거룩하게 사용하도록 명하셨음을 보여 줍니다.

그럼에도 불구하고 교회의 일부 지도자들이 하나님의 말씀을 버리고 죄를 합리화한다면, 그들은 목자가 아니라 양들을 타락의 식탁에 초대하는 늑대와 같다고 생각합니다. 일반 성도나 교회 공동체가 그러한 사람들과 교제하거나 그들의 죄를 포용하려 한다면, 그것은 하나님의 경고를 무시하고 사탄의 유혹을 받아들인 최초의 인간과 같은 죄를 범하는 것입니다. 그러므로 그리스도인은 '개인의 성적 자유'라는 세상의 감언이설에 속지 말아야 합니다. 하나님께서 주신 명철로 분별하고, 죄를 죄라 부르며, 진리를 붙드는 것이 하나님 앞에서 거룩을 지키는 길입니다. 그것이 교회를 보전하고 세상을 변화시키는 유일한 길입니다.

기독교인만 읽는 책

결국 동성애와 성적 취향은 인간이 교정할 수 있는 문제가 아닙니다. 왜냐하면 하나님이 인간에게 부어 주신 사랑의 능력은 육체적인 성적 욕망의 단계를 지나 자녀와 부모 그리고 이웃을 향한 관계적인 사랑으로 변하도록 하나님이 정해 놓으셨기 때문입니다. 인간의 본능인 성적 욕망은 잠시 불꽃같이 타오르다가 몇 년이 지나면 자연적으로 쇠퇴하고 그 자리에 관계적인 사랑의 능력이 들어섭니다. 하나님이 인간의 육신과 영혼의 일생을 그렇게 정해 놓으셨습니다. 그래서 인간이 본능적인 사랑에서 관계적인 사랑으로 성장하지 못하면 그 육신과 영혼은 사랑의 능력을 상실하게 되고 죄악 속에서 살게 됩니다. 자기의 육체적인 욕망을 채우려고 다른 사람을 도구로 또 수단으로 사용하는 인생의 영혼과 육체는 모두 세월이 지나면서 죄악 속에서 소멸되도록 하나님께서 자연의 법칙으로 정해 놓으셨습니다. 그러므로 교회는 성소수자를 자처하는 사람들을 설득하려 하지 말고, 그들을 멀리해야 하며, 하나님의 자애로운 섭리에 맡겨두어야 합니다.

교회가 사람의 논리나 감정으로 죄를 없이 할 수는 없습니다. 죄는 예수 그리스도의 이름으로 하나님께 올리는 회개의 기도로만 용서받을 수 있습니다. 그러나 회개했다는 말만으로 그들이 완전히 죄에서 자유를 찾았다고 생각하는 것도 매우 위험합니다. 왜냐하면 인간은 회개와 죄짓기를 반복하는 본성이 악하고 교만하며 의지가 약한 존재이기 때문에 그렇습니다. 따라서 교회의 임무는 성소수자를 대면하여 설득하는 것이 아니라, 오직 죄를 죄로 부르고, 성경의 말씀을 그대로 선포하는 것입니다.

그러나 그들은 듣고 있지만 하나님이 주시는 구원의 은총을 받으려 하지 않습니다. 그러므로 교회는 단지 '동성애자는 받아들일 수 없다'는 원칙을 고수하고 그들의 구원은 선하신 하나님이 맡아 주신다는 믿음을 가져야 합니다. 이것이 성경이 가르치고 교회가 지켜야 할 이 시대 기독교의 성 윤리입니다.

기독교인만 읽는 책

차. 성의 목적과 결혼

　하나님께서 인간에게 성(性)을 주신 것은 단순히 육체적 즐거움을 누리게 하시기 위함이 아닙니다. 성은 하나님께서 창조하신 질서 안에서 남자와 여자가 한 몸을 이루고, 사랑과 생명을 나누며, 그분의 뜻을 세상 속에 드러내기 위한 신성한 은혜의 도구입니다. 성경은 "하나님이 자기 형상 곧 하나님의 형상대로 사람을 창조하시되 남자와 여자를 창조하시고, 그들에게 복을 주시며 생육하고 번성하라"(창세기 1:27-28)고 말씀하셨습니다. 이는 성이 단순한 본능이나 쾌락의 수단이 아니라, 생명을 잉태하고 가정을 이루게 하는 창조 질서의 일부임을 보여줍니다.

　하나님께서는 "이러므로 남자가 부모를 떠나 그의 아내와 합하여 둘이 한 몸을 이룰지로다"(창세기 2:24)라고 하셨고, 예수님께서도 "그런즉 이제 둘이 아니요 한 몸이니, 그러므로 하나님이 짝지어 주신 것을 사람이 나누지 못할지니라"(마태복음 19:6)라고 말씀하셨습니다. 결혼은 단순한 사회적 계약이 아니라, 하나님께서 친히 맺어 주신 언약입니다. 그러므로 결혼 안에서의 성은 거룩한 것이며, 결혼 밖에서의 성은 하나님께서 금하신 죄악입니다. 히브리서 13장 4절은 "모든 사람은 결혼을 귀히 여기고 침소를 더럽히지 말라"고 명령하십니다. 이는 부부의 연합이 하나님 앞에서 얼마나 고귀하고 거룩한 짓인지를 일깨워 줍니다.

성은 생명을 잉태하게 하고, 사랑을 구체적으로 표현하게 하며, 부부가 서로를 통해 하나님의 사랑을 배우도록 인도합니다. 결혼의 목적은 단지 후손을 낳는 것에 있지 않고, 남자와 여자가 서로를 통해 하나님의 사랑과 성품을 닮아 가는 데 있습니다. 남편은 아내를 그리스도께서 교회를 사랑하신 것처럼 사랑해야 하며, 아내는 남편을 주께 하듯 존중해야 합니다. 이것이 성경이 가르치는 부부 사랑의 본질이며, 가정을 통해 세상이 하나님의 사랑을 보게 하려는 하나님의 뜻입니다.

그러므로 결혼의 경계를 벗어난 모든 성행위, 즉 간음과 음란, 동성 간의 결합, 성적 타락은 모두 하나님께서 세우신 질서를 파괴하는 행위입니다. 성은 인간의 소유가 아니라 하나님의 선물이기에, 인간이 임의로 사용하거나 재해석할 수 없습니다. 하나님께서 주신 이 선물은 오직 부부의 언약 안에서

기독교인만 읽는 책

만 거룩함을 유지할 수 있습니다. 성을 경시하거나 왜곡하는 사회 속에서 그리스도인들이 결혼의 거룩함을 지켜 나간다면, 그것이 바로 하나님의 형상을 드러내는 그리스도인의 향기가 될 것입니다.

카. 헌신과 봉사

그리스도인의 헌신은 의무감이나 명예욕에서 비롯되지 않습니다. 그것은 하나님께 받은 사랑이 마음속에서 자발적으로 흘러나오는 자유로운 응답입니다. 성경은 "사랑은 율법의 완성이라"(롬 13:10)고 말씀합니다. 즉, 참된 사랑은 명령이나 강제에 의한 행위가 아니라, 내면의 자유에서 비롯된 결단입니다. 하나님께서 우리를 먼저 사랑하셨기에(요일 4:19) 그 사랑을 받은 사람은 다시 사랑하지 않을 수 없습니다. 그리스도인의 헌신과 봉사는 바로 이 사랑의 순환 속에서 이루어집니다. 그러므로 헌신은 억눌린 복종이 아니라, 하나님과 이웃을 향한 사랑의 자유로운 선택이며, 봉사는 희생이 아니라 사랑이 행동으로 나타난 결과입니다.

헌신은 멀리 있는 누군가를 위해서가 아니라, 지금 내 옆에 있는 사람을 위해 내 자리를 내어주는 일에서 시작됩니다. 가

기독교인만 읽는 책

정에서 부모가 자녀를 위해 인내하며 희생하는 것도, 직장에서 누군가의 실수를 감싸주며 대신 책임지는 것도, 교회에서 아무도 맡지 않으려는 일을 묵묵히 감당하는 것도 모두 헌신의 모습입니다. 봉사는 거창한 일이 아니라, 남보다 먼저 수고하고, 남의 어려움을 내 일처럼 품는 마음에서 시작됩니다. 한국 사회의 바쁜 일상 속에서, 시간을 떼어내어 아픈 이웃을 찾아가 위로하고, 외로운 노인을 위해 식사를 대접하며, 누군가의 삶을 조용히 돕는 그 마음이 바로 오늘의 '발을 씻겨 주는 예수님'의 행위입니다. 헌신은 곧 사랑을 일상의 구체적인 행동으로 옮기는 용기이며, 봉사는 하나님께 받은 은혜를 사람들에게 되돌려 주는 일입니다.

그리스도인의 봉사에는 반드시 '공로사상'의 유혹을 경계해야 합니다. 헌신과 봉사는 인간이 하나님께 무엇을 드려 상급을 얻는 거래가 아니라, 이미 받은 은혜에 대한 감사의 표현입니다. 예수께서 말씀하신 "하늘에서 너희 상이 크다"(마 5:12)는 말씀은 인간의 공로를 칭찬하신 것이 아니라, 하나님의 의를 위해 고난받는 자들에게 주어질 영원한 위로를 약속하신 것입니다. 즉, 상급은 '행위의 보상'이 아니라 '믿음의 결과'이며, 하나님께서 그분의 뜻대로 살려는 자들을 기억하시고 위로하신다는 약속입니다. 그러므로 봉사의 목적은 상급이 아니라 순종이며, 헌신의 동기는 보상이 아니라 사랑입니다. 하나님 앞에서의 헌신은 계산이 아닌 신앙의 열매이며, 이웃을 위한 봉사는 자랑이 아닌 감사의 증거입니다.

결국 헌신과 봉사는 사랑이 만들어 내는 자유의 실천입니다. 사랑이 없는 헌신은 의무가 되고, 자유 없는 봉사는 고통이 됩니다. 그러나 사랑 안에서 이루어지는 헌신은 자유를 낳고, 자유 안에서 행해지는 봉사는 기쁨을 낳습니다. 하나님께 헌신하는 사람은 결코 손해 보지 않습니다. 그 헌신은 더 큰 사랑과 더 깊은 평안으로 되돌아옵니다. 그리스도인은 세상의 명예를 위해 헌신하지 않으며, 사람의 칭찬을 위해 봉사하지 않습니다. 오직 하나님께 받은 사랑을 나누고자 하는 자유로운 마음으로 헌신하고 봉사합니다. 이러한 삶이야말로 세상을 변화시키는 힘이며, 하나님 나라의 질서를 세상 속에 드러내는 가장 아름다운 윤리의 완성입니다.

기독교인만 읽는 책

타. 맺음말

기독교인의 윤리는 단순한 도덕 규범이나 생활지침이 아닙니다. 그것은 하나님 앞에서 "어떻게 살아야 하는가"에 대한 근본적 질문에 대한 대답이며, 믿음이 삶으로 드러나는 실제적 순종입니다. 인간이 만든 윤리는 시대와 환경에 따라 달라지고 언제나 불완전하지만, 성경이 가르치는 윤리는 변하지 않습니다. 그 윤리는 하나님의 사랑과 공의에 뿌리를 두고 있으며, 모든 삶의 목적이 하나님께 영광을 돌리는 데 있다는 진리를 중심에 둡니다.

사람에 따라 "하나님께 영광"이라는 표현을 거부감 있게 들을 수도 있습니다. 그러나 인생의 목표가 자신을 위한 성공, 만족, 명예, 혹은 일시적 행복이라면, 결국 죽음 앞에서 그 모든 것은 의미를 잃습니다. 인간의 인생이 하나님께서 주신 목적과 연결되지 않는다면, 그 삶은 근본적 방향을 잃고 허무와 공허

속에 머무를 수밖에 없습니다. 그러므로 기독교인의 윤리는 세상과의 타협이나 자기 합리화가 아니라, 성경에 기록된 진리에 순종하는 가운데 세상을 새롭게 하는 능력으로 드러나야 합니다. 그리스도인은 세상의 흐름에 휩쓸리지 않고, 진리를 따라 세상을 밝히는 빛, 부패를 막아 내는 소금으로 부름받은 존재입니다.

또한 기독교인의 삶은 자유로워야 하지만, 그 자유는 방종이 아니라 책임을 포함합니다. 하나님께서 주신 자유는 타인을 위해 자신을 절제할 줄 아는 능력이요, 그 자유가 사랑으로 사용될 때 인간의 삶은 거룩해집니다. 사랑은 기독교 윤리의 중심이며, 이 사랑이 공의와 만나면 정의가 되고, 경건과 만나면 절제가 되며, 봉사와 만나면 헌신으로 나타납니다. 기독교인의 윤리는 바로 이러한 사랑의 질서를 통해 완성됩니다. 하나님을 사랑하기 때문에 이웃을 사랑하고, 자신을 절제하기 때문에 공동체가 세워지며, 받은 은혜를 나누기 때문에 세상이 치유됩니다. 이것이 성경이 말하는 윤리의 본질입니다.

오늘의 세상은 옳고 그름의 기준이 흐려지고, 인간의 욕망이 윤리를 대신하고 있습니다. 그러나 그리스도인은 그 혼란 속에서도 흔들리지 않고, 말씀을 기준으로 분별하며 살아야 합니다. 정의를 외치되 미움으로 싸우지 않고, 사랑을 말하되 진리를 잃지 않으며, 경건을 지키되 외식으로 흐르지 않는 삶—이

　　　　　　　　　　　　　기독교인만 읽는 책

것이 하나님께서 원하시는 윤리적 삶입니다. 신앙과 윤리가 분리될 때 교회는 세상 속에서 힘을 잃고, 그리스도인이 세속의 가치에 흔들릴 때 복음의 빛은 약해집니다. 그러므로 그리스도인은 일상의 자리에서, 가정과 직장과 사회에서, 말과 행동으로 진리를 드러내야 합니다. 어둠을 탓하기보다 자신이 먼저 빛이 되어야 하며, 세상의 부패를 비난하기보다 자신이 먼저 소금으로 그 부패를 막아야 합니다.

결국 기독교인의 윤리는 하나님 나라의 삶을 "오늘 여기서" 살아 내는 일입니다. 경건은 하나님과의 관계를 세우고, 절제는 자신을 다스리며, 봉사와 구제는 이웃을 살립니다. 이 세 가지가 하나로 어우러질 때 세상은 그리스도인의 삶을 통해 하나님을 보게 됩니다. 윤리는 신앙의 열매이며, 신앙 없는 윤리는 힘이 없고 윤리 없는 신앙은 죽은 믿음입니다. 그러므로 기독교인은 세상의 빛이 되고 소금이 되어야 합니다. 빛은 어둠을 밝히고, 소금은 생명을 보존합니다. 하나님께서는 바로 이러한 삶을 통해 세상을 새롭게 하시고 교회를 세우십니다. 이것이 "너희는 세상의 빛이라"(마 5:14), "너희는 세상의 소금이라"(마 5:13) 하신 말씀의 참된 의미이며, 기독교인이 이 땅에서 실천해야 할 하나님 나라 윤리의 핵심입니다.

제7부

기독교인의 인생관

가. 서문

"나는 누구인가, 왜 사는가, 그리고 어떻게 살아야 하는가?" 이 세 질문은 인생 전체를 관통하는 근본 물음입니다. 이 질문에 대하여 철학은 인간의 본질을 설명하려 했고, 과학은 생명의 기원을 찾으려 했지만, 그 어느 것도 인간 존재의 이유와 목적을 충분히 밝히지 못했습니다. 그러나 성경만이 분명히 대답합니다. 인간은 하나님의 형상으로 창조된 존재이며, 하나님 안에서만 인생의 이유와 의미를 발견할 수 있습니다. 그러므로 인생을 바르게 이해한다는 것은 곧 하나님이 나를 왜 창조하셨는가를 깨닫는 일이며, 이 인식이 바로 기독교인의 인생관의 출발점입니다.

기독교적 인생관은 인간을 자율적 존재로 보지 않습니다. 인간은 하나님께 속한 피조물로서, 그분의 뜻 안에서 비로소 자유를 얻습니다. 하나님은 인간을 세상의 주인으로 창조하신 것이 아니라, 세상의 모든 생명의 질서를 돌보는 청지기로 부르셨습니다. 따라서 인생의 목적은 자기실현이 아니라 하나님의 뜻을 실현하는 것이어야 합니다. 즉, 인간은 특히 기독교인은 하나님의 영광을 드러내기 위해 창조되었고, 그 영광을 삶으로 나타낼 책임을 부여받았습니다. "너희 빛이 사람 앞에 비치게 하여 너희 착한 행실을 보고 하늘에 계신 너희 아버지께 영광을 돌리게 하라"(마 5:16)는 말씀처럼, 우리의 삶은 하나님의 뜻을 세상에 비추는 통로가 되어야 합니다.

그렇다면 "어떻게 살아야 하는가?"라는 마지막 질문에 대한 성경의 대답은 분명합니다. 하나님의 백성으로 살고, 예수 그리스도의 제자로 살며, 성령의 동역자로 살아가는 것입니다. 하나님의 백성으로 산다는 것은 세상 속에서 거룩과 순결, 경건과 정직, 그리고 화평을 지키며 사는 것입니다. 그리스도의 제자로 산다는 것은 자기부인과 자기희생, 겸손과 온유, 헌신과 봉사의 삶을 실천하는 것입니다. 성령의 동역자로 산다는 것은 사랑과 긍휼, 인내와 용서, 관용의 열매를 맺는 삶을 의미합니다. 이 세 방향은 분리된 길이 아니라, 서로 얽혀 하나의 인생 여정을 이룹니다. 하나님을 믿는 사람의 삶은 단순히 '선하게 사는 삶'이 아니라, 하나님의 뜻을 이루기 위해 자신을 드리는 삶입니다.

결국 기독교인의 인생관은 "명철(明哲)의 삶"으로 요약됩니다.

명철이란 단순히 아는 것이 아니라, 하나님이 보여주신 진리를 깨닫고 그것을 삶으로 살아내는 지혜입니다. 인간은 지식으로 세상을 설명할 수 있지만, 명철이 없으면 방향을 잃습니다. 하나님을 아는 지식이 명철로 변할 때, 인생은 비로소 빛을 얻습니다. "여호와를 경외하는 것이 지식의 근본"(잠 1:7)이라는 말씀처럼, 하나님을 경외하는 마음에서 참된 인생의 의미가 시작됩니다.

그러므로 기독교인의 인생관은 단순한 윤리적 교훈이 아니라, 하나님과 함께, 하나님을 위해, 하나님 안에서 사는 인생을 지향합니다. 이 인생관 위에서 "나는 누구인가"의 질문은 존재의 뿌리를 밝히고, "나는 왜 사는가"의 질문은 목적을 세우며, "나는 어떻게 살아야 하는가"의 질문은 인생의 방향을 결정합니다. 이것이 하나님께서 기독교인에게 주신 인생의 길이며, 참된 행복과 영원한 생명을 향한 길입니다.

기독교인만 읽는 책

나. 나는 누구인가

1) 나는 하나님이 창조하신 인간이다

인간은 오랜 세월 동안 자신이 누구인지를 알기 위해 철학과 과학, 종교의 영역에서 수많은 대답을 시도해 왔습니다. 세속적인 관점에서 인간은 진화의 결과로 설명되며, 오랜 시간에 걸쳐 자연이 만들어 낸 생물학적 산물로 이해됩니다. 심리학은 인간을 환경과 경험의 집합체로 보고, 사회학은 인간을 사회 속 관계로 규정합니다. 철학은 인간을 '생각하는 존재' 혹은 '사회적 동물'로 정의하지만, 이 모든 설명은 인간의 본질을 물질과 이성의 차원에 머물게 합니다. 그러나 이러한 관점은 인간이 왜 존재하며, 무엇을 위해 살아야 하는가라는 근본적 질문에는 여전히 답하지 못합니다.

성경은 인간에 대한 완전히 다른 시각을 제시합니다. 인간은 우연히 태어난 존재가 아니라, 하나님의 뜻과 사랑 안에서 의도적으로 창조된 존재입니다. "하나님이 자기 형상대로 사람을 창조하시되"(창 1:27)라는 말씀은 인간의 기원이 하나님의 창조 행위에 있음을 분명히 밝힙니다. 인간은 단순한 생명체가 아니라, 하나님의 성품과 목적을 반영하도록 지음 받은 영적 존재입니다. 하나님께서는 인간에게 이성과 감정, 의지를 주셔서 세상을 다스리고 선하게 경영하도록 하셨습니다.

그러므로 인간의 존엄성은 능력이나 업적에서 비롯되는 것이 아니라, 하나님과의 관계에서 나옵니다. 하나님께 속한 존재로서 인간은 그분의 뜻을 따를 때 참된 자유를 얻고, 그분의 사랑 안에서 진정한 행복을 경험합니다. 인간은 자신이 하나님께 속한 존재임을 깨닫는 순간 비로소 '나는 누구인가'라는 질문의 실마리를 발견하게 됩니다. 하나님이 나를 창조하셨다는 사실은 나의 삶의 방향과 목적을 결정짓는 근원적인 진리입니다.

따라서 나는 스스로 존재하는 존재가 아니라, 하나님께서 사랑으로 지으신 피조물입니다. 나의 생명은 하나님의 계획 안에서 시작되었으며, 나의 모든 날은 그분의 섭리 속에 있습니다. 나는 이 세상에 속해 살지만, 나의 존재의 근원은 하나님 안에 있습니다. 그러므로 나의 삶은 하나님께 드려진 예배이며, 나의 존재 자체가 그분의 영광을 증거하는 통로입니다. 인간이 하나님을 떠날 때 혼란이 시작되지만, 하나님께 속할 때 인간은 본래의 자리를 되찾습니다.

2) 나는 본성이 타락하여 악한 인간이다

세상은 인간을 본래 선하다고 보기도 하고, 본래 악하다고 보기도 합니다. 세속 철학자들의 견해는 다양합니다. 루소는 인간이 본래 선하나 사회가 그를 타락시킨다고 했고, 홉스는 인간의 본성을 "만인의 투쟁 상태"라 정의했습니다. 아리스토텔레스는 인간이 선하지도 악하지도 않으며, 교육과 습관에 의해 형성된다고 주장했습니다. 프로이트는 인간을 무의식적 욕망에 지배된 존재로, 니체는 선과 악의 개념 자체가 권력의 산물이라고 말했습니다. 그러나 이런 사상들은 모두 인간의 본질을 상대화하고, 절대적인 도덕 기준을 부정함으로써 인간의 죄와 악의 근원을 명확히 설명하지 못했습니다.

성경은 인간의 본성을 분명히 진단합니다. "의인은 없나니 하나도 없으며"(롬 3:10), "모든 사람이 죄를 범하였으매 하나님의 영광에 이르지 못하더니"(롬 3:23)라고 말씀합니다. 인간은 본래 하나님의 형상으로 창조되었지만, 교만으로 인해 그분의 뜻을 거역하고 스스로 하나님이 되려 했습니다. 선악과를 따먹은 사건은 단순한 불순종이 아니라, 창조주와 피조물의 질서를 무너뜨린 반역이었습니다. 그때부터 인간은 하나님과의 관계가 끊어지고, 죄와 죽음의 지배 아래 놓이게 되었습니다.

나 또한 그 타락의 본성에서 벗어나지 못한 사람입니다. 겉으로는 선을 추구하는 듯하지만, 내면에는 교만과 탐욕, 미움과 두려움이 자리합니다. 하나님 없이 살아가려 했던 나의 자율이 곧 죄였습니다. 나는 선을 행하고자 하지만 그것을 온전히 이루지 못하고, 악을 미워하지만 여전히 악에 끌리는 존재임을 깨닫습니다. 인간은 자신의 힘으로 자신을 구원할 수 없습니다. 도덕적 교육이나 사회 제도는 인간의 겉모습을 바꿀 수는 있지만, 죄로 물든 내면을 근본적으로 변화시킬 수는 없습니다.

따라서 인간의 타락은 단순히 실수가 아니라 존재의 왜곡입니다. 세속 사상은 인간을 개선 가능한 존재로 보지만, 성경은 인간을 하나님의 은혜 없이는 결코 회복될 수 없는 존재로 규정합니다. 나는 스스로 선해질 수 없으며, 오직 하나님의 긍휼과 용서가 필요합니다. 이러한 절망의 인식이 바로 구원의 출발점입니다. 인간의 문제는 철학이나 제도로 해결되지 않으며, 오직 하나님의 은혜 안에서만 치유될 수 있습니다.

3) 나는 예수 그리스도를 믿음으로 하나님의 자녀가 된 사람이다

나는 하나님과 사람들 앞에서 그리스도의 향기가 된 기독교

기독교인만 읽는 책

인입니다. 이전에는 죄 가운데 살았으나, 하나님께서 베푸신 구속의 은총으로 예수 그리스도를 믿는 믿음 안에서 영생을 얻은 사람입니다. 비록 세상 속에 살지만, 나는 더 이상 세상에 속한 자가 아니라 하나님의 나라에 속한 사람입니다. 나의 구원은 인간의 노력으로 얻은 결과가 아니라, 하나님께서 값없이 주신 사랑의 선물입니다. 하나님께서는 나를 택하시고 그리스도 안에서 새 생명을 주셨으며, 그 사랑을 세상 가운데 드러내며 살게 하셨습니다.

이제 나는 나 자신을 위해 살지 않습니다. 내 삶의 중심에는 나를 위해 십자가에 달리신 예수 그리스도가 계십니다. 그분의 사랑이 나의 삶의 이유이며, 그 사랑이 내 안에서 나를 새롭게 빚어 갑니다. 나는 완전하지 않지만, 매일 회개하며 그리스도의 사랑으로 돌아갑니다. 회개는 단 한 번의 결단이 아니라, 매일의 순종입니다. 하나님은 나의 부족함을 아시면서도 나를 품으시고 포기하지 않으십니다. 그 사랑 안에서 나는 하나님의 자녀답게 살아가려 합니다.

하나님의 사랑을 받은 사람으로서, 나는 그 사랑을 세상 속에 전해야 합니다. 요한복음 3장 16절의 말씀—"하나님이 세상을 이처럼 사랑하사 독생자를 주셨으니"—은 나의 구원의 근거이자, 나의 삶의 방향입니다. 하나님께서 나를 사랑하셨으니, 나 또한 다른 사람을 사랑해야 합니다. 이웃을 용서하고, 약한 자를 돕고, 정직하게 살아가는 모든 행위가 하나님을 향한 사랑의 표현입니다. 사랑은 감정이 아니라 순종이며, 믿음은 그 순종을 통해 드러납니다.

성령께서 나를 인도하심으로, 나는 매일의 삶 속에서 하나님의 뜻을 깨닫고 그 뜻에 순종하며 살아갑니다. 세상의 유혹 속에서도 나는 하나님의 자녀라는 정체성을 잊지 않으며, 그 이름에 부끄럽지 않은 삶을 살기 원합니다. 그러므로 "나는 누구인가?"라는 물음에 대한 나의 대답은 분명합니다. 나는 하나님이 세상을 사랑하사 보내신 예수 그리스도를 믿음으로 구원받은 사람입니다. 나는 세상 속에 살지만 세상에 속하지 않고, 하나님의 뜻을 드러내기 위해 부름받은 사람입니다. 이 고백이 나의 존재의 중심이며, 요한복음 3장 16절의 말씀이 내 안에서 완성된 증거입니다.

다. 나는 왜 사는가

나는 하나님의 영광을 위해 살아갑니다. 이것이 제가 인생의 의미를 깨달은 결론이며, 성경이 가르치는 인간 존재의 목적입니다. 사람은 스스로 삶의 이유를 찾으려 하지만, 그 진정한 답은 언제나 창조주 하나님께 있습니다. 하나님께서는 저를 그분의 형상으로 지으시고, 그분의 뜻과 사랑을 세상 속에 드러내기 위해 이 땅에 보내셨습니다. 그러므로 저의 인생은 저 자신을 위한 여정이 아니라, 하나님께 영광을 돌리기 위한 여정입니다.

많은 사람들은 인생의 목적을 성공이나 행복, 혹은 쾌락에서 찾습니다. 세속적인 세상은 끊임없이 더 많은 성취와 소유를 추구하라고 말합니다. 그러나 성공은 순간적이며, 행복은 환경에 따라 흔들리고, 쾌락은 결국 끝없는 허무로 이어집니다. 인간 중심의 인생관은 결국 스스로 만든 기준 안에서 자신을 소모하게 만듭니다. 이런 이유로 세상은 수많은 지식을 쌓았지만, 여전히 "나는 왜 사는가?"라는 질문 앞에서는 침묵하고 있습니다.

그러나 성경은 분명히 말씀합니다. "이는 만물이 주에게서 나오고 주로 말미암고 주께로 돌아감이라"(로마서 11장 36절). 인간의 시작과 끝, 그리고 존재의 이유는 모두 하나님 안에 있습니다. 하나님께서는 인간을 그분의 뜻과 영광을 나타내기 위해 창조하셨으며, 인간은 그 뜻을 따라 살아갈 때에만 참된 자유와 평안을 누릴 수 있습니다. 인생의 목적은 자기실현이 아니라 하나님의 뜻의 실현이며, 그 길 위에서 사람은 비로소 참된 자신을 발견합니다.

그러므로 저는 하나님께서 주신 생명을 그분의 영광을 드러내는 데 사용하고자 합니다. 저의 재능과 시간, 물질과 관계는 모두 하나님께서 주신 선물이기에, 이를 통해 하나님의 사랑을 증거하며 살아가야 합니다. 제가 숨 쉬는 이유, 일하고 배우는 이유, 사랑하고 섬기는 이유는 오직 하나—하나님을 영화롭게 하기 위함입니다. 이것이 저의 인생의 목적이며, 모든 그리스도인이 따라야 할 삶의 방향입니다. 인생의 참된 의미는 하나님께 영광을 돌릴 때 비로소 완성됩니다.

기독교인만 읽는 책

1) 그리스도인은 하나님의 백성으로 살아야 한다

그리스도인의 삶은 창조주 하나님을 믿는 믿음에서 시작됩니다. 우리가 섬기는 여호와 하나님은 우주와 그 안의 모든 만물을 지으신 천지만물의 주재이시며, 인간의 손으로 만든 성전 안에 갇혀 계신 분이 아닙니다. 하나님은 스스로 충만하신 분이시며, 인간이 무엇을 더해야 완전해지시는 분이 아닙니다. 오히려 인간이 하나님을 섬길 때 비로소 자신이 누구이며 왜 존재하는지를 깨닫게 됩니다. 사도 바울은 "하나님은 모든 사람에게 생명과 호흡과 만물을 주시며, 그들의 시대와 거주의 경계를 정하셨다"(행 17:24-26)고 말했습니다. 인간은 그분 안에서 살며, 움직이며, 존재합니다(행 17:28). 그러므로 그리스도인의 믿음은 단순한 종교적 신념이 아니라, 창조주 하나님께 전 존재를 의탁하고 그 뜻에 순종하는 삶입니다.

하나님의 백성으로 산다는 것은 하나님과 동행하며 그분을 기뻐하는 삶을 사는 것입니다. 인간의 인생 목적은 자기완성이나 세속적 성공이 아니라, 하나님과의 관계 속에서 거룩함을 이루는 데 있습니다. 하나님은 "너희는 거룩하라, 이는 내가 거룩함이니라"(레 11:45)고 명령하셨습니다. 그러므로 그리스도인은 마음과 뜻과 힘을 다하여 하나님을 사랑해야 하며, 그 사랑은 단순한 감정적 경건이 아니라 하나님의 말씀에 순종하는 행위로 드러나야 합니다. 참된 신앙은 지식이나 형식에 머물지 않고, 하나님의 뜻을 실천하는 삶 속에서 완성됩니다.

하나님의 백성은 세상 속에서도 구별된 존재로 살아야 합니다. 거룩함은 세상을 떠나는 고립이 아니라, 세상 한가운데서 하나님의 뜻을 이루는 구별된 삶입니다. 그리스도인은 순결하고 경건한 마음으로 살며, 언제나 정직을 지키고 불의와 타협하지 않으며, 모든 사람과 더불어 화평을 이루어야 합니다. 세상은 불의와 타락으로 가득하지만, 하나님의 백성은 그 안에서 진리의 등불이 되어야 합니다. 정직과 화평, 사랑과 절제의 삶은 하나님께 속한 자가 세상 속에서 드러내야 할 거룩한 표지입니다.

결국 하나님의 백성으로 산다는 것은 하나님께 속한 자로서 세상 속에서 하나님을 드러내는 삶을 의미합니다. 우리의 존재 이유는 하나님을 영화롭게 하고 그분의 뜻을 이루는 데 있습니다. 그러므로 그리스도인은 세속의 가치에 흔들리지 않고 말씀의 기준에 따라 생각하고 판단하며 행동해야 합니다. 거룩과 순결, 경건과 정직, 그리고 화평의 열매를 맺는 삶이 바로 하나님의 백성의 삶입니다. 하나님은 자신을 믿는 자들의 거룩한 삶을 통해 세상을 새롭게 하시며, 그들을 통하여 영광을 받으십니다. 그러므로 그리스도인은 단지 하나님을 믿는 자가 아니라, 하나님의 성품을 드러내며 그분의 뜻을 이루는 사람으로

기독교인만 읽는 책

살아가야 합니다. 이것이 곧 "하나님의 백성으로 산다"는 말의 참된 의미이며, 인생의 가장 거룩한 부르심입니다.

2) 그리스도인은 예수 그리스도의 제자로 살아야 한다

그리스도인의 삶은 단순한 종교적 행위나 의식의 반복이 아니라, 예수 그리스도를 따르는 제자의 삶으로 부름받은 여정입니다. 하나님과 연합된 사람의 마음에는 언제나 그리스도의 사랑이 타오르며, 그 사랑은 하나님을 향한 열정과 순종으로 드러납니다. 그러므로 제자된 삶이란 하나님을 사랑하고 이웃을 사랑하며, 복음의 진리를 일상 속에서 실천하는 삶입니다.

예수 그리스도의 제자는 자기중심적인 사고를 버리고, 오직 말씀에 순종하며, 세상 속에서 하나님의 뜻을 이루는 사람입니다. 주님께서 친히 가르치신 대로 자기를 부인하고 자기 십자가를 지며, 겸손과 온유로 사람을 대하고, 사랑의 마음으로 헌신과 봉사를 실천하는 사람이 바로 참된 제자입니다. 제자도의 본질은 단순한 지식이나 감정이 아니라, 말씀을 따라 살아 내는 순종의 실천에 있습니다.

그러나 이 제자의 길은 결코 쉽지 않습니다. 세상은 여전히 자기중심적 가치와 쾌락을 추구하지만, 제자는 자신을 낮추고 희생하며, 그리스도의 본을 따라 살아갑니다. 이 길은 때로 고난의 길이지만 동시에 가장 복된 길입니다. 왜냐하면 그 길 위에서만 참된 평강과 자유, 그리고 하나님의 임재를 경험할 수 있기 때문입니다. 예수 그리스도를 따르는 삶은 세상의 영광이 아니라 하나님 나라의 영광을 바라보는 길이며, 그 안에서 인간은 비로소 참된 기쁨을 누립니다.

따라서 예수 그리스도의 제자로 산다는 것은 단순히 신앙의 직분이나 종교적 정체성을 의미하지 않습니다. 그것은 하나님께 영광을 돌리고 세상 속에서 그리스도의 향기를 드러내는 삶의 태도입니다. 제자는 말로만 복음을 전하는 사람이 아니라, 행동으로 복음을 증거하는 사람입니다. 하나님께서는 그리스도의 제자로 부름받은 우리를 세상의 빛과 소금으로 세우셨으며, 그 삶을 통해 하나님 나라를 이 땅 위에 확장하게 하십니다. 제자로 산다는 것은 곧 그리스도의 뜻을 따르며, 그분의 삶을 본받아 하나님의 영광을 드러내는 일입니다.

3) 그리스도인은 성령의 동역자로 살아야 한다

그리스도인은 성령의 동역자로 살아야 합니다. 성령님은 하나님의 뜻을 통달하시는 삼위일체 하나님의 한 위격이시며, 우리의 내면에서 영적 변화를 이루시는 분이십니다. 무엇보다 우리가 명심해야 할 것은, 성경이 바로 성령의 감동으로 기록된

기독교인만 읽는 책

하나님의 말씀이라는 사실입니다(딤후 3:16). 구약은 성부 하나님의 뜻을, 신약의 복음서는 성자 예수 그리스도의 가르침을, 그리고 서신서와 요한계시록은 성령께서 사도들을 통하여 밝히 드러내신 하나님의 뜻과 역사를 가르칩니다. 그러므로 성경은 삼위일체 하나님의 진리와 교훈이 성령의 감동으로 기록된 완전한 계시이며, 우리가 성령과 동행하는 삶의 기준이 되는 말씀입니다.

성령의 사역은 단순한 감정적 체험이나 신비한 현상에 머무르지 않습니다. 사도행전 이후의 모든 신앙의 역사와 증거는 성령의 감동으로 이루어진 것이며, 그분은 지금도 그리스도께서 재림하실 때까지 우리 안에 거하시며 인도하십니다(행 2:4). 성령께서는 우리의 생각과 행동을 진리 안에서 바로잡으시고, 하나님께서 주신 인격적 성품이 선하게 발휘되도록 이끄십니다. 또한 말씀을 통하여 우리가 무엇을 생각하고 어떻게 살아야 하는지를 깨닫게 하시며, 우리가 기도할 바를 알지 못할 때에는 말할 수 없는 탄식으로 친히 우리를 위하여 간구하십니다(롬 8:26-27).

성령과 동행하는 삶은 하나님의 백성으로서의 인격을 드러내는 삶입니다. 성령께서 주시는 긍휼과 자비, 겸손과 온유, 그리고 오래 참음의 마음은 그리스도인의 내면에서 열매로 나타나야 합니다. 우리는 서로의 허물을 용납하고, 주께서 우리를 용서하신 것처럼 서로를 용서해야 합니다(골 3:13). 이러한 삶은 단순한 인간적 인내나 도덕적 절제가 아니라, 성령께서 내면에서 이루시는 하나님의 성품의 역사입니다. 성령은 우리의 마음을 새롭게 하시며, 인간적인 분노와 불평 대신 평화와 감사의 영을 심어 주십니다.

따라서 성령의 동역자로 산다는 것은 단순히 성령의 도움을 받는 차원이 아니라, 성령의 뜻에 순종하며 그분의 사역에 참여하는 삶을 의미합니다. 성령과 함께 사는 사람은 자신의 뜻보다 하나님의 뜻을 앞세우며, 자신의 영광보다 하나님의 영광을 구합니다. 그리스도의 향기를 드러내는 삶은 성령의 동행과 협력에서 비롯됩니다. 우리가 성령께서 주시는 사랑과 인내, 그리고 지혜로 세상을 대할 때, 그 안에서 하나님 나라는 확장되고 우리의 삶은 참된 평강으로 충만하게 됩니다.

라. 나는 어떻게 살아야 하는가

　인간은 누구나 "나는 어떻게 살아야 하는가?"라는 질문 앞에 서게 됩니다. 세상은 성공, 행복, 자유, 혹은 자기실현을 인생의 목표라 말하지만, 그 기준들은 끊임없이 바뀌고 흔들립니다. 그러나 성경은 변하지 않는 답을 제시합니다. 하나님께서는 이미 우리에게 삶의 표준을 주셨습니다. 그것이 바로 십계명, 곧 하나님과 이웃 앞에서 어떻게 살아야 하는지를 가르치는 하나님의 도덕법입니다.

　십계명은 단순한 종교적 규범이나 옛 율법이 아닙니다. 그것은 하나님의 뜻에 따라 살아야 하는 인간 존재의 길잡이이며, 모든 도덕과 신앙의 근원이 되는 말씀입니다. 하나님께서는 이 계명을 통하여 인간에게 두 가지 방향을 제시하셨습니다. 하나는 하나님과의 관계 속에서 거룩하게 사는 길이며, 다른 하나는 사람과의 관계 속에서 사랑과 정의를 실천하는 길입니다. 그러므로 그리스도인의 삶은 이 두 축 위에서 세워져야 합니다.

하나님께 대한 사랑은 거룩하게 사는 삶으로 나타나야 하고, 사람에 대한 사랑은 부끄럽지 않게, 그리고 좋은 이웃으로 사는 삶으로 드러나야 합니다. 하나님께 속한 사람은 세상 속에서 그분의 거룩함을 드러내고, 이웃과의 관계 속에서는 정직과 사랑으로 그분의 성품을 증거해야 합니다. 이러한 삶은 단순히 윤리적 선행이나 종교적 의무가 아니라, 하나님께 받은 생명에 대한 감사의 응답이며, 구원받은 자가 마땅히 걸어야 할 믿음의 길입니다.

그러므로 "나는 어떻게 살아야 하는가?"라는 물음에 대한 성경의 대답은 분명합니다. 하나님의 백성으로서 거룩하게 살고, 하나님 앞에서 부끄럽지 않게 살며, 이웃과 더불어 선하게 살아가는 것, 곧 예수 그리스도의 강령에 순종하는 삶이 참된 그리스도인의 길입니다. 이것이 하나님께서 십계명을 통하여 우리에게 가르치신 삶의 원리이며, 그리스도인의 인생을 비추는 변함없는 등불입니다.

1) 그리스도인은 거룩하게 살아야 한다

그리스도인은 거룩하고 경건하게 살아야 합니다. 그리스도인이라는 이름은 단순히 종교적 정체성을 나타내는 호칭이 아니라, 그 삶 전체가 예수 그리스도의 복음을 따르고 본받는 자

기독교인만 읽는 책

로서 살아야 함을 의미합니다. 참된 그리스도인의 삶은 진리를 아는 데서 멈추지 않고, 그 진리에 기초한 가치를 실천함으로써 구체적으로 드러나야 합니다. 그러므로 성경적 세계관은 올바른 '앎'에서 출발하여 '삶의 열매'로 완성되어야 하며, 그 열매는 곧 거룩함과 순결함, 그리고 정직함으로 나타납니다. 이러한 삶의 중심에는 십계명의 제1계명부터 제4계명에 담긴 하나님의 뜻, 곧 하나님을 사랑하고 경외하며 섬기라는 명백한 명령이 자리하고 있습니다. 다시 말해, 그리스도인답게 산다는 것은 하나님을 향한 사랑과 예배로부터 시작되며, 하나님의 주권을 인정하고 그 이름을 높이며 그날을 거룩히 지키는 삶으로 드러나야 합니다.

그러므로 그리스도인은 하나님만을 경배하는 삶을 살아야 합니다. 하나님께서 그의 백성을 향해 가장 먼저 요구하신 삶의 태도는 거룩함입니다. "내가 거룩하니 너희도 거룩하라"(레 11:45)는 말씀은 선택받은 자로서의 정체성과 삶의 방향을 분명히 보여 줍니다. 이 거룩함은 십계명의 제1계명, "너는 나 외에는 다른 신들을 네게 두지 말라"는 명령에 대한 철저한 순종으로 드러납니다. 하나님만이 유일한 주권자이시며, 그 외의 어떤 피조물도 경배의 대상이 될 수 없다는 믿음이 거룩한 삶의 출발점입니다. 또한 "너를 위하여 어떤 형상도 만들지 말라"(출 20:4)는 제2계명의 명령에 따라, 하나님을 눈에 보이는 형상으로 왜곡하지 않고 말씀 그대로 순종하는 신앙이 거룩함의 기초가 됩니다. 인간이 만들어 낸 종교적 형식이나 신비주의적 감정이 아니라, 오직 하나님의 말씀에 근거한 믿음이 진정한 거룩함을 이끌어갑니다.

거룩한 삶은 예배드리는 삶으로 구체화됩니다. "너는 너의 하나님 여호와의 이름을 망령되이 일컫지 말라"(출 20:7)는 제3계명은 하나님을 존귀히 여기며 경외함으로 그분 앞에 서야 함을 가르칩니다. 삶 전체가 하나님께 드려진 예배가 되어야 하며, 그어떤 순간에도 하나님의 이름을 가볍게 여기지 않고 존귀와 경배의 마음으로 살아가는 것이 거룩한 자의 삶입니다. 더 나아가 "안식일을 기억하여 거룩히 지키라"(출 20:8)는 제4계명은 주일을 세상의 일과 구별하여 하나님의 날로 거룩히 구별하라는 명령입니다. 주일을 지킨다는 것은 단지 하루의 쉼을 의미하는 것이 아니라, 삶 전체가 하나님께 속해 있음을 고백하는 신앙의 행위입니다. 사도 바울은 이것을 "너희 몸을 하나님이 기뻐하시는 거룩한 산 제물로 드리라"(롬 12:1)고 표현했습니다. 그러므로 거룩한 삶은 예배에서 시작되어 일상으로 흘러가며, 그리스도인의 삶전체가 하나님을 경배하는 향기가 되어야 합니다.

그리고 그리스도인은 순결한 삶을 살아야 합니다. 그리스도인의 순결은 육체와 영혼의 정결함을 의미하며, 외면의 거룩함뿐 아니라 내면의 순결을 요구받습니다. 순결은 하나님의 거

기독교인만 읽는 책

룩한 이름을 더럽히지 않고, 모든 삶에서 하나님의 영광을 위해 자신을 구별하는 자세로 드러납니다. 여기에는 육체의 순결과 영적인 순결이 모두 포함됩니다. 육체의 순결은 '육체의 일들'(갈 5:19-21), 곧 음행과 방탕, 우상숭배, 술 취함과 같은 행위를 버리는 데서 나타납니다. 이러한 죄악은 하나님의 성전인 우리의 몸을 더럽히는 것이며, 하나님께 드려지는 예배를 훼손하는 행위입니다. 반대로 성령의 열매인 사랑과 화평, 절제, 자비로 살아갈 때 비로소 육체의 순결이 지켜집니다.

영적인 순결은 하나님 외에 어떤 것도 신뢰하거나 경배하지 않는 태도에서 드러납니다. 관상, 점, 부적, 운세, 무속 등은 하나님만을 섬기라는 제1계명을 정면으로 거스르는 행위이며, 하나님의 진노를 불러오는 심각한 죄입니다. 한국 사회의 전통 문화에는 이러한 우상숭배적 관습이 여전히 남아 있으나, 성경은 하나님의 백성이 반드시 세상과 구별되어 영적 순결을 지켜야 한다고 가르칩니다. 하나님을 사랑한다는 고백은 타협 없는 헌신과 순종으로 드러나야 하며, 하나님 외의 어떤 대상을 경배하지 않는 배타적 신앙이야말로 진정한 순결함입니다.

또한 그리스도인은 하나님과 이웃, 그리고 자신 앞에서 정직하게 살아야 합니다. 정직함은 신앙의 진정성을 드러내는 윤리적 실천입니다. 정직한 자는 하나님을 속이지 않고, 이웃을 속이지 않으며, 자기 양심을 속이지 않습니다. "너는 여호와의 이름을 망령되이 일컫지 말라"(출 20:7)는 말씀은 단지 말의 문제가 아니라, 삶 전체를 하나님의 이름에 합당하게 살라는 명령입니다. 정직하지 않은 말과 행위는 하나님의 이름을 욕되게 하며, 신앙의 권위를 무너뜨립니다. 그러므로 그리스도인은 말과 행동이 하나 되어야 하며, 하나님 앞에서 투명한 삶을 살아야 합니다. 정직은 일상의 모든 영역에 적용되어야 합니다. 예배의 헌신, 상거래의 공정함, 권력의 사용, 재산의 분배, 이웃에 대한 공의—이 모두가 하나님 앞에서의 정직을 드러내는 자리입니다. 잠언은 "구제를 좋아하는 자는 풍족하게 되리라"(잠 11:25)고 가르치며, 예수님께서는 "지극히 작은 자 하나에게 한 것이 곧 내게 한 것"(마 25:40)이라고 말씀하셨습니다. 정직한 자는 반드시 나누는 자이며, 자기 유익보다 하나님의 영광과 이웃의 유익을 앞세우는 사람입니다. 이러한 정직은 단순한 도덕적 성실이 아니라, 하나님의 성품을 닮아가는 영적 열매입니다.

결론적으로 그리스도인의 그리스도인다운 삶이란 하나님을 사랑하고 이웃을 사랑하는 삶을 말합니다. 그리스도인은 단지 이름으로 불리는 존재가 아니라, 실제로 그리스도를 따르는 사람이어야 합니다. 십계명의 제1계명부터 제4계명은 하나님을 사랑하라는 명령이며, 제5계명부터 제10계명은 이웃을 사랑하라는 명령입니다. 결국 그리스도인의 삶은 하나님 사랑과 이웃 사랑의 조화를 통해 완성됩니다. 하나님을 사랑하지 않고는 이웃을 바르게 사랑할 수 없으며, 하나님을 경외하지 않고는 참된 거룩과 순결, 그리고 정직의 삶을 이어갈 수 없습니다. 그리스도인의 모든 삶은 하나님 앞에서의 예배입니다. 그 예배는 거룩한 삶으로, 순결한 행동으로, 정직한 열매로 드러나야 합니다. 하나님 앞에서, 가족과 이웃 앞에서 부끄럽지 않게 살며, 예수 그리스도의 향기를 풍기는 성숙한 신앙인의 삶을 살아가야 합니다. 이것이 곧 하나님을 사랑하고, 그 사랑으로 세상을 살아가는 참된 그리스도인의 인생입니다.

2) 그리스도인은 부끄럽지 않게 살아야 한다

그리스도인은 부끄럽지 않게 살아야 합니다. 그리스도인은 하나님 앞에서, 이웃 앞에서, 그리고 자기 양심 앞에서 부끄럽지 않게 살아야 합니다. 하나님을 믿는다는 고백은 단순히 종교적 정체성을 드러내는 선언이 아니라, 그 고백이 일상의 삶 속에서 어떻게 드러나는지를 묻는 신앙의 실천이기 때문입니다. 진실로 하나님을 믿는 사람이라면, 자신에게 부끄럽지 않고 가족과 이웃 앞에서 떳떳하며, 하나님을 우러러 부끄러움이 없는 삶을 살아야 합니다. 따라서 '부끄럽지 않게 산다'는 것은 단순한 도덕적 완전함을 말하는 것이 아니라, 하나님 앞에서 정직하고 성경의 말씀에 순종하며 살아가는 신앙인의 본질이자 도덕적 정체성입니다.

하나님은 인간에게 도덕적인 삶을 명령하셨으며, 그 기준은 성경 속 하나님의 율법, 곧 십계명 안에 분명히 제시되어 있습니다. 그중 제5계명부터 제7계명까지는 인간 내면의 정직성과 삶의 태도를 다루며, 그리스도인이 누구 앞에서 어떻게 살아야 하는지를 구체적으로 가르쳐 줍니다. 제5계명은 부모 앞에서 부끄럽지 않게 실라는 명령이고, 제6계명은 하나님 앞에서 부끄럽지 않게 살라는 명령이며, 제7계명은 가족 앞에서 부끄럽지 않게 살라는 명령입니다. 이 세 계명은 시대와 문화를 초월하여 오늘의 그리스도인에게도 유효한 하나님의 도덕률이며, 하나님 백성이 반드시 따라야 할 생활의 표준입니다.

먼저 제5계명, "네 부모를 공경하라"(출 20:12)는 말씀은 단순한 효도의 명령이 아니라, 하나님이 세우신 질서와 권위에 대한 순종을 뜻합니다. 부모는 하나님의 창조 질서 안에서 자녀의 생명을 잇게 하신 통로이며, 그 관계 속에는 생명과 사랑, 책임과 순종의 신성한 연대가 존재합니다. 부모가 자녀를 사랑으로 양육하고, 자녀가 부모를 공경과 존경으로 섬길 때, 가정은 하나님이 기뻐하시는 질서와 화평을 이루게 됩니다. 반대로 부모를 멸시하고 권위를 무시하는 사회는 스스로 파멸을 자초합니다. 하나님은 부모를 공경하는 자에게는 장수와 평안을 약속하시지만, 부모를 업신여기는 자에게는 심판을 경고하셨습니다. 그러므로

기독교인만 읽는 책

부모를 공경하는 삶은 단순한 도덕이 아니라, 하나님께 대한 신앙의 순종이며 부끄럽지 않은 삶의 첫걸음입니다.

제6계명, "살인하지 말라"(출 20:13)는 단순히 육체적 살인을 금지하는 말씀만이 아닙니다. 하나님께서는 인간의 생명을 당신의 형상으로 지으셨기에, 모든 형태의 생명 경시를 금하십니다. 타인의 생명을 직접 빼앗는 행위뿐 아니라, 인격을 짓밟거나 명예를 훼손하고, 미움과 분노로 마음속에서 사람을 죽이는 행위도 살인에 해당합니다. 또한 인간의 탐욕으로 인해 환경을 파괴하거나 약자를 착취하는 일, 불량식품과 유해 물질을 생산하여 타인의 건강을 해치는 일 등도 하나님 앞에서는 생명 경시의 죄악입니다. 하나님 앞에서 부끄럽지 않게 산다는 것은 단순히 죄를 피하는 것이 아니라, 생명을 존중하고 살리는 방향으로 행동하는 것입니다. 그리스도인은 생명의 주권자이신 하나님을 두려워하며, 생명을 지키는 일에 적극적으로 헌신해야 합니다.

마지막으로 제7계명, "간음하지 말라"(출 20:14)는 인간의 성적 순결과 가정의 거룩함을 지키라는 명령입니다. 성은 하나님께서 남자와 여자를 창조하시고 결혼 안에서 사랑과 생명을 나누도록 주신 거룩한 은총입니다. 그러나 인간은 이 거룩한 선물을 왜곡하여 음란과 쾌락의 수단으로 바꾸었습니다. 오늘날 사회는 동성 간의 관계와 혼외 성행위, 음란한 문화와 성적 왜곡을 인권과 자유라는 이름으로 포장하지만, 성경은 분명히 말씀합니다. 하나님은 타락한 인간의 성적 욕망을 인권으로 인정하지 않으시며, 하나님이 정하신 자연의 법칙과 질서를 거스르는 인간의 왜곡된 욕망은 하나님의 심판을 피할 수 없습니다. 그러므로 그리스도인은 성적으로 순결하며, 악은 모양이라도 버리고, 거룩함을 삶의 중심에 두어야 합니다.

결국 그리스도인이 부끄럽지 않게 산다는 것은 세상의 기준에 맞추어 사는 것이 아니라, 하나님의 말씀을 따라 정직하게 사는 것입니다. 부모 앞에서, 하나님 앞에서, 그리고 가족과 이웃 앞에서 부끄럽지 않은 사람으로 살아가는 것이 참된 신앙의 모습입니다. 이러한 삶은 단지 개인의 도덕이 아니라, 하나님 나라의 질서를 세상 속에 드러내는 증언이 됩니다. 그리스도인이 성경의 말씀을 따라 부끄럽지 않은 삶을 살 때, 세상은 교회를 신뢰하게 되고, 신앙은 다시 세상 속에서 빛을 발하게 될 것입니다. 부끄럽지 않은 삶은 모든 사람에게 주어지는 길이 아닙니다. 그러나 하나님을 경외하며 그분의 말씀을 두려워하는 사람에게는 반드시 허락되는 길이며, 그것이 바로 하나님께서 기뻐하시는 복된 인생의 길입니다.

3) 그리스도인은 좋은 이웃으로 살아야 한다

그리스도인은 좋은 이웃으로 살아야 합니다. 하나님을 믿는

기독교인만 읽는 책

그리스도인은 하루하루를 어떻게 살아야 하는가를 늘 묻고, 말씀을 따라 바르게 살기를 소망합니다. 그러나 세상은 언제나 우리를 다른 방향으로 끌어가며, 우리의 마음은 자주 흔들립니다. 그런 우리에게 하나님께서 바라시는 삶의 방식은 멀리 있지 않습니다. 그것은 단순하면서도 분명한 명령입니다. 바로 "좋은 이웃이 되어라"는 말씀입니다. 하나님은 우리가 이웃을 향해 따뜻한 마음을 품고 사랑으로 대하며, 서로를 존중하며 살아가기를 원하십니다. 이것은 단순한 인간관계의 조언이나 도덕적 권면이 아니라, 하나님께서 직접 명하신 삶의 법칙입니다. 십계명 가운데 절반이 인간과의 관계에 관한 계명으로 구성되어 있다는 사실은, 하나님이 이 문제를 얼마나 중요하게 여기시는지를 잘 보여 줍니다.

하나님은 "도둑질하지 말라", "거짓 증거하지 말라", "이웃의 것을 탐내지 말라"(출 20:15-17)고 말씀하셨습니다. 그러나 이 계명들은 단순히 '하지 말라'는 금지의 명령이 아니라, 이웃을 향한 올바른 마음의 태도와 행동을 가르치는 교훈입니다. 먼저, 하나님은 남의 것을 빼앗지 말라고 하셨을 뿐 아니라, 우리에게 주어진 것을 기꺼이 나누라고 하셨습니다. 하나님께서 주신 모든 것은 나 혼자만을 위한 것이 아니라, 누군가와 함께 나누도록 맡기신 것입니다. 내 손에 있는 작은 것이라도 누군가에게는 생명이 될 수 있습니다. 어려운 이웃에게 밥 한 끼를 나누고, 마음의 문을 열어 따뜻한 말을 건네는 일, 그것이 바로 하나님을 기쁘시게 하는 참된 경건입니다. 하나님께서 원하시는 것은 나의 소유가 아니라, 나누려는 마음이며, 그 마음 안에서 우리는 하나님의 사랑을 드러냅니다.

또한 하나님은 거짓말로 이웃을 해치지 말라고 하셨습니다. 말은 사람을 살릴 수도 있고 죽일 수도 있는 강력한 힘을 가집니다. 우리의 언어는 하나님께서 주신 도구이기에, 진실을 말하고 사랑을 전하는 데 사용되어야 합니다. 그러나 오늘날의 사회는 익명성과 비대면의 소통 속에서 쉽게 비난하고 조롱하며, 이웃의 마음을 상하게 하는 말이 넘쳐납니다. 하나님은 이런 시대 속에서도 우리가 말의 책임을 기억하기를 원하십니다. 그리스도인의 말은 진실해야 하며, 거짓으로 사람을 해치지 않아야 합니다. 비판보다 이해를, 조롱보다 위로를, 냉소보다 격려를 선택할 때, 우리는 누군가의 상처를 치유하는 좋은 이웃이 될 수 있습니다.

더불어 하나님은 "이웃의 것을 탐내지 말라"고 명하셨습니다. 탐심은 이웃과의 관계를 깨뜨리는 근본적인 죄이며, 모든 불화의 뿌리입니다. 하나님께서 주신 것에 감사하지 못하고, 남이 가진 것을 부러워하고 빼앗으려는 마음은 결국 자신을 파괴합니다. 그러나 성경은 우리에게 이웃의 복을 시기하지 말고, 오히려 축복하라고 가르칩니다. "함께 즐거워하고 함께 울

기독교인만 읽는 책

라"(롬 12:15)는 말씀처럼, 이웃의 기쁨을 함께 기뻐하고, 그의 슬픔을 함께 짊어질 때, 우리의 마음속에는 참된 평안이 자리 잡습니다. 탐심을 버린 사람만이 진정으로 감사할 수 있고, 감사하는 사람만이 평화를 누릴 수 있습니다.

결국 좋은 이웃으로 산다는 것은 단순히 도덕적으로 착하게 사는 것을 의미하지 않습니다. 그것은 하나님께서 우리에게 맡기신 이웃 사랑의 계명을 삶으로 실천하는 것입니다. 정직하게 살고, 따뜻한 말을 하며, 남을 시기하지 않고, 자신이 가진 것을 기꺼이 나누는 삶, 그것이 하나님께서 기뻐하시는 이웃의 모습입니다. 물론 이 일은 인간의 결심과 노력만으로는 완전하게 이룰 수 없습니다. 그러나 성령께서 우리 안에 역사하시고, 하나님의 말씀이 우리의 마음을 지배할 때, 우리는 반드시 그런 삶을 살아갈 수 있습니다. 하나님은 우리가 세상에서 단지 성공하거나 남보다 앞서기를 바라지 않으십니다. 하나님은 우리가 서로 사랑하며 살아가기를 원하십니다. "네 이웃을 네 자신과 같이 사랑하라"(마 22:39)는 말씀은 곧 "하나님을 사랑하는 사람은 반드시 이웃을 사랑하게 된다"는 뜻입니다. 내가 좋은 이웃이 될 때, 나의 삶도 복되고 아름다워지며, 나를 통해 이웃은 하나님을 만나게 될 것입니다.

마. 그리스도인의 인생 목표는 무엇인가

그리스도인의 인생 목표는 단순히 선하게 살거나, 자신의 행복을 추구하는 데 있지 않습니다. 그것은 하나님의 뜻을 이루며 그분의 영광을 드러내는 삶입니다. 하나님께서는 인간을 창조하실 때부터 분명한 목적을 두셨습니다. 그 목적은 성경을 통해 세 가지 명령으로 우리에게 주어졌습니다. 그것이 바로 하나님의 창조명령, 그리스도의 강령, 그리고 그리스도의 지상명령입니다. 이 세 명령은 시대와 상황은 다르지만, 모두 하나님의 나라를 세상 속에 실현하기 위한 하나님의 뜻입니다. 그러므로 그리스도인의 인생 목표는 이 세 명령을 따라 살아감으로써 하나님의 영광을 드러내는 데 있습니다.

1) 그리스도인은 하나님의 창조명령을 수행해야 한다

하나님은 인간을 창조하시며 "생육하고 번성하여 땅에 충만하라. 땅을 정복하라. 바다의 고기와 공중의 새와 땅의 모든 생물을 다스리라"(창 1:28)고 명하셨습니다. 이것이 바로 창조명령입니다. 이 명령은 인간이 스스로를 주인으로 삼아 세상을 마음대로 다스리라는 뜻이 아니라, 하나님께서 창조하신 세상을 하나님의 뜻에 따라 선하게 관리하라는 뜻입니다. 인간은 세상의 주인이 아니라 청지기로 부름받았으며, 하나님께서 맡기신 세상을 보존하고 발전시키는 사명을 지녔습니다.

창조명령은 인간의 노동과 문화 활동, 사회적 책임 모두에 적용됩니다. 하나님께서는 인간에게 능력과 지혜를 주셔서 자연과 사회를 발전시키게 하셨지만, 동시에 그것을 하나님의 뜻 안에서 사용하라고 명하셨습니다. 그러므로 창조명령의 핵심은 "하나님이 지으신 세상을 사랑과 책임으로 다스리라"는 것입니다. 자연을 파괴하거나 탐욕으로 남용하는 행위는 이 명령을 거스르는 죄입니다. 그리스도인은 자신의 일터에서 성실히 일하고, 자연을 보호하며, 생명을 존중하는 삶을 통해 창조의 질서를 회복해야 합니다.

오늘날 환경의 파괴, 물질 중심의 가치관, 인간의 탐욕은 창조명령을 잃어버린 세상의 모습입니다. 그러나 그리스도인은 세상 속에서 이 명령을 다시 회복해야 합니다. 정직한 노동, 절제된 소비, 공정한 분배, 그리고 생명 존중은 모두 창조명령을 실천하는 구체적 행위입니다. 하나님께서는 이러한 삶을 통해 세상을 새롭게 하시며, 그리스도인의 손을 통해 창조의 목적을 완성하십니다.

결국 창조명령을 수행한다는 것은 하나님께서 맡기신 세상을 그분의 질서와 사랑으로 다스리는 일입니다. 그리스도인은 일상의 삶 속에서 창조주 하나님의 선하심을 드러내야 하며, 모든 일에서 그분의 뜻을 따르는 청지기의 자세를 지녀야 합니다. 창조명령은 단지 과거의 명령이 아니라, 오늘을 사는 그리스도인 모두에게 주어진 첫 번째 인생의 목표입니다.

2) 그리스도인은 그리스도의 강령을 실천해야 한다

예수님께서는 율법의 모든 가르침을 요약하여 말씀하셨습니다. "네 마음을 다하고 목숨을 다하고 뜻을 다하여 주 너의 하나님을 사랑하라. 이것이 크고 첫째 되는 계명이요, 둘째도 그와 같으니 네 이웃을 네 자신과 같이 사랑하라"(마 22:37-39). 이것이 바로 그리스도의 강령, 곧 사랑의 계명입니다. 이 말씀은 신앙의 본질이 지식이나 형식이 아니라, 사랑과 순종에 있음을 보여 줍니다.

기독교인만 읽는 책

하나님을 사랑한다는 것은 단순한 감정이 아니라, 그분의 말씀에 순종하는 행위로 드러납니다. 하나님 사랑은 예배와 헌신으로 표현되며, 이웃 사랑은 봉사와 나눔으로 나타납니다. 하나님을 사랑하지 않고는 이웃을 진정으로 사랑할 수 없고, 이웃을 사랑하지 않으면서 하나님을 사랑한다고 말할 수도 없습니다. 하나님 사랑과 이웃 사랑은 서로 분리될 수 없는 한 몸과 같습니다.

오늘날 세상은 사랑을 감정적 관계나 개인적 선택으로 이해하지만, 성경이 말하는 사랑은 희생과 헌신의 의지입니다. 그리스도인은 하나님의 사랑을 받았기에 그 사랑을 나누어야 합니다. 용서와 인내, 겸손과 절제, 나눔과 긍휼의 행위가 바로 사랑의 실천입니다. 우리가 이웃을 품고 약자를 도울 때, 그리스도의 사랑은 우리를 통해 세상에 드러납니다.

결국 그리스도의 강령을 실천하는 삶은 하나님 사랑과 이웃 사랑이 하나로 통합된 삶입니다. 예배와 사랑, 순종과 봉사가 함께 어우러질 때, 우리의 신앙은 완성됩니다. 그리스도인은 이 사랑의 강령을 따라 하나님께 순종하고, 이웃에게 사랑을 베푸는 사람으로 살아야 합니다. 이것이 하나님께서 모든 신앙인에게 주신 두 번째 인생 목표입니다.

3) 그리스도인은 그리스도의 지상명령을 수행해야 한다

예수님께서 부활하신 후 제자들에게 하신 마지막 명령은 분명했습니다. "너희는 가서 모든 민족을 제자로 삼아 세례를 주고, 내가 너희에게 분부한 모든 것을 가르쳐 지키게 하라"(마 28:19-20). 이것이 바로 그리스도의 지상명령이며, 모든 그리스도인이 감당해야 할 복음 전파의 사명입니다.

지상명령은 특정한 직분을 가진 사람에게만 주어진 것이 아닙니다. 그것은 모든 그리스도인에게 주어진 삶의 사명입니다. 우리는 각자의 자리에서 복음을 증거하며, 말과 행동으로 예수 그리스도를 드러내야 합니다. 목회자, 교사, 학생, 부모, 직장인—모든 그리스도인은 자신이 속한 곳에서 하나님의 나라를 확장하는 복음의 도구로 부름받았습니다.

복음을 전한다는 것은 단지 입술로 설교하는 것이 아닙니다. 삶으로 복음을 증거하는 것이 더 큰 힘을 가집니다. 진실된 사랑, 겸손한 섬김, 정직한 태도, 기도하는 마음—이 모든 것이 세상 사람들에게 복음의 향기가 됩니다. 성령께서 우리 안에 역사하실 때, 그리스도의 생명은 우리의 삶을 통해 흘러 나가고, 하나님의 나라는 그곳에서부터 확장됩니다.

따라서 지상명령을 수행하는 삶은 복음을 말로만 전하는 것이 아니라, 예수 그리스도의 복음을 삶으로 살아내는 것입니다.

하나님께서는 이 사명을 감당하는 자들을 통해 세상을 변화시키시며, 그들의 순종을 통해 구원의 역사를 이어가십니다. 복음 전파는 그리스도인의 마지막 사명이자, 인생의 완성입니다.

결국 그리스도인의 인생 목표는 하나님의 창조명령, 그리스도의 강령, 그리스도의 지상명령으로 요약됩니다. 창조명령은 세상을 선하게 다스리라는 명령이고, 그리스도의 강령은 사랑으로 세상을 섬기라는 명령이며, 지상명령은 복음으로 세상을 구원하라는 명령입니다. 이 세 가지 명령은 서로 다른 길이 아니라, 하나님의 뜻을 세상 속에 실현하기 위한 하나의 구속적 여정입니다.

그리스도인은 이 세 명령에 순종함으로써 하나님께 영광을 돌리고, 그분의 뜻을 이 땅에서 이루어 가야 합니다. 하나님께서는 이러한 삶을 사는 자들을 통해 세상을 새롭게 하시며, 그들의 헌신과 순종을 통해 구속의 역사를 완성하십니다. 그러므로 그리스도인의 인생 목표는 하나님의 영광을 위하여 살고, 그리스도의 사랑을 실천하며, 성령의 인도하심에 따라 세상을 변화시키는 것입니다. 이것이 성경이 가르치는 인생의 궁극적 목표이며, 모든 믿는 자가 걸어가야 할 거룩한 길입니다.

바. 그리스도인의 행복은 어디서 오는가

행복은 모든 인간이 추구하는 삶의 목표입니다. 그러나 세상은 행복을 물질적 풍요나 감정적 만족으로 정의하며, 끊임없이 외적인 조건을 좇게 만듭니다. 세상적 행복은 언제나 조건적이며, 환경이 바뀌면 쉽게 무너집니다. 그러나 성경이 말하는 행복은 세상의 기준과 다릅니다. 성경적 행복은 하나님과의 바른 관계에서 오는 내적 평안과 영적 만족입니다. 그리스도인은 세상의 즐거움이 아니라, 하나님 안에서 진정한 복을 누리는 사람입니다. 그러므로 그리스도인의 행복은 외부의 환경이 아니라, 하나님과의 관계 안에서 시작되고 완성됩니다.

1) 행복은 하나님의 임재 속에서 온다

성경이 말하는 행복의 첫 번째 근원은 하나님의 임재입니다.

시편 기자는 "주의 집에 사는 자들은 복이 있나니 그들이 항상 주를 찬송하리이다"(시 84:4)라고 고백했습니다. 인간이 하나님과 함께할 때, 그 마음에는 평안이 임하고 영혼은 쉼을 얻습니다. 하나님께서 우리 가운데 계실 때, 환경이 어떠하든 그 존재만으로 만족할 수 있습니다.

세상은 끊임없이 더 많은 것을 소유하라고 가르치지만, 하나님은 "너희에게 있는 바를 족한 줄로 알라"(히 13:5)고 말씀하십니다. 하나님이 우리 안에 거하실 때, 우리의 결핍은 더 이상 불행이 되지 않습니다. 우리의 행복은 하나님이 주시는 평안으로 채워지기 때문입니다. "내가 주는 평안은 세상이 주는 것과 같지 않다"(요 14:27)는 예수님의 말씀은, 진정한 행복이 세상의 만족이 아닌 하나님의 임재에서 비롯된다는 사실을 분명히 합니다.

하나님과 동행하는 삶은 곧 예배의 삶입니다. 예배는 단지 예식이 아니라, 하나님과 교제하는 시간이며 그분의 임재를 경험하는 순간입니다. 예배 속에서 우리는 하나님의 뜻을 깨닫고, 감사와 찬양으로 우리의 존재를 새롭게 합니다. 하나님과 동행하며 사는 사람은 불안 대신 평안을, 절망 대신 소망을, 공허 대신 충만을 경험합니다.

결국 행복은 하나님이 주시는 선물이자, 그분과 함께하는 삶의 결과입니다. 하나님께서 우리 안에 거하실 때, 인간의 모든 불안과 갈증은 사라집니다. 하나님과 동행하는 자는 세상 속에서도 천국의 평안을 누립니다. 그리스도인의 행복은 바로 이 하나님의 임재에서 비롯됩니다.

2) 행복은 말씀에 순종하는 삶에서 온다

둘째로, 행복은 하나님의 말씀에 순종하는 삶에서 옵니다. 시편 1편은 "복 있는 사람은 악인의 꾀를 따르지 아니하며… 오직 여호와의 율법을 즐거워하여 그 율법을 주야로 묵상하는 자로다"라고 선언합니다. 말씀에 순종하는 사람은 세상의 기준이 아닌 하나님의 기준으로 사는 사람이며, 그 삶은 반드시 열매를 맺습니다.

순종은 단순한 복종이 아니라, 하나님을 신뢰하는 행위입니다. 세상은 자기 의지로 행복을 만들려 하지만, 그리스도인은 하나님의 말씀을 따라 살 때 참된 자유를 누립니다. 말씀에 순종하는 자는 실패 속에서도 평안을 잃지 않고, 어려움 속에서도 감사할 줄 압니다. 그 이유는 말씀의 약속이 변하지 않기 때문입니다.

순종의 삶은 때로 희생을 요구합니다. 세상은 우리에게 "자신을 위하라"고 가르치지만, 하나님은 "너희 몸을 거룩한 산 제물로 드리라"(롬 12:1)고 말씀하십니다. 세상은 손해라고 여기는 것을 하나님은 복이라 말씀하십니다. 말씀에 순종하는 삶은 눈에 보이는 이익보다, 하나님의 뜻에 합한 내적 만족을 주는 삶입니다.

결국 말씀에 순종한다는 것은 하나님을 신뢰한다는 증거이며, 그 신뢰가 곧 평안과 행복으로 이어집니다. 순종은 인간의 행복을 제한하는 것이 아니라, 오히려 진정한 자유로 인도하는 길입니다. 그러므로 그리스도인의 행복은 하나님의 말씀을 듣고 그 말씀대로 행하는 삶 속에서 완성됩니다.

3) 행복은 사랑과 나눔 속에서 온다

셋째로, 행복은 사랑과 나눔의 삶 속에서 옵니다. 예수님께서는 "주는 것이 받는 것보다 복이 있다"(행 20:35)고 말씀하셨습니다. 세상은 얻는 것을 행복이라 하지만, 하나님은 나누는 삶 속에서 진정한 행복이 이루어진다고 말씀하십니다. 하나님은 우리를 통해 사랑이 흘러가게 하시며, 그 사랑을 나누는 순간 우리는 가장 큰 기쁨을 경험합니다.

사랑과 나눔은 단지 물질적인 도움에 그치지 않습니다. 그것은 시간과 관심, 위로와 기도의 나눔까지 포함됩니다. 누군가를 위해 기도하고, 그들의 슬픔에 공감하며, 기꺼이 손을 내밀 때, 우리의 마음은 하나님의 사랑으로 충만해집니다. 사랑을 베푸는 사람은 하나님께서 이미 자신을 사랑하셨다는 사실을 체험하는 사람입니다.

오늘의 세상은 경쟁과 비교로 가득하지만, 그리스도인의 행복은 경쟁이 아니라 공유와 연대에서 나옵니다. 나눔은 세상을 따뜻하게 하고, 인간의 영혼을 자유롭게 합니다. "너희가 서로 사랑하면 이로써 모든 사람이 너희가 내 제자인 줄 알리라"(요 13:35)는 말씀처럼, 사랑의 실천은 신앙의 증거이자 행복의 열쇠입니다.

결국 사랑과 나눔은 하나님이 우리에게 주신 행복의 통로입니다. 우리가 사랑을 베풀 때, 하나님께서 먼저 우리를 채워 주십니다. 이웃을 돕는 삶, 감사로 나누는 삶, 희생으로 섬기는 삶 속에 진정한 행복이 존재합니다.

그리스도인의 행복은 영원한 소망 속에서 완성됩니다. 세상은 일시적 기쁨을 추구하지만, 그리스도인은 영원한 생명을 바라봅니다. 예수 그리스도께서 약속하신 천국의 소망은, 현세의 고난과 슬픔을 이겨내게 하는 힘이 됩니다. "우리가 잠시 받는 환난이 지극히 크고 영원한 영광의 중한 것을 우리에게 이루게 함이니"(고후 4:17)라는 말씀처럼, 영원한 소망은 모든 고난을 이기는 근원입니다.

세상의 행복은 시간과 조건에 따라 변하지만, 영원한 행복은 하나님께서 주시는 약속 안에 있습니다. 그리스도인은 세상에서의 성공보다, 하나님의 나라에서의 상급을 바라보며 살아갑니다. 이 소망이 있을 때, 현재의 고난도 감사로 견딜 수 있습니다.

영원한 소망은 단지 내세에 대한 기대가 아니라, 오늘의 삶을 견고히 세우는 믿음의 기초입니다. 천국을 소망하는 사람은 이 땅에서도 하늘의 가치를 따라 삽니다. 탐욕과 시기, 두려움이 사라지고, 평안과 감사, 믿음이 그 마음을 다스립니다.

결국 그리스도인의 행복은 하나님 안에서 시작되고, 그분의 말씀 안에서 자라며, 사랑과 나눔 속에서 열매 맺고, 영원한 소망 안에서 완성됩니다. 하나님께서 주시는 이 행복은 세상이 빼앗을 수 없는 선물이자, 모든 믿는 자에게 주어진 영원한 복입니다.

사. 맺음말

기독교인의 인생관은 하나님께로부터 시작되어 하나님께로 돌아가는 여정입니다. 인간의 존재 이유는 자신을 위한 것이 아니라, 하나님께 영광을 돌리며 그분의 뜻을 세상 속에서 실현하는 데 있습니다. 하나님께서는 그리스도인으로 하여금 창조명령을 통해 세상을 보존하게 하시고, 사랑의 강령을 통해 이웃을 돌보게 하시며, 지상명령을 통해 복음으로 세상을 구원하게 하셨습니다. 이 세 가지 명령은 인생의 방향을 제시하는 동시에, 참된 행복으로 나아가는 길을 열어 줍니다.

그러므로 그리스도인의 인생은 세상의 가치와 성공의 기준으로 평가되지 않습니다. 그리스도인의 행복은 영원한 소망 속에서 완성됩니다. 세상은 일시적 기쁨을 추구하지만, 그리스도인은 영원한 생명을 바라봅니다. 예수 그리스도께서 약속하신 천국의 소망은 현세의 고난과 슬픔을 이겨 내게 하는 힘이 됩니

기독교인만 읽는 책

다. "우리가 잠시 받는 환난이 지극히 크고 영원한 영광의 중한 것을 우리에게 이루게 함이니"(고후 4:17)라는 말씀처럼, 영원한 소망은 모든 고난을 이기는 근원입니다.

결국 기독교인의 인생관은 단순한 사상이나 교리가 아니라, 하나님의 말씀을 따라 살아가는 실천적 삶의 철학입니다. 인생의 목적은 하나님께 영광을 돌리는 것이며, 인생의 방법은 말씀에 순종하는 것입니다. 그리고 인생의 결말은 영원한 생명 안에서 하나님과 함께하는 것입니다. 이것이 곧 성경이 가르치는 인생의 참된 의미이며, 행복한 인생을 성취하려는 모든 그리스도인이 걸어가야 할 믿음의 길입니다.

기독교인의 인생관은 하나님께로부터 시작되어 하나님께로 돌아가는 거룩한 여정입니다. 인간의 존재는 우연의 산물이 아니며, 자신의 욕망을 이루기 위한 삶도 아닙니다. 인간이 살아야 하는 이유는 하나님께 영광을 돌리고, 그분의 뜻이 세상 가운데 드러나도록 자신을 내어놓는 데 있습니다. 하나님께서는 그리스도인에게 창조명령을 맡기셔서 세상을 보존하게 하시고, 사랑의 강령을 주셔서 이웃을 돌보게 하시며, 지상명령을 통해 복음으로 세상을 변화시키게 하셨습니다. 이 세 가지 명령은 인생의 목적을 규정할 뿐 아니라, 진정한 행복에 이르는 길을 열어 주는 하나님의 길잡이입니다.

그러므로 그리스도인의 인생은 세상이 평가하는 성공의 기준에 묶이지 않습니다. 세상은 눈앞의 성취와 만족을 추구하지만, 그리스도인은 영원한 생명을 바라보며 살아갑니다. 그리스도인의 행복은 소유에서 완성되는 것이 아니라, 영원한 하나님 나라 안에서 충만해집니다. 예수 그리스도께서 약속하신 생명의 소망은 이 땅에서 겪는 고난과 상실을 견디게 하는 힘이 되며, 현재의 어려움이 인생의 끝이 아님을 깨닫게 합니다. "우리가 잠시 받는 환난이 지극히 크고 영원한 영광의 중한 것을 우리에게 이루게 함이니"(고후 4:17)라는 말씀처럼, 영원한 소망은 고난을 넘어 새로운 생명으로 나아가게 하는 근원이 됩니다.

결국 기독교인의 인생관은 단순히 머릿속에서 이해하는 사상이나 논리가 아니라, 하나님의 말씀을 삶의 기준으로 삼는 실천적 철학입니다. 인생의 목적은 하나님께 영광을 돌리는 것이며, 인생의 방식은 말씀에 순종하는 것입니다. 또한 인생의 결말은 영원한 생명 안에서 하나님과 함께 누리는 기쁨입니다. 이것이 성경이 가르치는 인생의 본질이며, 모든 그리스도인이 추구해야 할 참된 삶의 방향입니다.

기독교인의 인생관은 결국 오늘의 삶을 어떻게 살아가야 하는지를 분명하게 보여 줍니다. 하나님 앞에서의 경외가 인생의 태도를 세우며, 이웃을 향한 사랑이 삶의 방향을 결정짓고, 복음을 향한 헌신이 인생의 가치를 완성합니다. 하나님께서 주신 하루하루를 감사로 받고, 맡기신 자리에서 충실히 살아가며, 주어진 생애를 통해 하나님 나라의 소망을 증거할 때, 그리스도인의 인생은 비로소 빛을 발합니다. 이것이 곧 성경이 밝히 보여 주는 인생의 참된 의미이며, 행복한 인생을 이루고자 하는 모든 그리스도인이 걸어야 할 믿음의 길입니다.

제8부

기독교인의 내세관

가. 서문

죽음 이후의 세계에 대한 기독교의 진리를 타종교인들에게 강요할 수는 없습니다. 그러나 이 책은『기독교인만 읽는 책』이 므로, 성경이 가르치는 사후세계에 대한 진리를 바르게 진술하여 기독교인들의 내세관 중 장례식의 의미를 성경적으로 정립하고자 합니다.

오늘날 많은 기독교인들이 '죽음 이후의 삶'을 막연한 신앙 감정이나 상징으로만 받아들이지만, 성경은 죽음과 부활, 천국과 지옥, 영생과 심판을 실제적 사건으로 가르치고 있습니다. 세상 사람들과 기독교인들 중 일부가 가장 혐오하는 표현 '예수 천당! 불신 지옥!'은 진리입니다. 그런데 오늘날에는 남루한 옷차림으로 나무 십자가를 어깨에 메고 힘없이 걸어가며 외치거나 읊조리는 '예수를 믿으세요. 그래야만 구원을 받습니다!' 이 소리는 사라졌습니다. 백화점 앞이나 지하철역 입구에서 젊은 목자들의 피 맺힌 목소리가 진리를 호소하지만, 모두가 외면합니다. 요즘은 피리를 불어도 애곡하는 사람이 없고 나팔을 불어도 춤추는 사람이 없습니다. 그들은 웃으며 말합니다. "너나 가라!"

전통적으로 한국 사회는 어떤 특정한 세계관이나 절대적 진리가 지배한 적이 없습니다. 불교, 유교, 무속, 도교, 그리고 근대 이후의 기독교가 서로 영향을 주고받으며 공존해 왔습니다. 이러한 종교적 혼합은 '진리의 다양성'을 존중한 결과가 아니라, 진리 자체의 경계를 흐리는 문화적 습합(褶合)의 산물이었습니다. 그래서 종교사회학자들은 한국을 세계사에 유례가 없는 종교적 다원주의 사회(pluralistic society)로 평가합니다. 그러나 오늘의 한국은 이제 종교의 공존을 넘어 '탈종교'와 '탈도덕'의 시대를 맞이했습니다. 이로 인해 인간의 가치관은 상대화되고, 도덕의 기준은 붕괴되며, 사회 전반의 도덕적 에토스(ethos)가 무너지고 있습니다. 필자는 그 근본적인 원인을 '내세관의 부재'에서 찾습니다. 내세를 믿지 않는 사회는 선과 악을 절대 기준으로 분별하지 못하고, 도덕을 단지 사회적 합의나 인간의 판단으로만 여깁니다. 그 결과 사람들은 눈앞의 이익과 쾌락을 좇으며, 영원한 생명 대신 순간의 성공에 집착하게 됩니다.

그러나 성경은 인간의 생명이 이 땅에서 끝나지 않음을 분명히 가르칩니다. 데살로니가전서 4장 13절에서 18절은 죽음에 대하여 "소망 없는 다른 이와 같이 슬퍼하지 말라"고 권면합니다. 바울 사도는 죽음을 '자는 것'에 비유하며, 그리스도 안에서 죽은 자들이 복되고 그들은 다시 살아날 것이라고 가르쳤습니다. 그리스도인의 죽음은 끝이 아니라, 부활의 소망 안에서 잠시 쉼을 누리는 안식의 과정입니다. 예수 그리스도께서 부활하신 사건은 모든 신자의 부활을 보증하며, 장차 그리스도께서 다시 오실 때, 죽은 자들이 먼저 일어나고 살아 있는 자들이 그들과 함께 주를 영접하게 된다는 진리의 증거입니다.

그러므로 죽음은 인생의 종말이 아니라, 이 세상에서 사명을 마치고 하나님의 품으로 돌아가는 순례자의 영생, 곧 낙원에 들어가는 과정입니다. 예수께서 십자가 위의 강도에게 "오늘 네가 나와 함께 낙원에 있으리라"(눅 23:43)고 말씀하신 것은, 믿는 자에게 죽음이 두려움이 아니라 주님과 함께하는 안식의 순간임을 보여 줍니다. 그 낙원은 이 세상에서 겪었던 고통이 끝나고 하나님이 나의 눈물을 닦아 주시는 순간이며, 하나님의 품에서 평안을 누리는 궁극적인 영생이 시작되는 순간입니다. 따라서 교회는 죽음의 의미와 그 이후의 세계, 부활과 심판, 천국과 지옥, 영생과 영벌에 대한 성경의 가르침을 분명히 가르쳐야 합니다.

그래서 이 책 『기독교인만 읽는 책』은 기독교인이 정립해야 할 성경적 내세관을 죽음의 의미, 죽은 후 영혼의 상태, 부활과 심판, 영생과 영벌, 천국과 지옥으로 구별하여 정리하고 있습니다. 우리 기독교인은 하나님 나라의 실재를 믿고 하나님을 사랑하는 삶, 이웃을 사랑하는 삶, 그리고 하나님과 그의 나라를 증거하는 삶을 살아야 합니다. 기독교인이라 할지라도 천국과 지옥, 심판과 영생의 실재를 믿어야만 비로소 선과 악을 분별하고, 의로운 길을 고민하며 선택하게 된다는 생각에 이 글을 쓰게 되었습니다. 그러면 우리에게 영원을 바라보는 눈을 열어 주며, 선을 사랑하고 악을 미워하는 도덕적 통찰과 윤리적 명철을 갖추게 하는 기독교적 내세관을 자세하게 알아봅니다.

나. 죽음에 대한 한국인의 생각

오늘날 한국의 장례 문화와 제례 의식에는 불교, 무속, 유교가 혼합된 내세관이 여전히 깊이 뿌리내리고 있습니다. 교회에 다니는 성도들조차도 부모의 제사나 49재와 같은 의식을 단순히 '전통'이나 '예의'의 문제로 받아들이며, 신앙적 분별 없이 행하는 경우가 많습니다. 그 결과 기독교인의 삶과 죽음이 성경의 진리에서 멀어지고, 신앙은 예배당 안에만 머무르는 형식으로 전락하고 있습니다. 반면 교육받은 이들은 철학과 종교의 언어로 죽음을 논하지만, 정작 죽음의 실체와 그 이후의 세계에 대한 분명한 확신은 갖고 있지 않습니다. 이러한 현실은 우리 사회가 진리의 내세관을 상실한 채, 혼합된 사유 속에서 방황하고 있음을 보여 줍니다.

무속과 도교는 모두 인간의 죽음을 초월의 문제로 보지 않고, 현세적 복락의 문제로 이해합니다. 무속은 죽은 자의 영혼을 달래어 산 자의 평안을 얻으려 하고, 굿을 통해 인간과 영혼의 관계를 일시적으로 조정하려 할 뿐, 죽음의 의미나 내세의 실재를 깊이 묻지 않습니다. 도교 또한 죽음을 부정하며, 불로장생을 인생의 이상으로 삼습니다. 인간의 수련과 섭생을 통해 죽음을 피할 수 있다고 믿고, 윤리적 완성보다 장수와 젊음을 유지하는 것을 더 큰 가치로 여깁니다. 이러한 사상은 오늘날에도 "건강과 수명"을 신앙의 복으로 오해하게 만들며, 기독교 신앙 안에도 도교적 생명관을 무비판적으로 받아들이게 하는 원인이 되고 있습니다.

불교와 유교는 인간의 죽음을 철학적으로 해석하지만, 모두 인간의 존재를 유한한 세계 안에서만 설명한다는 점에서 한계를 지니고 있습니다. 불교는 인간의 생사를 윤회의 과정으로 이해하며, 생전에 쌓은 업(業)에 따라 여섯 세계 중 한 곳에서 다시 태어난다고 가르칩니다. 그러나 근본불교는 영혼의 실체를 부정하기 때문에, 결국 인간의 인생은 업의 반복 속에서 의미를 잃고 허무로 귀결됩니다. 유교는 죽음을 기(氣)의 흩어짐으로 보고, 혼(魂)은 하늘로, 백(魄)은 땅으로 돌아간다고 여깁니다. 따라서 영혼의 불멸이나 내세의 실재를 인정하지 않으며, 조상제사는 효(孝)의 표현으로 포장된 종교 의례로 굳어졌습니다. 그러나 실제 제사의 형식에는 조상을 신(神)으로 모시는 행위가 포함되어 있기 때문에, 기독교의 관점에서는 우상숭배로

간주됩니다. 이러한 불교와 유교의 혼합적 내세관은 오늘날까지 한국인의 장례문화와 제사 풍습에 깊이 스며들어, 신앙과 전통이 충돌하는 현실적 문제를 낳고 있습니다.

기독교는 인간의 죽음을 하나님의 진노와 사랑의 관점에서 이해합니다. 하나님의 진노 아래 죽는 자는 영원한 멸망에 들어가지만, 하나님의 사랑 안에서 죽는 자는 그리스도의 품 안에서 영생의 기쁨을 누립니다. 죽음은 단순한 종말이 아니라 심판이자 구원의 문이며, 그리스도인은 죽음을 두려워할 이유가 없습니다. 예수 그리스도께서 "아버지여 내 영혼을 아버지 손에 부탁하나이다"라고 말씀하신 것처럼, 믿는 자의 죽음은 하나님의 품으로 돌아가는 과정이며, 육신의 고통에서 해방되는 은혜의 통로입니다. 그러나 오늘날 많은 성도들은 이 진리를 단지 교리로만 알고 실제 삶에서는 여전히 전통의례를 따르고 있습니다. 교회가 먼저 내세관을 바로 가르치지 않으면, 성도는 세상의 풍속에 이끌려 죽음을 맞이하게 될 것입니다.

이제 한국 교회는 죽음의 교리를 단순히 설명하는 차원을 넘어, 성도들의 장례문화와 제사 의식 속에 남아 있는 비기독교적 요소들을 성경적으로 바로잡아야 합니다. 참된 기독교 내세관은 단지 죽음 이후의 천국을 말하는 것이 아니라, 지금 이 땅에서의 삶의 방향을 바꾸는 능력입니다. 죽음을 알고 영원을

기독교인만 읽는 책

바라보는 사람만이 선과 악을 분별하며 의로운 길을 걸을 수 있습니다. 이것이 성경이 가르치는 명철의 본질이며, 오늘날 혼합된 종교문화 속에서 한국 교회가 반드시 회복해야 할 진리의 핵심입니다.

다. 사후세계에 대하여

죽음으로 인해 육신을 벗은 영혼은 어디로 가는가? 성경은 예수 그리스도께서 영접하신 영혼은 그와 함께 "낙원"에 있을 것이라고 말씀하십니다(눅 23:43). 또한 "이기는 그에게는 하나님의 낙원에 있는 생명나무의 열매를 주어 먹게 하리라"(계 2:7)고 하셨습니다. 사도 바울 역시 환상 중에 본 "낙원"을 언급했으며(고후 12:4), 아우구스티누스는 사람이 죽으면 부활할 때까지 은밀한 쉼터에 머물게 되며, 그곳에서 생전에 행한 일에 따라 쉼이나 고통을 받는다고 했습니다. 칼빈은 이러한 '영혼의 중간상태'에 대해, 그리스도께서 죽은 자들을 낙원으로 받아들이시고 위로하신다고 말했습니다(요 12:32). 그에 따르면 의인의 영혼은 "아브라함의 품"(눅 16:22) 곧 복된 모임에 들어가며, 악한 자들의 영혼은 그 반대로 합당한 고통을 받는다고 했습니다. 그러나 이 외의 세부적인 상태에 대해서는 하나님께서 감추셨기에 인간이 더 알 수 없다고 덧붙였습니다.

한편 가톨릭은 죽은 후에도 회개하지 못한 죄의 속죄를 위해 '연옥'에서 정련되는 기간이 필요하다고 가르치지만, 개신교는 이를 부정합니다. 루터는 죽은 자들의 상태를 "의식과 지각이 없는 깊은 잠"으로 묘사하며, 그것을 시간과 공간을 초월한 "영혼의 수면"이라 했습니다. 그는 죽음이 인간 존재의 종말이 아니라, 부활의 날까지 그리스도의 품 안에서 보존되는 상태라고 보았습니다. 루터가 이처럼 '죽음의 잠'을 주장한 이유는, 예수께서 십자가 위에서 행악자에게 "오늘 네가 나와 함께 낙원에 있으리라"(눅 23:43)고 하신 말씀을 근거로, 하나님의 시간은 인간의 달력적 시간이 아닌 '영원한 현재'이기 때문이라고 설명했기 때문입니다. 몰트만도 이 점을 "최후의 날은 모든 날의 날이며, 하나님의 시간은 영원한 현재의 시간"이라고 요약했습니다.

그러나 이러한 '영혼의 수면설'이나 '중간상태론'은 필자에게 쉽게 이해되지 않습니다. 어거스틴과 칼빈, 루터 모두 죽음과 부활 사이의 중간 상태를 각기 다르게 설명하지만, 그리스도인의 삶과 죽음의 실재를 완전히 설명하기에는 여전히 석연치 않은 부분이 남아 있습니다. 특히 '심판'과 '부활'이 언제, 어떻게 이루어지는가에 대한 질문은 여전히 미해결의 신비로 남습니다. 성경은 이 문제에 대한 최종적인 대답이 오직 하나님께만 있다고 말합니다. 그러나 '심판'이 죽음과 동시에 이루어지는가, 아니면 그리스도의 재림 때 이루어지는가 하는 문제는 신앙적 사유를 불러일으킵니다. 루터는 죽은 자들이 부활의 나팔 소리를 들을 때까지 "영혼의 깊은 잠"을 잔다고 말했지만, 선한 사람과 악한 사람이 심판이나 보상 없이 같은 상태로 머문다는 생각은 하나님의 정의와 공의의 속성에 부합하지 않는다는 의문을 남깁니다.

필자의 생각은 이렇습니다. 하나님의 '심판'은 먼 훗날의 사건이 아니라, 창조 때부터 하나님의 축복과 함께 인간과 공존해 온 현재적 통치의 한 부분입니다. 그리스도께서는 성령을 통해 지금도 우리 가운데 임재하시며, 여전히 하나님의 뜻을 성취하고 계십니다. 그러므로 그리스도는 재림하실 때까지 우리와 멀리 계신 분이 아니라, 오늘도 이 세상에서 "양과 염소를 구분하시듯"(마 25:32) 살아 있는 자와 죽은 자를 통치하시는 분이십니다. 필자는 선한 자가 죽으면 그리스도께서 그를 낙원으로 인도하시어 위로와 안식을 주시고(요 12:32), 악을 일삼는 자는 부활의 날까지 흑암 속에 버려져 고통의 형벌을 받는다고 믿습니다. 따라서 루터가 말한 '영혼의 잠' 개념에는 동의하기 어렵습니다. 예수께서 십자가에서 행악자에게 "오늘 나와 함께 낙원에 있으리라" 하신 말씀은 이미 그 자리에서 심판과 구원이 함께 이루어진 사건이었습니다. 그것은 인간의 판단이 아닌, 삼위일체 하나님의 뜻이요 은총의 결정이었습니다. 그러므로 모

기독교인만 읽는 책

든 인간은 죽음의 순간에 이미 자신의 영혼이 '낙원'으로 인도
될지, '흑암의 음부'에 버려질지가 결정되며, 그 상태에서 부활
과 최후의 심판을 기다린다고 저는 믿습니다. 따라서 그리스도
인은 죽음을 두려워하기보다, 주님께서 보여 주신 모범을 따라
야 합니다. 예수께서 "아버지여, 내 영혼을 아버지 손에 부탁하
나이다"(눅 23:46)라고 하신 것처럼, 우리의 마지막 순간에도 영
혼을 하나님께 온전히 맡겨야 합니다. 그리고 스데반이 "주 예
수여, 내 영혼을 받으시옵소서"(행 7:59)라고 고백하며 평안히
주님 품에 안겼던 것처럼, 우리도 죽음을 통해 주님께 돌아가
는 귀향의 순간을 믿음으로 맞아야 할 것입니다.

라. 부활에 대하여

　예수님 외에 죽어 본 인간이 없고 부활을 체험한 인간은 없습니다. 그러나 부활의 실재와 심판 후의 영생에 대한 그리스도인들의 궁금증은 막연하지만 궁극적입니다. 그래서 부활의 실재에 대하여 그리스도인들이 어떠한 신념을 가져야 하는지 아우구스티누스를 비롯한 선각자들의 견해를 함께 공유하고자 합니다. 루터는 죽은 자들이 최후의 날에 그리스도에 의해 부활할 때, 얼마나 오랫동안 잠자고 있었는지, 또 어디에 있었는지 알지 못할 것이고, 잠을 자다가 '갑자기' 부활할 것이며, 어떻게 자신이 죽음에 이르게 되었고, 또 어떻게 죽음을 극복하게 되었는지 알지 못할 것이라 했습니다. 그래서 눈이 감기자마자 부활한 것 같고 천년의 시간이 반 시간 잠잔 것 같을 것이라고도 했습니다. 루터의 부활에 대한 관념은 하나님의 면전에서는 시간 계산이 없습니다. 그래서 하나님 앞에서 천년은 하루 같을 것이고, 마지막 날에는 모든 것이 한꺼번에 태어난 것과 같이 첫 사람 아담이 마지막에 태어나는 사람과 별 차이가 없을 것이라고 합니다. 그런가 하면 아우구스티누스는 그의 『신앙편람』에서 선한 자의 부활은 생명의 부활로써, 그때 영혼이 입을 몸은 완전하고 조화롭고 적합할 것이라고 합니다. 예컨대 태아나 장애아들처럼 형태면에서 부족한 것은 부활 때 채워질 것이고, 단절된 어린 생명들이나 조직이 덜된 태아들처럼 시간이 성취할 완전함에는 부족한 것이 없을 것이며, 또한 시간이 만들어 놓은 흠들도 남아 있지 않은 몸으로 부활할 것이라고 합니다.[1] 그러므로 부활의 때에 자연은 시간의 경과가 초래할 적절하고 적합한 것들을 어느 것도 빼앗기지 않을 것이며, 시간이 만들어 놓은 불리하고 반대되는 어떤 것에 의해서도 훼손된 채로 남지 않을 것이며 하나님의 명령으로 모두 부족함 없이 내놓을 것이라고 했습니다. 즉 아직 온전한 것이 아닌 것은 온전하여질 것이며, 훼손되어졌던 것은 온전한 모습으로 회복될 것이라는 말입니다. 이러한 아우구스티누스의 통찰은 부활에 대한 우리의 의문을 거의 정리해 준 것으로 볼 수 있습니다. 즉 그가 언급하지 않은 다른 형태의 선한 죽음들 즉, 매장되지 않고 화장되어 산하에 뿌려진 죽음, 장기와 시신의 기부, 전장에서 파괴되어 흩어진

---

1 아우구스티누스, 『아우구스티누스: 고백록과 신앙편람』, 원성현/조용석/백충현 역(서울: 두란노아카데미, 2011), 558.

죽음, 여러 가지 이유로 분해되고 손실된 죽음 등, 우리가 상상할 수 있는 모든 형태의 죽음, 또 어느 때 어느 곳에서의 죽음이든, 하나님의 부활은 온전하고 완전하며 조화롭고 적합하게, 하나님의 정의의 요청을 충족시킬 수 있는 새로운 피조물로 만드실 것이라는 희망을 갖게 합니다.

그러나 아우구스티누스는 악한 자들의 부활에 대하여 즉, 예수 그리스도에 의하여 구속되지 못한 자들이 그들의 모든 잘못된 부분을 그대로 가진 채 부활할 것인지 병들고 훼손된 지체들을 가지고 부활할 것인지에 관하여 더 이상의 구체적인 생각을 하지 말자고 하면서, 최후의 심판이 열리고 마쳐질 때에, 양과 염소를 구분하듯 그리스도의 도시와 마귀의 도시로 구별되며(마 25:32), 선한 자들을 위한 그리스도의 도시에서는 더 이상 죄를 짓는 의지가 없을 것이며, 영원한 생명 안에서 진실 되고 행복하게 살아갈 것이지만, 악한 자들을 위한 마귀의 도시에서는 더 이상 죄를 짓는 능력도 없어지고, 더 이상 죽을 수도 없는 영원한 죽음 안에서 영원히 비참한 '둘째 사망'(계 2:11; 20:6, 14)을 살게 된다고 악인의 부활을 다음과 같이 정리했다.[2]

> 그들의 몸이 고통을 받을 수 있다면 그것이 어떻게 부
> 패하지 않을 수 있는지에 관하여 의문을 가지거나, 혹

2　아우구스티누스, 『아우구스티누스: 고백록과 신앙편람』, 578-79.

　　　　　　　　　기독교인만 읽는 책

은 그것이 죽을 수 없다면 그것이 어떻게 부패할 수 있는지에 관하여 탐구하도록 하지 말자. 행복하게 살아질 수 없다면, 참된 생명은 없다. 건강이 고통에 의하여 상처를 입지 않는 곳이 아니라면, 진정한 비부패성은 없다. 불행한 존재가 죽도록 허락되지 아니하는 곳에서 사망 그 자체는, 소위 죽지 않는다. 고통이 영속적으로 괴롭히고 결코 없어지지 아니하는 곳에서, 부패는 무한하게 계속될 것이며, 성경은 이러한 상태를 '둘째 사망'(계 2:11; 20:6, 14)이라고 일컫는다.[3]

---

3   아우구스티누스, 『아우구스티누스: 고백록과 신앙편람』, 562.

마. 심판에 대하여

성경은 죽음 후의 심판을 말씀하고 있습니다. 성경은 "한 번 죽는 것은 사람에게 정하신 것이요 그 후에는 심판이 있으리라"(히 9:27) 말씀하시고, 모든 일에 있어 자신의 종말을 유념하고 엄격하신 심판자 앞에 어떻게 설 것인가 염려하라(히 10:31)고 합니다. '심판'은 죽음과 함께 실행되는가? 아니면 요한계시록에 계시된 말씀들처럼 그리스도의 재림 때에 이루어지는가? 이 질문은 그 누구도 경험하지 않은 사후의 세계에 대한 것이므로 어디에서도 객관적인 진리를 발견할 수는 없습니다. 그러나 이러한 말씀들은 종말에 있을 심판에 대한 것이며 인간은 일상에서 늘 하나님의 심판을 받으며 살고 있습니다. 즉, 도덕적으로 문란한 곳에는 하나님의 심판이 늘 임하고 있다는 것은 성경 곳곳에서 강조되고 있습니다.

그러나 요즘 세상에는 성경의 여러 말씀들이 경고하는 일상

기독교인만 읽는 책

에서 실행되는 하나님의 심판을 믿는 자는 물론 두려워하는 자도 없어 보인다. 그래서 필자는 심판이라는 진리에 대하여 집중할 수 있도록 인간의 죽음과 심판의 때에 대해서만 집중해 보고자 합니다. 필자는 성도의 죽음과 성도에 대한 심판은 동시에 일어난다고 봅니다. 물론 이 심판은 종말의 때에 있을 그리스도의 "최후의 심판"과는 심판의 목적과 개념이 다릅니다. 종말의 때에는 루터의 생각처럼 나팔소리에 죽은 자들이 '깊은 잠'에서 깨어나 부활하고 이어서 영생과 영벌의 심판을 받겠지만, 인간의 삶과 죽음이 되풀이되는 현세에서 수행되는 하나님의 심판은 인간의 죽음과 함께 그의 일생에 대한 심판이 곧바로 실행된다고 봅니다. 그리스도를 믿지 않고 다른 우상을 섬기며 살다가 죽은 비기독교인들에 대한 심판도 죽음이 임하고 영혼이 육신을 떠날 때, 영혼의 행방은 이미 하나님의 심판에 의해 정해진다고 봅니다. 즉 그리스도와 함께하는 "낙원"일까, 아니면 최후의 부활과 심판의 날에 이를 때까지 고통의 쉼이 없는 "지옥"으로 향하게 될까, 그것에 대한 하나님의 심판은 죽음을 맞이하는 때에 결정이 난다고 봅니다. 그리스도께서 십자가에 매달려 돌아가실 때, 자신의 믿음을 고백한 행악자에게 '네가 오늘 나와 함께 낙원에 있으리라' 하셨으니, 그 말씀은 그리스도께서 그 시간, 말씀 그 자체로 그 행악자를 심판하시고 은총을 베푸신 것으로 보는 것이며, 이 말씀 때문에 인간의 영혼이 육신을 떠나 낙원으로 가는지 지옥으로 가는지를 그리스도께서 판결하신다고 보는 것입니다. 즉 온 세상에 대한 최후의 심판은 종말의 때 하나님의 정하신 때에 이루어지겠지만, 인간 개개인에 대한 하나님의 심판은 그의 죽음과 함께 임한다고 보는 것입니다.

그리고 인간의 죽음과 동시에 내려지는 하나님의 선악 간 '심판'은 그리스도의 재림 때 있을 '최후의 심판'에서 사망에서 생명으로 옮겨진 성도들이 정죄당하지 않고 심판받지 않게 되는 이유 중 한 가지가 됩니다. 즉 요한복음 3장 18절에서 "그를 믿는 자는 심판을 받지 아니하는 것이요 믿지 아니하는 자는 하나님의 독생자의 이름을 믿지 아니하므로 벌써 심판을 받은 것이니라" 하신 말씀과 마태복음 7장 21절에서 "나더러 주여! 주여! 하는 자마다 다 천국에 들어갈 것이 아니요 다만 하늘에 계신 내 아버지의 뜻대로 행하는 자라야 들어가리라" 하신 말씀의 뜻을 분명하게 이해시켜 준다고 생각하는 것입니다. 이렇게 인간의 내세에 대한 운명은 죽음과 함께 내려지는 하나님의 심판에 의해 성취되며, 재림주 예수 그리스도의 "최후의 심판"은 영생과 영벌을 포함하는 온 세상의 재창조를 위한 심판인 것으로 보는 것입니다. 모든 사람은 심판을 받는다는 것은 성경에 기록된 진리입니다. 그리고 심판의 결과는 그리스도를 믿은 자들은 그리스도와 함께 영생으로 들어가고, 그리스도를 부인하

기독교인만 읽는 책

고 믿지 않은 사람들은 사탄과 함께 영원한 죽음으로 들어간다.[4] 심판의 교리는 결코 이해하기 쉬운 교리가 아니지만 하나님의 구속사에서 매우 중요한 과정입니다. 재림하시는 예수 그리스도가 심판주가 되시어 엄청난 위엄을 드러내시며 인간의 선악을 판결하시어 천국과 지옥에서의 영생과 영벌을 결정하실 것입니다. 그리고 인간을 위한 유일한 구원자를 조롱하고, 부인하고, 무시하고, 증오하고, 농담거리 삼아 놀리고, 욕설로 사용하고, 자신들과 똑같이 취급하며, 주님의 말씀을 진지하게 여기지 않은 죄인들의 영혼이 종말의 때 최후의 심판이 있을 때까지 평안하게 잠을 잘 것이라고 생각한다는 것은 너무나 공의로우신 하나님의 정의가 아니라고 봅니다. 따라서 인간은 자신의 죽음과 함께 하나님의 심판을 받는다고 생각하는 것이 옳다고 봅니다.[5]

---

4   알트하우스, 『루터의 신학』, 이형기 역(고양: 크리스챤다이제스트, 2008), 449.
5   더글라스 스위니 & 오왠 스트라챈, 『조나단 에드워즈의 천국과 지옥』, 김찬영 역(서울: 부흥과 개혁사, 2012), 100.

바. 영생과 영벌에 대하여

　기독교 내세관(來世觀)의 핵심은 최후 심판이 전제된 영생(永生)과 영벌(永罰)의 부활(復活)입니다. 부활은 그리스도인만의 부활이 아니라 모든 죽은 자의 부활이며, 심판도 모든 사람이 받아야 합니다. 하나는 심판의 부활이고, 다른 하나는 생명의 부활입니다(요 5:29). 성경에 따르면, 그리스도를 믿는 신자들은 그리스도와 함께 영생으로 들어가고, 믿음이 없는 사람들과 악한 사람들은 사탄과 그의 천사들과 함께 영원한 죽음으로 들어갑니다.[6] 칼빈은 이러한 부활과 심판에 관한 확신은 복음을 믿는 믿음을 가지고 하나님의 권능에 합당한 영광을 돌리는 자에게만 가능하다고 했습니다. 즉, "선한 일을 행한 자는 생명의 부활로, 악한 일을 행한 자는 심판의 부활로 나아올 것이라"(요 5:28-29)는 말씀과 "내가 부활이고 생명이니 나를 믿는 자는 죽

6　폴 알트하우스, 『루터의 신학』, 449.

어도 살아날 것이요"(요 11:25)라는 말씀을 믿는 자에게 만 그 확신이 가능하다는 말입니다. 또 어거스틴에 따르면, 부활 후에, 전체 심판이 열리고 마쳐질 때에, 양과 염소를 구분하듯, 그리스도의 도시와 마귀의 도시, 선한 자들을 위한 도시와 악한 자들을 위한 도시로 구별된다(마 25:32). 그리스도의 도시에서는 더 이상 죄를 짓는 의지가 없을 것이며, 영원한 생명 안에서 진실 되고 행복하게 살아갈 것이지만, 마귀의 도시에서는 더 이상 죽을 수도 없는 영원한 죽음 안에서 영원히 비참한 '둘째 사망'을 살게 됩니다.[7]

영벌에 대해서는 위에 언급된 내용 그 이상 우리가 생각해야 할 이유가 없습니다. 그러나 그리스도인들이 믿는 영생의 진정한 의미는 우리가 하나님을 대면하고 영원한 복락을 누리는 '불멸'의 삶을 살게 된다는 것입니다. 즉 그리스도께서 하신 말씀 즉, 내가 부활이고 생명이니 나를 믿는 자는 죽어도 살아날 것이요(요 11:25)라는 말씀이 성취됨을 확인하는 영화의 순간이기도 하다. 왜냐하면 "하나님이 당신에게 그분 자신을 당신의 하나님으로 소개한다면, 당신은 죽었을 때에도 하나님께 살아 있는 것입니다. 하나님이 당신에게 말한다면, 당신은 불멸의 관계에 들어가는 것입니다. 하나님이 진노 속에서 말하든, 은총 속에서 말하든, 하나님이 말을 건넨 사람은 누구든지 죽지 않

---

7   아우구스티누스, 『아우구스티누스: 고백록과 신앙편람』 578-579.

는 것이 확실하다. 왜냐하면 하나님은 살아 있는 사람들에게만 말하기 때문입니다."[8] 그리고 그날에는 주께서 그의 신실한 종들을 영접하사 눈에서 눈물을 씻기시며, 형언할 수 없는 즐거움으로 먹이시고, 그와 함께 고귀한 교제를 나누게 하실 것입니다 (사 25:8; 계 7:17). 성삼위 일체 하나님과 함께하는 새로운 "삶" 그것이 바로 "영생"입니다. 따라서 신자가 그날을 향하여 시선을 돌릴 때, 곧 그날에는 주께시 그의 신실한 종들을 영접하사 눈에서 눈물을 씻기시며, 영광과 희락의 옷을 입히시며, 형언할 수 없는 즐거움으로 먹이시고, 그들을 높이시어 그와 함께 고귀한 교제를 나누게 하실 것을 분명하게 바라보게 됩니다(사 25:8; 계 7:17). 결국 "나를 믿는 자는 죽어도 산다."는 그리스도의 약속이 성취되는 것입니다. 칼빈은 부활의 목표인 영원한 복락이 얼마나 탁월한 것인지, 하나님의 나라의 광채가 얼마나 찬란할지, 거기서 누릴 기쁨과 행복이 얼마나 좋고, 거기서 누릴 영광이 얼마나 큰 것인지 아무리 이야기해도, 그 이야기는 우리의 지각에서 멀고, 희미하기만 하여, 그 나라의 작은 부분도 드러내지는 못하지만, 그럼에도 불구하고 우리는 부활의 목표인 영원한 복락을 염두에 두고 살아야 한다고 말했습니다.

---

8   알트하우스, 『루터의 신학』, 443.

사. 천국과 지옥에 대하여

　　내세(來世)의 실재성은 인간이 맞이하는 죽음의 순간에 지옥의 두려움과 천국의 영광스러움으로 나타납니다. 따라서 누구나 한 번은 죽는다는 인간의 삶은 천국과 지옥은 실재한다는 성경의 가르침과 밀접하게 연결되어 있습니다. 신약성경에서 그리스도인들은 정착된 거주민이 아니라 "거류민과 나그네"(벧전 2:11)입니다. 이와 같은 베드로의 고백에는 인생의 고달픔이 서려 있지만 그리스도인들의 돌아갈 본향은 천국입니다. 성경은 천국이 실제로 존재하며 그 모습은 인간이 상상할 수 있는 그 어떤 곳보다 장엄하고 엄청난 영광의 세계이며 그리스도인이 지니고 있는 모든 소망의 총체라는 것을 다음과 같은 여러 말씀으로 증거하고 있습니다.

너희는 마음에 근심하지 말라 하나님을 믿으니 또 나를 믿으라 내 아버지 집에 거할 곳이 많도다 그렇지 않으면 너희에게 일렀으리라 내가 너희를 위하여 거처를 예비하러 가노니 가서 너희를 위하여 거처를 예비하면 내가 다시 와서 너희를 내게로 영접하여 나 있는 곳에 너희도 있게 하리라(요 14:1-3)

만일 땅에 있는 우리의 장막 집이 무너지면 하나님께서 지으신 집 곧 손으로 지은 것이 아니요 하늘에 있는 영원한 집이 우리에게 있는 줄 아느니라 참으로 우리가 여기 있어 탄식하며 하늘로부터 오는 우리 처소로 덧입기를 간절히 사모하노라(고후 5:1-2)

그들이 이제는 더 나은 본향을 사모하니 곧 하늘에 있는 것이라 이러므로 하나님이 그들의 하나님이라 일컬음 받으심을 부끄러워하지 아니하시고 그들을 위하여 한 성을 예비하셨느니라(히 11:16)

또한 요한계시록 21, 22장은 "어린양의 생명책에 기록된 자"들이 들어가는 천국의 장엄함과 "불의를 행하는 자는 그대로 불의를 행하고 더러운 자는 그대로 더럽고 의로운 자는 그대로

의를 행하고 거룩한 자는 그대로 거룩하게 하라 보라 내가 속히 오리니 내가 줄 상이 내게 있어 각 사람에게 그가 행한 대로 갚아 주리라"는 심판의 주 예수 그리스도의 엄위하심을 기록하고 있습니다.

천국에 들어가는 성도들은 하나님의 말로 다할 수 없는 은혜의 부요함과 영광을 봄과 동시에, 그리스도의 영원하고 측량할 수 없는 사랑, 특히나 성도 자신들을 위해 죽기까지 사랑하신 그리스도의 영원하고 측량할 수 없는 사랑을 가장 분명하게 알게 될 것입니다. 요컨대 천국에 있는 성도들은 그리스도 안에 있는 모든 것이 그리스도에 대한 자신들의 사랑을 가장 분명하고 영광스럽게, 조금의 무지나 오해 없이, 아무런 방해나 중단 없이, 불타오르게 하고, 기쁘게 하고, 만족시키는 것을 경험하게 될 것입니다.[9] 그러므로 이 땅에서 우리의 삶은 천국에서의 삶과 직접적인 연관이 있음을 항상 기억해야 한다(고 10:31). 그러므로 그리스도인들은, "너희가 주의 잔과 귀신의 잔을 겸하여 마시지 못하고 주의 식탁과 귀신의 식탁에 겸하여 참여하지 못하리라…그런즉 너희가 먹든지 마시든지 무엇을 하든지 다 하나님의 영광을 위하여 하라… 모든 일에 모든 사람을 기쁘게 하여 자신의 유익을 구하지 아니하고 많은 사람의 유익을 구하여 그들로 구원을 받게 하라"(고전 10:21-33)는 말씀을 청종해야

---

9   더글라서 스위니 & 오왠 스트라챈, 『조나단 에드워즈의 천국과 지옥』, 113.

합니다. 따라서 그리스도인들은 자신이 구원받는 것으로 만족해서는 안 됩니다. 복음을 전하는 이유는 다른 사람도 구원받도록 하기 위함입니다. 따라서 "그리스도의 향기"인 그리스도인들은 할 수 있는 한 모든 곳에서, 하나님과 단절된 사람들의 회복을 위해 그들과 관계를 쌓고(막 2:13-17), 그리스도를 믿지 않는 사람들에게 복음을 전해야 한다(롬 10장). 그리고 그리스도인들은 착하고 신실한 행동으로 거룩한 삶의 모습을 보여서 그들이 구원을 받을 수 있도록 좋은 영향을 끼쳐야 하며(마 5:16), 동역하는 사람들을 자기의 소유로 도와야 한다고 가르친다(눅 8:3). 성경은 이렇게 "이웃"에게 선한 영향력을 끼치는 성도들의 이름이 생명책에 기록된다고 말씀합니다(빌 4:3).

그러면 지옥의 실재성에 대한 성경의 가르침은 무엇인가? 인간의 내세에 천국에서의 복락과 지옥에서의 형벌이 예정되어 있는 것은 하나님이 공의로우시고 인격적인 분이시기 때문이며, 인간은 그 누구도 하나님이 정하신 상(賞)과 벌(罰)의 법칙을 벗어나지 못합니다. 지옥은 하나님의 공의로우심을 증거하는 곳입니다. 그곳은 악인들과 죄인들이 꺼지지 않는 불꽃 속에서 영원히 고통을 당하는 곳입니다. 하나님의 공의는 하나님의 의로우심, 죄에 대한 하나님의 거룩한 미움에서 비롯됩니다. 그러므로 거룩하지 않은 것은 반드시 하나님의 심판을 받는다.[10]

---

10 더글라스 스위니 & 오웬 스트라챈, 『조나단 에드워즈의 천국과 지옥』, 97.

기독교인만 읽는 책

성경에 기록된 바, "환난을 받는 너희에게는 우리와 함께 안식으로 갚으시는 것이 하나님의 공의시니 주 예수께서 자기의 능력의 천사들과 함께 하늘로부터 불꽃 가운데에 나타나실 때에 하나님을 모르는 자들과 우리 주 예수의 복음에 복종하지 않는 자들에게 형벌을 내리시리니 이런 자들은 주의 얼굴과 그의 힘의 영광을 떠나 영원한 멸망의 형벌을 받으리로다"(살후 1:7-9). 그래서 지옥은 하나님의 진노하심이 실현되는 곳입니다. 우리가 믿는 하나님은 인격적인 분이시며, 하나님의 진노의 대상이 되는 인간의 죄도 인격적인 것입니다. 하나님의 진노의 잔에 채워지는 인간의 죄는 하나님의 권위에 대한 반역이며 하나님의 위엄을 경멸한 것이기에 그 죄의 성격은 무한한 악(惡)입니다. 죄가 무한한 악이 되는 것은 무한한 하나님의 영광과 권위에 무례하게 도전하여 자신에게는 물론 타인에게도 하나님의 거룩함을 훼손시키기 때문입니다. 그들은 매일 노골적인 죄를 지을 뿐만 아니라 하나님의 면전에서 하나님께 불순종합니다. 하나님의 임재를 비웃고 공의와 거룩하심을 밥 먹듯이 경멸하며 하나님의 주권적인 통치를 모욕하고 하나님의 베푸시는 자비와 오래 참으심을 경멸합니다. 그뿐만 아니라 그들은 예수 그리스도의 복음을 통한 구원에의 초청과 성경에 계시된 도덕적이고 윤리적인 경고의 말씀들에 대해서는 자기의 눈과 귀를 막고 마음의 문을 아예 닫아 버린다. 그들은 하나님이 자애롭게 명령하면

할수록, 가까이 부르면 부를수록 그들의 마음은 더욱 완악해져 버린다.[11] 따라서 회개하지 않는 죄인의 삶은 하나님이 장차 내릴 공의로운 형벌을 날마다 그의 영혼에 쌓으면서 그 형벌이 실현되는 내세를 향해 달려가고 있는 것과 같습니다.

사실 기독교인이 아니더라도 성경은 읽을 수 있습니다. 그리고 기독교인이 되기 싫어도 성경이 가르치는 핵심적인 진리는 무시하지 않아야 하고 가능한 믿어야 합니다. 의사의 과학적인 진단소견을 전심으로 믿고 받아들이듯이 성령 하나님께서 계시(啓示)해 주신 여호와 하나님과 우리 주 예수 그리스도의 진리는 믿어야 합니다. 의사의 소견이 이 세상에서의 삶에 대해서 말한 것이라면, 성경에 계시된 천국과 지옥의 말씀들은 죽음 후에 맞이하게 되는 저세상에서의 삶에 대한 진리입니다. 성경을 모른다 하더라도 하나님이 인간의 마음에 심어 주신 "양심의 법칙"은 천국과 지옥의 형상을 짐작하게 만듭니다. 사실 인간들 중에서 가장 위험에 처한 사람들은 성경에 기록된 하나님의 심판의 실재성을 농담처럼 여기는 사람들입니다. 성경에는 하나님의 심판에 대한 경고를 무시하며 농담처럼 여기다가 피할 수 있는 형벌을 피하지 못하고 그대로 죽어버린 사람의 이야기가 있습니다. 즉, "롯이 나가서 그 딸들과 결혼할 사위들에게 말하여 이르기를 여호와께서 이 성을 멸하실 터이니 너희

---

11 더글라스 스위니 & 오왠 스트라챈, 『조나단 에드워즈의 천국과 지옥』, 88.

기독교인만 읽는 책

는 일어나 이곳에서 떠나라 하되 그의 사위들은 농담으로 여겼더라"(창 19:14)는 말씀 그대로 사위가 될 사람들은 장차 장인이 될 '롯'의 경고를 농담처럼 여기다가 모두 소돔과 고모라에 억수같이 쏟아지는 번개와 유황불 속에서 죽었습니다. 성경이 가르치는 중요한 사실은 그들처럼 하나님의 경고를 농담처럼 여기는 이들에게는 지옥의 형벌이 예비 되어 있다는 것입니다. 사실 대부분의 사람들은 종교를 불문하고 지옥이 실제로 존재하는 현실이라는 것을 거의 인정하지 않으며 "최후의 심판" 또는 "예수 그리스도의 재림"을 예비 된 하나님의 구속사가 펼쳐지는 인류의 역사적 현장으로 믿으려 하지 않는 것으로 보입니다. 성경은 지옥의 실재성을 여러 가지 말씀들로 설명하고 있지만 사람들은 믿지 않거나 간과하고 있으며, 지옥이 얼마나 극심한 고통을 겪는 곳인지, 얼마나 무시무시한지 전혀 자각하는 바가 없는 것 같습니다. 또 영원한 고통, 영원한 형벌에 대한 개념도 알지 못하며, 그처럼 영원한 절망이 무엇을 뜻하는지 알려고도 하지 않아 보입니다. 그러나 성경을 하나님의 말씀으로 믿는 그리스도인이라면, 비록 생전에 실제로 지옥이 어떤 곳인지 눈으로 볼 수는 없어도 성경의 풍성한 가르침을 읽음으로 지옥에서의 형벌과 고통의 영원성을 마음으로 깨닫고 그 진리의 함의를 자신의 삶에 적용하여 "천국"으로의 기회를 붙들어야 할 것입니다.

아. 맺음말

기독교 내세관은 그리스도인의 사후 세계를 설명하는 교리일
뿐 아니라, 이 세상에서 어떤 마음으로 살아야 하는지, 무엇을
향해 살아야 하는지, 그리고 왜 그렇게 살아야 하는지를 가르
쳐 줍니다. 이러한 내세관을 갖출 때 그리스도인은 죽음을 하
나님이 계신 본향으로 돌아가는 귀향의 과정으로 이해하게 됩
니다. 그런 마음에 예수 그리스도께서 가르쳐 주신 부활과 심
판을 믿을 때, 인간은 순간의 만족이 아니라 선과 악을 분별하
며 책임 있는 인생을 살아가게 됩니다. 영생과 부활의 소망은
현실을 도피하게 하는 환상이 아니라, 고난 속에서도 흔들리지
않는 힘이 되고, 삶의 방향을 바르게 인도해 주는 나침반과 푯
대가 되어 줍니다.

영생을 믿는 기독교인의 삶은 죽음 이후에 시작되는 것이 아
니라, 오늘 하나님을 바라보며 그분의 뜻을 따라 살아가는 순

기독교인만 읽는 책

간부터 이미 시작되었습니다. 그러므로 우리 기독교인은 이 세상에서 하나님의 '창조명령'을 수행하고, 예수 그리스도의 '지상명령'을 준행하며, 성령이 인도하는 윤리·도덕적인 삶을 살아야 합니다. 기독교 내세관은 하나님의 진리를 삶으로 실천하기 위해 심령이 가난하여 애통해하는 사람들의 영혼을 예수 그리스도에게로 인도하고 결국 주님의 '낙원'에서 안식을 취하게 할 것입니다.

제9부

기독교인의 장례식

가. 서문

 기독교인의 죽음은 '나그네'와 같았던 이 세상의 삶을 마무리하고, 자신이 왔던 본향으로 돌아가는 귀향입니다. 인간의 죽음은 하나님께서 창조 질서 안에 정하신 자연의 법칙이며, 모든 사람은 한정된 생명을 받아 하나님께서 주신 자리에서 하나님의 영광을 위해 살다가 사명을 마치는 순간 다시 그분께로 돌아갑니다. 그러나 죽음 앞에는 사랑하는 이들과 이별해야 하는 인간적인 괴로움과 두려움이 존재합니다.

 그러므로 기독교인의 장례식은 죽음을 절망의 끝으로 바라보는 자리가 아니라, 하나님께서 약속하신 본향으로의 귀향을 믿음으로 확인하는 자리이며, 남은 이들이 슬픔 가운데서도 그리스도 안에서 위로와 소망을 회복하는 은혜의 시간이 되어야 합니다.

기독교인만 읽는 책

나. 장례 예배

기독교인의 장례 예배는 예수 그리스도를 믿는 믿음 안에서 하나님의 영광을 증거하며, 유족의 슬픈 마음을 위로하고, 남은 이들의 아쉬운 마음을 그리스도 안에서 회복하는 시간이 되어야 합니다. 필자가 생각하기에 장례 예배에서 반드시 선포되어야 할 가장 중요한 말씀은 요한계시록 14장 13절의 선언, 곧 "주 안에서 죽는 자들은 복이 있고, 그들은 수고를 그치고 쉬게 될 것이다"라는 말씀입니다. 성경은 그리스도인의 죽음에 대해 다양한 가르침을 전하고 있지만, 다른 본문들은 모두 이 한 가지 진리를 더 분명히 드러내기 위한 맥락에서 인용되어야 한다고 생각합니다. 왜냐하면 "주 안에서 죽는 자들이 복되다"는 말씀은 하나님의 영광과 구원의 은혜를 선포하고, "그들이 수고를 그치고 쉬게 될 것"이라는 약속은 유족의 슬픔을 감싸며 위로하기 때문입니다.

필자는 장례 예배를 집전하는 목회자가 교리를 설파하는 '설교자'가 되기보다, 하나님의 말씀으로 슬픔에 잠긴 가족과 친지들을 위로하고 용기를 북돋우는 '목자'가 되어야 한다고 생각합니다. 장례 예배에서 필요한 것은 엄숙한 설교가 아니라, "이제 고인은 하나님의 품에서 평안히 쉬게 되었습니다"라는 따뜻한 위로의 메시지입니다. 이는 장례 예배에 임재하시는 하나님의 마음이 인간의 눈물 속에서 영광을 요구하기보다, 먼저 그 눈물을 닦아 주시고 위로하시는 '아버지의 마음'이기 때문입니다. 그러므로 집전자는 이러한 하나님의 마음을 깊은 공감과 사랑의 언어로 선포하는 '주님의 사자'가 되어야 합니다.

또한 장례 예배에는 고인을 추모하는 순서를 마련할 필요가 있습니다. 장례 예배는 단순한 교회의 공식 예배가 아니라, 하나님의 섭리 안에서 인간의 슬픔을 위로하고 이별의 마음을 정리하는 성도들의 모임이기에, 고인을 기억할 시간을 제공하는 것은 자연스러운 배려입니다. 고인과 가까웠던 가족이나 교우가 올리는 기도, 추모사 또는 고별사는 고인의 인생과 신앙의 여정을 회고하게 하며, 함께했던 순간을 회상하는 애틋한 과정에서 남은 이들의 믿음과 친교를 더욱 굳건하게 할 것입니다.

주 안에서 죽은 복된 자들이 들어가는 그리스도의 낙원은 고통이 없는 참된 안식의 자리이며, 죽음에서 해방된 인간의 눈물을 닦아 주시는 하나님의 사랑으로 충만한 곳입니다. 그러므

기독교인만 읽는 책

로 기독교인의 장례 예배는 참예자들이 죽음을 두려워하기보다 본향으로 돌아가는 여정으로 이해하도록 돕고, 모든 성도들이 낙원에서 누릴 안식과 하나님과 함께할 영생복락을 소망하도록 인도해야 합니다. 그리고 그리스도인들은 "죽음은 끝이 아니라 본향으로 향하는 귀향이며, 그리스도 안에 있는 자는 하나님의 품에서 참된 안식을 얻는다"는 확신을 마음에 품어야 합니다. 이러한 믿음과 소망이 참예자들의 마음에 새겨질 때, 고인의 죽음은 가족들에게 두려운 종말이 아니라 하나님께 돌아가는 귀향으로 받아들여질 것입니다. 그 확신 속에서 죽음은 육신의 고통에서 영혼을 해방시키시는 하나님의 은혜로 여겨지고, 구원하시는 하나님의 사랑에 대한 깊은 감사가 마음속에 피어나게 될 것입니다.

다. 장례 예절

장례식은 사랑했던 사람을 떠나보내는 자리이고, 유족의 슬픔을 함께 나누며 서로를 위로하고 격려하는 시간입니다. 그러나 한국 사회는 다양한 장례 관습이 공존하기 때문에 제사를 비롯한 여러 민간 의식과 절차가 기독교인의 신앙을 시험하는 경우가 적지 않습니다. 특히 장례식장에서 망자에게 올리는 절이나 분향과 같은 의식은 기독교인의 신앙과 양심으로 감당하기 어려운 예절입니다. 그럼에도 기독교인은 무엇보다 '화목'을 추구해야 하는 순례자이기에, 이러한 문제로 가족이나 친지와 갈등을 일으키지 않도록 주의해야 합니다. 그리스도인은 성경이 금지하는 우상숭배는 타협할 수 없지만, 성경은 또한 "할 수 있거든 너희로서는 모든 사람과 더불어 화목하라"(롬 12:18)고 가르친다는 사실을 기억해야 합니다. 그러므로 가족이 절을 하거나 술을 따르고 분향을 피울 때, 기독교인은 조용히 기도하는 마음으로 그 자리를 지키는 것이 좋습니다. 종교적 차이를 이유로 자신을 가족으로부터 분리하지 않아야 하고, 사랑과 관용의 덕으로 풍습과 관습을 용납해 주는 태도가 기독교인의 명철입니다. 화평을 위한 관용은 타협이 아니라 진리 위에 세워진 사랑의 능력임을 기억해야 합니다.

유족에게는 장례식장에 고인의 삶을 보여 주는 사진을 풍성하게 전시하는 것이 도움이 됩니다. 영정 사진 한 장만 놓기보다, 고인이 가족과 함께 웃던 모습, 친구나 교우와 함께 지내던 즐거운 장면, 생전에 성실히 일하며 살았던 순간들을 전시하는 것이 좋습니다. 말은 없지만 사진은 고인의 생애를 증언하고, 함께했던 삶의 기억을 되살려 장례식의 의미를 더욱 애틋하고 따뜻하게 만들어 줍니다.

장례식에서 제공되는 식사와 쉼의 공간 역시 매우 중요한 요소입니다. 제공되는 식사는 고인의 사랑과 정성을 담아야 하며, 그 공간은 고인을 사랑했던 이들이 마지막으로 서로의 마음을 나누고 화해하는 자리입니다. 이 자리에서 사람들은 고인을 추모하고 서로의 관계를 그리스도 안에서 회복하게 됩니다. 그러므로 음식은 따뜻하고 정갈하게 준비해야 하고, 특히 노인들을 생각하여 부드러운 음식으로 배려하는 것이 좋습니다. 또한 모든 사람이 성도의 교제를 나눌 수 있도록 식사는 충분히 제공되어야 합니다.

마지막으로 유족이 참석한 분들 앞에서 감사의 인사를 전하는 시간은 장례의 품위를 높이는 중요한 순서입니다. "그분은 여러분을 사랑했고, 함께했던 시간을 소중히 여겼습니다."라는 짧은 인사는 고인의 마음을 대신 전하는 따뜻한 위로가 됩니다. 그리고 장례식이 예배로 마무리된다면, 집전하는 목회자는 죽음이 인생의 끝이 아니라 본향으로 돌아가는 복된 길이라는 성경의 가르침을 강조하며 축도로 전체 예식을 마무리하는 것이 바람직합니다.

기독교인만 읽는 책

라. 장례 기도

장례식에서 기도를 맡은 이는 하나님 앞에 서 있다는 사실을 기억하며, 자신의 말이 아니라 하나님의 위로와 뜻을 전하는 통로라는 마음으로 기도해야 합니다. 유족의 슬픔을 교훈하려 하지 말고, 그들의 아픔을 하나님께 올려 드리는 따뜻하고 진실한 기도를 드리며, 고인의 생애를 허락하신 하나님께 감사하고 고인이 주님의 품에서 평안히 쉬도록 구해야 합니다. 장례의 기도는 감정이 아니라 성경의 약속에 근거해야 하며, 유족의 마음을 위로하시고 평강을 주시는 성령님의 도우심을 믿고 의지하는 기도가 되어야 합니다. 또한 장례는 성도의 사랑이 드러나는 시간이므로, 공동체가 서로 위로하며 하나 되도록 하나님께 구하는 마음으로 기도해야 합니다.

1) 대표 기도 예문

1. 사랑과 생명의 주인이신 하나님 아버지, 오늘 우리는 주께서 불러 가신 사랑하는 ○○○ 성도(향년 △△세)의 삶을 기억하며 주 앞에 섰습니다. 주께서 주시고 주께서 거두셨사오니, 주의 이름이 찬송을 받으시옵소서. ○○○ 성도의 일생을 돌아볼 때, 모든 걸음마다 함께하신 하나님의 은혜를 고백합니다. 젊은 날의 수고 속에도, 인생의 기쁨과 슬픔 속에도 주께서 늘 동행하셨습니다. 그의 생애가 여기까지 이르게 하신 에벤에셀의 하나님께 감사와 찬송을 올려 드립니다.

주님, 이별의 아픔 속에서 눈물짓는 가족들의 마음을 위로하여 주옵소서. 사랑하는 이를 떠나보내며 허전함과 슬픔에 잠긴 이들에게 하늘의 평강과 부활의 소망을 부어 주시옵소서. 주께서 친히 그 눈물을 닦아 주시고, 절망 대신 위로를, 슬픔 대신 감사의 믿음을 허락하소서.

주님, 죽음이 끝이 아니라 주의 품으로 돌아가는 은혜의 통로임을 믿습니다. 이별의 자리가 감사의 예배로 바뀌게 하시고, 남은 우리 모두가 주께서 주신 생명을 귀히 여기며 주의 뜻 안에서 진실하게 살게 하옵소서. 이 시간에도 우리와 함께하시는 임마누엘의 주님을 찬양하며, 예수 그리스도의 이름으로 기도드립니다. 아멘.

기독교인만 읽는 책

2. 은혜로우신 하나님 아버지, 오늘 우리는 사랑하는 ○○○ 성도(향년 △△세)를 주의 품에 맡기며 주 앞에 나아갑니다. 그의 생애가 주님의 손 안에서 시작되어, 주의 뜻 안에서 마무리되었음을 믿습니다. 하나님, ○○○ 성도의 걸어온 인생길이 바로 "여기까지 도우신 에벤에셀의 은혜"였음을 고백합니다. 어린 시절의 순전함도, 젊은 날의 헌신도, 노년의 평안함도 모두 주님의 인도하심이었습니다. 그 삶의 매 순간마다 주님께서 함께하셨음을 감사드립니다.

주님, 이 시간 깊은 슬픔 속에 있는 유가족들을 위로하여 주옵소서. 주께서 친히 그들의 눈물을 닦아 주시고, 마음에 평안을 허락하시며, 절망 속에서도 부활의 소망을 바라보게 하소서. 고인의 삶을 통해 흘러온 믿음의 유산이 자녀와 후손의 마음에 이어지게 하시고, 이 가정이 하나님의 위로로 새 힘을 얻게 하옵소서.

주님, 오늘의 장례가 단순한 이별의 의식이 아니라 생명의 주인 되신 하나님께 드리는 감사의 예배가 되게 하소서. "나는 부활이요 생명이니 나를 믿는 자는 죽어도 살겠고" 하신 주님의 말씀을 의지하며, 우리 모두가 부활의 소망 속에 살게 하옵소서.

모든 영광을 하나님께 돌리며, 예수 그리스도의 이름으로 기도드립니다. 아멘.

2) 헌화 묵도 예문

1. ○○○의 생명을 주께서 주시고 주께서 거두셨사오니, 주의 이름이 찬송을 받으시옵소서. 생전에 고인의 삶을 인도하시고 이제 그의 영혼을 본향으로 인도하시는 주님께 감사드리며 이 꽃을 드립니다. 남은 우리도 주의 뜻 안에서 복된 삶을 살게 하소서. 예수 그리스도의 이름으로 기도합니다. 아멘.

2. 하나님 아버지, 이 헌화의 시간에 한 송이 꽃으로 하나님의 은혜에 대한 감사와 고인을 추모하는 우리의 마음을 올려 드립니다. 죽음이 끝이 아니라 본향으로 돌아가는 영생의 과정임을 믿게 하소서. 예수 그리스도의 이름으로 기도드립니다. 아멘.

3) 입관 기도 예문

1. 하나님 아버지, 이 시간 우리는 사랑하는 ○○○의 육신을 관에 담고, 그의 생애가 주의 은혜로 시작되어 주의 뜻 안에서 마무리되었음을 고백합니다. 주께서 주시고 주께서 거두셨사오니 주의 이름이 찬송을 받으시옵소서. 이제 그의 몸은 흙으로 돌아가지만, 그 영혼은 본향으로 돌아가 주의 품 안에서 평

기독교인만 읽는 책

안히 안식하게 되는 줄 믿습니다. 슬픔 중에 있는 가족을 위로하시고, 유족들 모두가 서로 사랑하고 격려하며 믿음과 순종의 길을 걷게 도와주옵소서. 예수 그리스도의 이름으로 기도드립니다. 아멘.

2. 자비로우신 주님, 이 시간 사랑하는 ○○○의 육신을 관에 담고, 그의 생애가 주의 은혜로 시작되어 주의 뜻 안에서 마무리되었음을 고백합니다. 고인의 일생에 하나님의 은혜와 인도하심이 있었고 그가 본향으로 돌아가는 이 순간까지 하나님의 사랑이 함께 하시는 줄 믿습니다. 주님, ○○○의 영혼에 안식을 베풀어 주시고, 이별을 슬퍼하는 유족과 친지들에게 죽음은 종말이 아니라 본향으로 돌아가는 영생의 과정이라는 믿음을 굳게 해 주소서. 부활의 소망으로 슬픔을 이기게 하시고, 영생의 확신으로 하나님께 감사하는 믿음을 주소서. 예수님의 이름으로 기도드립니다. 아멘.

4) 발인 기도 예문

1. 자비로우신 하나님 아버지, 이제 ○○○의 장례를 마치려 합니다. 그의 영혼은 이미 그리스도의 낙원에서 주님이 주시는 평안을 누리며 안식하고 있는 줄 믿습니다. 이제 우리는 ○○

○의 육신을 흙으로 돌려보내는 의례를 가지며 장례식을 마무리하고자 합니다. 이별의 순간은 언제나 슬프고 마음을 아프게 하지만, 본향으로 돌아가 안식을 취하는 ○○○의 영혼을 생각할 때, 하나님에 대한 감사와 찬양이 마음에 솟구칩니다. 남아 있는 장례 순서와 절차마다 하나님의 선한 섭리를 베풀어 주시고, 장례식을 마치는 유족과 친지들의 마음을 위로해 주시며, 서로를 더 아끼고 사랑하는 삶을 살아가도록 강건한 믿음을 부어 주소서. 예수 그리스도의 이름으로 기도드립니다. 아멘.

2. 천지를 창조하시고 역사와 질서를 주장하시는 여호와 하나님! ○○○의 육신을 땅으로 보내며 이별의 슬픔 속에서 아버지께 감사와 영광을 올려 드립니다. 이별의 시간이 우리 마음을 아프게 하는 것은 피할 수 없지만, 독생자 예수 그리스도의 생명을 내어 주시고 우리 인간을 구원해 주신 하나님의 은혜를 생각할 때, 감사의 말씀을 드리지 않을 수가 없습니다. 주님, 고인의 생애에 함께하셨던 주님의 따뜻한 사랑과 은혜의 손길을 곁에서 보았고 느꼈습니다. 그리고 그의 삶 속에서 하나님의 이름으로 베풀어진 사랑과 선한 일들이 이제 우리에게 귀한 믿음의 유산으로 남겨졌습니다. 우리도 하나님과 동행하며 그리스도 안에서 ○○○처럼 서로를 따뜻하게 품고 도우며 살아가게 하옵소서. 이 시간 유족들의 마음을 특별히 위로

해 주시고, 슬픔을 극복하며 살아가는 나날에 새로운 힘을 주시며, 연약한 마음이 흔들리지 않도록 주님의 평강으로 붙들어 주옵소서. 장례의 남은 순서와 절차에 하나님의 선하심이 함께해 주시기를 간절히 바랍니다. 이 자리에 참례한 주의 자녀 모두에게 주님의 한결같은 사랑과 명철의 지혜가 임하기를 바라며, 우리 구주 예수 그리스도의 이름으로 기도드립니다. 아멘.

5) 하관 기도 예문

1. 영원한 생명의 주님, 이제 사랑하는 ○○○의 육신을 땅에 내려놓고 작별의 시간을 가집니다. 인간의 죽은 모습은 갖가지 형태로 경험되지만 그 모든 육신은 흙으로 돌아가는 줄로 믿습니다. 그러나 이 세상에 올 때 입었던 육신의 모습은 사라지고 없어지지만, 그의 영혼은 주의 품에 있음을 믿습니다. 그리고 부활의 날에 우리 모두의 영혼은 변화된 새로운 육신을 입고 영생복락을 누리게 되는 줄 믿습니다. 이 자리에 임재하신 하나님 아버지, 우리 모두에게 부활의 소망을 확신하게 하시고 "나는 부활이요 생명이니 나를 믿는 자는 죽어도 살겠고" 하신 주의 말씀을 믿고 의지하며, 예수 그리스도의 이름으로 기도드립니다. 아멘.

2. 영원한 생명의 주 여호와 하나님, 이제 우리는 사랑하는 ○○○의 육신을 흙으로 돌려보내는 의식을 치르고 있습니다. 유족들의 슬픈 울음소리를 들으며 그의 육신을 땅에 내려놓습니다. 그러나 우리는 ○○○의 영혼이 이미 주님의 낙원에서 안식하고 있음을 믿습니다. 이 자리에 임재하시는 하나님의 명철이 우리에게 임하사 우리에게 부활에 대한 믿음과 소망이 더욱 선명해지고 확신하는 믿음의 역사가 이루어지게 하옵소서. 예수 그리스도의 이름으로 기도합니다.

기독교인만 읽는 책

마. 맺음말

기독교인의 내세관에서 인간의 죽음은 하나님께서 정하신 질서 안에 있는 한 과정이며, 모든 생명은 그분의 품 안에서 시작되어 다시 그분께로 돌아갑니다. 그러나 성도가 맞이하는 죽음의 순간은 부활의 소망을 지니고 들어가는 영생의 순간이지만, 그와 동시에 사랑했던 사람들과 이별해야 하는 인간적인 슬픔이 교차하는 자리이기도 합니다. 그러므로 장례식은 영혼을 구원하시고 영생의 소망을 주신 하나님께 감사하는 마음이 있어야 하고 가족들이 겪게 된 이별의 슬픔을 위로하고 그늘의 삶을 격려하는 시간이 되어야 합니다.

제10부

에필로그

가. 서문

한국 기독교의 역사는 이 땅의 근현대사와 함께 숨 쉬어 왔습니다. 나라가 쓰러지고 다시 일어서던 시간마다, 복음의 빛은 민족의 가슴속에서 꺼지지 않았고, 하나님의 말씀은 어둠 속에서도 길을 비추었습니다. 평양 대부흥의 성령의 불길은 한 시대를 넘어 지금의 우리에게까지 이어져 오며, 교회와 그리스도인의 삶을 새롭게 하려는 하나님의 손길을 증언하고 있습니다. 그러나 오늘 우리가 마주한 한국교회의 모습은 자랑스러운 역사와는 달리 많은 상처와 혼란 속에 서 있으며, 하나님 앞에서 다시 우리 자신을 돌아보아야 할 때에 이르렀습니다.

이 에필로그는 과거의 영광을 회상하기 위한 기록이 아니라, 우리가 어디에서 왔고 지금 어디에 서 있으며 앞으로 어디로 가야 하는지를 비추어 보는 영적 거울입니다. 한국 근현대사를 살린 기독교의 빛을 다시 붙잡고, 평양 대부흥 후 120년의 시

기독교인만 읽는 책

간을 성찰하며, 오늘의 한국교회와 그리스도인의 자화상을 정직하게 바라보면서, 결국 '우리는 회심해야 한다'는 성경의 부르심 앞에 다시 서려는 마음으로 이 글을 엮었습니다.

나. 한국 근현대사를 살린 기독교의 빛

구한말 조선은 외세의 압력과 내부의 혼란으로 해체 직전에 서 있었습니다. 바로 그때 기독교는 복음과 함께 근대적 교육, 의료, 출판, 사회봉사의 씨앗을 심었습니다. 배재학당과 이화학당은 여성과 평민에게까지 배움의 문을 열었고, 제중원에서 시작된 근대병원은 병든 이웃을 돌보는 사랑을 제도로 세웠습니다. 당시 복음은 단순한 종교적 의식이 아니었습니다. 글을 가르치고, 양서를 보급하고, 환자를 돌보고, 인권과 평등의 가치를 일깨우면서, 하나님 앞에서 모든 인간이 존엄하다는 사실을 삶으로 보여 주는 빛이었습니다. 이는 성경이 가르치는 이웃 사랑의 삶이 한 사회의 문명을 일으킬 수 있음을 보여 준 첫 증거였습니다.

일제의 지배가 시작되자 복음은 양심을 깨우는 힘이 되었습니다. 기독교인들은 폭력과 우상숭배의 압력 속에서도 하나님의 주권 앞에 무릎을 꿇고, 사람의 권력 앞에서는 양심을 지켰습니다. 예배당은 단순히 예식을 드리는 공간이 아니라, 진리의 자유를 배우는 학교이자 서로를 붙드는 공동체가 되었습니다. 독립을 갈망하던 백성에게 기독교는 "하나님 앞에서의 자유"가 곧 "사람 앞에서의 자유"라는 사실을 일깨웠고, 그 자유는 민족의 양심을 깨우는 불씨가 되었습니다. 성경적 세계관은 민족주의로 변질되지 않았고, 동시에 무책임한 중립으로 도망치지도 않았습니다. 하나님을 경외하는 자유, 이웃을 사랑하는 책임, 거짓을 거부하는 양심이 교회 안에서 길러졌고, 그 힘이 사회를 지탱했습니다.

6·25 전쟁은 모든 것을 무너뜨렸습니다. 그러나 폐허 위에서 교회는 다시 등불을 들었습니다. 피난지의 예배당은 구호의 거점이 되었고, 고아와 과부를 품는 사랑의 식탁이 차려졌습니다. 학교가 세워지고 병원이 확장되었습니다. 기독교인들은 자신이 가진 것을 떼어 가난한 이웃과 나누며, 눈물과 기도로 공동체를 다시 세웠습니다. 전후의 긴 재건기 동안 기독교는 교육과 의료, 복지와 지역사회 돌봄에서 십자가의 사랑을 제도와 생활의 언어로 번역해 냈습니다. 경제가 회복되기까지 성실·정직·책임이라는 일상의 미덕을 길러 낸 것도 바로 이 복음의 토양이었습니다.

문화 영역에서도 복음은 조용하지만 끈질기게 스며들었습니다. 문자 해득과 독서운동, 출판과 언론, 음악과 합창, 청소년·여성·노인 돌봄, 농어촌 계몽과 지역 공동체의 회복 등 곳곳에서 벌어진 작은 일들이 서로 연결되며 "하나님 사랑과 이웃 사랑"이라는 두 계명의 생태계를 이루었습니다. 이것이 한국 근현대사에서 기독교가 남긴 가장 큰 유산입니다. 복음은 특정한 의식이나 행사로 머물지 않고, 사람을 살리고 공동체를 세우는 삶의 구조로 자리 잡았습니다. 성경이 가르치는 진리는 추상적인 개념이 아니라, 고통의 한가운데에서 이웃을 붙드는 손과 발이라는 사실이 이 역사 속에 기록되어 있습니다.

물론 모든 일이 빛으로만 채워졌던 것은 아닙니다. 인간의 연약함이 교회 안에서도 드러났고, 시대의 유혹 속에 신앙의 순결이 흐려질 때도 있었습니다. 그럼에도 불구하고 한국 사회의 가장 어두운 골짜기마다 반드시 있었다고 말해야 할 이들이 있습니다. 이름 없이 섬기던 목회자와 교사, 간호사와 의사, 사회복지사와 자원봉사자, 그리고 직장에서 묵묵히 정직하게 일하며 이웃을 도왔던 신실한 성도들입니다. 그들의 눈물과 땀은 통계로 남지 않지만, 하나님께서는 기억하십니다. 이들은 성경의 진리가 말에서 멈추지 않고 삶이 되도록, 자기 몫의 십자가를 기꺼이 졌습니다.

이 장의 목적은 기독교가 한국 사회를 '지배'했다는 주장을 하려는 것도 아니며, 모든 공을 교회가 독점하려는 것도 아닙니

기독교인만 읽는 책

다. 우리가 분명히 말씀드리고자 하는 바는 이것입니다. 복음이 사람을 바꾸면, 그 사람이 자기 삶의 자리에서 세상을 바꾼다는 사실입니다. 구한말의 학교와 병원, 일제 강점기의 양심, 전후 재건기의 나눔과 정직은 모두 이 한 문장의 다른 얼굴입니다. 하나님 앞에서 새 사람이 된 이들이 각자의 자리에서 선을 심었고, 그 선이 또 다른 선을 낳아 오늘의 사회를 지탱했습니다. 이것이 한국 근현대사에 남은 기독교의 빛입니다.

이제 우리는 이 빛을 회고하는 데서 그치지 말아야 합니다. 빛은 지나간 역사를 칭찬하기 위한 장식이 아니라, 오늘 우리의 발걸음을 비추는 기준이 되어야 합니다. 다음 장에서는 한국교회의 심장에 불을 지폈던 평양 대부흥의 정신을 살펴보려 합니다. 눈물의 회개와 이웃 사랑, 성결과 공적 책임으로 나타난 그 불꽃이 한 세대의 영혼을 어떻게 깨우고, 이후의 사회적 변화에 누룩처럼 작용했는지 함께 확인하게 될 것입니다. 그 목적은 단 하나입니다. 오늘 우리가 다시 회심하여 기독교인다움을 회복하도록, 역사가 보여 주는 길과 성경이 밝히는 길을 한 자리에 세우기 위함입니다.

다. 평양 대부흥 후 120년에 대한 영적 각성

1907년 평양 장대현교회에서 시작된 부흥은 단순한 감정의 폭발이 아니었습니다. 그것은 민족 전체가 하나님 앞에 무릎 꿇는 영적 각성의 사건이었습니다. 성령의 바람이 평양을 흔들었고, 그 바람은 전국으로 번져 조선의 영혼을 뒤흔들었습니다. 수많은 이들이 공개적으로 자신의 죄를 고백했고, 인간의 체면과 위선은 회개의 눈물 속에 녹아내렸습니다. "한국교회의 오순절"이라 불릴 만큼 강력했던 이 부흥은 개인의 변화에 그치지 않고 사회의 도덕과 양심을 새롭게 세웠습니다.

이 부흥의 중심에는 설교의 기교도, 조직의 힘도 없었습니다. 그것은 하나님의 말씀 앞에서 스스로 무너진 인간의 내면이 다시 세워지는 사건이었습니다. 죄를 죄로 인정하고, 서로에게 잘못을 고백하며, 용서와 화해가 교회 안에서 시작되었습니다. 교인들이 스스로 불의한 돈을 돌려주고, 이웃과의 관계를 회복

기독교인만 읽는 책

하며, 공동체 전체가 하나님의 말씀 앞에 정직해지려 몸부림쳤습니다. 이 회심의 물결은 교회의 체질을 바꾸었습니다. 예배는 생명을 얻는 시간으로, 봉사는 사랑의 통로로, 일상은 믿음을 실천하는 현장으로 변했습니다.

이 영적 각성은 당시 사회를 지탱하던 두 가지 병폐—패배주의와 체념—을 깨뜨렸습니다. "조선은 희망이 없다"는 절망이 만연한 시대에, 기독교는 인간의 가능성을 넘어서는 하나님의 가능성을 가르쳤습니다. 하나님을 경외하는 마음이 근면과 성실, 정직과 절제의 생활윤리로 이어졌고, 이는 훗날 '한강의 기적'으로 불리는 재건과 발전의 기초가 되었습니다. 복음은 인간의 한계를 넘어서는 힘을 제공했습니다. 말씀은 노동을 변화시키고, 그 가치가 경제의 윤리를 형성하며, 회심이 사회적 책임으로 확장되었습니다.

평양 대부흥은 교회의 내부를 정결하게 했을 뿐 아니라, 사회적 사랑의 문을 활짝 열었습니다. 고아와 과부, 병자와 가난한 이웃을 향한 사랑의 운동이 전국으로 번졌습니다. '기도하는 교회'가 '사랑을 행하는 교회'로 변했고, 기독교는 더 이상 내면의 위안이 아니라 공동체를 세우는 힘이 되었습니다. 부흥의 불길은 예배당의 울타리를 넘어 학교와 병원, 농촌과 도시, 심지어 정치와 경제 영역에까지 미쳤습니다. '하나님 앞에서의 정직'이 개인의 덕목을 넘어 사회의 규범이 되었고, '이웃 사랑'이 사회 윤리의 기준으로 자리 잡았습니다.

그러나 세월이 흐르며 부흥의 열정은 점차 형식과 제도 속에 묻혀갔습니다. 기독교는 감정적 열정으로 환원되었고, 회심의 눈물은 집회의 추억으로만 남았습니다. 교회의 외형은 커졌으나 내면의 순결은 약해졌습니다. 성령의 불이 사라진 자리에 인간의 계산과 명예욕이 자리 잡았고, 진리는 경쟁의 언어 속에 묻혔습니다. 오늘 우리가 평양 대부흥을 다시 기억해야 하는 이유는, 그때의 눈물을 재현하기 위함이 아니라, 그 눈물이 무엇을 향해 흘렀는지를 회복하기 위함입니다.

1907년의 회개는 인간의 감정에서 비롯된 것이 아니라, 하나님의 말씀을 두려워하는 마음에서 시작되었습니다. 바로 그 지점에서 성경적 세계관의 핵심이 드러납니다. 진정한 회심은 사고의 전환이며, 세계를 바라보는 시선의 변화입니다. 나의 중심에서 하나님의 중심으로, 세상의 질서에서 하나님의 질서로 옮겨가는 내적 이동입니다. 이것이 평양 대부흥이 남긴 가장 위대한 유산입니다. 이제 한국교회가 다시 일어서기 위해 필요한 것은 새로운 전략이나 교세의 확장이 아니라, 그 회심의 정신을 되살리는 일입니다. 교회가 먼저 자신을 성찰하고, 지도자들이 권력이 아닌 겸손을, 성도들이 감정이 아닌 순종을 회복할 때, 하나님은 다시 한 번 이 땅에 부흥의 바람을 불게 하실 것입니다. 부흥은 하늘에서 내리는 불이지만, 그 불은 언제

　　　　　　　　　　　　　　　　기독교인만 읽는 책

나 회개의 제단 위에 내립니다.

우리가 기억해야 할 것은 한 세기의 역사가 아니라, 그 역사 속에서 일하신 하나님의 손길입니다. 그분은 여전히 같은 말씀으로 우리를 부르십니다. "회개하라, 천국이 가까이 왔느니라." 이제 그 부르심 앞에서 한국교회가 다시 자신을 낮추고 하나님의 뜻을 세상 속에 실천할 때, 하나님은 또 한 번 이 나라를 일으키실 것입니다. 그리고 그 회심의 불길은 다시 세상을 밝히는 빛이 될 것입니다.

하나님은 인간에게 생명의 길과 사망의 길을 동시에 보여 주셨습니다. 선택의 자유를 주셨지만, 동시에 그 선택의 결과에 대한 책임도 분명히 하셨습니다. 신명기 28장은 그 사실을 가장 명확히 드러냅니다. "네가 내 말을 순종하면 복을 받을 것이요, 듣지 아니하면 저주를 받을 것이다." 하나님께서는 이스라엘에게 언약의 말씀을 주시며, 순종하는 백성에게는 하늘의 복을, 불순종하는 백성에게는 멸망의 징계를 약속하셨습니다. 복은 하나님의 은혜로 주어지지만, 그 은혜를 유지하는 조건은 순종이었습니다.

이 말씀은 단지 고대 이스라엘을 향한 명령이 아니라 오늘의 교회와 기독교인을 향한 영원한 경고입니다. 하나님은 시대를 넘어 동일하게 말씀하십니다. 복의 근원은 물질의 풍요나 권력의 확장이 아니라 하나님을 경외하고 그 뜻을 따르는 삶에 있습니다. 반대로 저주는 하나님을 떠난 인간의 교만과 불순종에서 시작됩니다. 한국교회가 처음에는 순수한 복음의 열정으로 세워졌으나, 오늘은 점점 말씀보다 세상의 가치와 성공의 논리를 좇아가고 있습니다. 기독교는 여전히 열심을 가지고 있으나, 그 중심이 하나님을 향하지 않으면 그 열심은 결국 자신을 위한 경쟁이 되고 맙니다. 바로 그 지점에서 복이 멈추고, 저주의 씨앗이 싹트는 것입니다.

예수 그리스도께서는 마태복음 5장부터 7장까지 산상수훈을 통해 하나님의 나라가 무엇인지 가르치셨습니다. "마음이 가난한 자가 복이 있다" 하셨고, "의에 주리고 목마른 자가 복이 있다" 하셨습니다. 그 복은 세상이 말하는 성공이나 소유가 아니라, 하나님의 뜻과 일치된 삶의 상태였습니다. 그리고 그분은 결론에서 이렇게 말씀하셨습니다. "무릇 내 말을 듣고 행하는 자는 반석 위에 집을 지은 지혜로운 사람과 같고, 듣고도 행하지 않는 자는 모래 위에 집을 지은 어리석은 사람과 같다."

오늘의 한국교회를 돌아보면, 집은 웅장하게 세워졌지만 그 기초가 약해진 모습을 보게 됩니다. 교회는 많지만, 말씀의 반석 위에 세워진 교회는 드뭅니다. 예배의 수는 늘었지만, 순종의 행함은 줄었습니다. 하나님은 여전히 복의 문을 열어 두셨지만, 그 문은 행함 없는 믿음으로는 열리지 않습니다. 회개 없는 찬양, 사랑 없는 봉사, 진리 없는 관용이 교회의 언어가 될

기독교인만 읽는 책

때, 그것은 이미 모래 위에 세워진 집입니다.

하나님의 복과 저주는 자연법칙처럼 자동으로 작동하지 않습니다. 그것은 하나님과의 관계 안에서 결정됩니다. 하나님께 순종하며 그분을 따르는 자에게는 복이 임하고, 하나님을 잊고 자신을 높이는 자에게는 징계가 따릅니다. 말씀의 관점에서 본 복은 단순히 '받는 것'이 아니라, '하나님의 뜻을 이루는 과정에서 누리는 평안'입니다. 반면 저주는 하나님 없이도 살 수 있다고 믿는 인간의 독립선언입니다. 하나님은 사랑이시지만 동시에 거룩하십니다. 그분의 사랑은 불의와 타협하지 않으며, 그분의 공의는 거짓된 기독교의 외식적 신앙을 용납하지 않습니다.

오늘 우리가 이 말씀 앞에 서야 하는 이유는 분명합니다. 하나님은 여전히 복의 길과 저주의 길을 두 갈래로 놓고 우리에게 묻고 계십니다. "너희는 어느 길을 택하겠느냐?" 복은 말씀 위에 세워진 삶이고, 저주는 말씀을 떠난 사고와 행위입니다. 기독교인이 다시 복의 길을 걷는다는 것은, 다시 말씀 앞에 서서 자신의 생각과 행동을 조명하는 일입니다. 그것이 바로 회심이며, 하나님께로 돌아가는 시작입니다.

하나님은 여전히 동일하시며, 그분의 말씀도 변하지 않습니다. 그분은 시대마다 순종하는 사람을 찾으시고, 그들을 통해 세상을 새롭게 하십니다. 복의 길은 결코 멀리 있지 않습니다. 복음이 선포되고, 말씀이 들리는 곳, 그 뜻을 행하려는 사람의 마음 안에 이미 그 길이 열려 있습니다. 오늘 이 나라와 교회가 다시 그 길 위에 서게 된다면, 하나님은 또 한 번 이 땅을 새롭게 하실 것입니다. 그때 복은 소유가 아닌 관계로, 풍요가 아닌 평강으로, 성공이 아닌 진리의 실현으로 드러날 것입니다.

라. 오늘의 한국교회와 그리스도인의 자화상

오늘날 한국 사회에서 '교회'라는 단어는 더 이상 존경의 상징이 아닙니다. 한때 사회의 양심이라 불리던 교회가 이제는 비난과 조롱의 대상이 되었습니다. 그 이유는 명확합니다. 진리의 빛을 비추어야 할 교회가 스스로 그 빛을 가렸기 때문입니다. 성경을 손에 들고 있으면서도 말씀대로 살지 못했고, 은혜를 말하면서도 사랑을 잃었습니다. 복음의 능력이 사라진 것이 아니라, 복음을 삶으로 드러내지 못한 우리의 불순종이 문제였습니다.

교회의 세속화는 단지 물질의 풍요에서 비롯된 현상이 아닙니다. 그 근본 원인은 하나님 중심의 세계관이 인간 중심의 가치관으로 바뀐 데 있습니다. 교회의 성직자들은 성공의 언어를 믿음의 언어로 가르쳤고, 숫자와 규모를 교회 부흥의 척도로 삼았습니다. 하나님의 뜻보다 사람의 칭찬을 더 귀하게 여겼습니다. 예배당은 커졌지만 예배의 중심이신 하나님은 밀려났고, 기독교의 감정은 뜨거워졌지만 성령의 인도에 따른 순종은 식어 갔습니다.

하나님은 교회를 세상의 중심에 세우지 않으셨습니다. 교회를 진리의 중심, 곧 하나님의 뜻을 증거하는 자리로 두셨습니다. 그러나 오늘의 교회는 세상의 권력과 문화를 흡수하여 존재를 증명하려 합니다. "세상을 변화시켜야 한다"는 명분 아래 세상의 방식을 취하고 세상의 성공을 추종했습니다. 그 결과 교회는 세상을 닮았으나 세상을 비추지 못하는 공동체가 되었습니다. 진리의 기준은 상대화되었고, 죄에 대한 경고는 불편한 언어가 되었으며, 말씀의 권위는 약해졌고, 기독교는 여론의 눈치를 보는 문화로 변했습니다.

그러나 이 어두운 현실 속에서도 하나님의 뜻을 따라 신실하게 살아가는 이들이 있습니다. 이름 없이, 주목받지 않게, 자신이 선 자리에서 묵묵히 성령의 인도에 순종하며 헌신하는 성도들입니다. 시골의 작은 교회를 지키는 목회자, 미자립 교회를 위해 새벽마다 기도하는 성도, 학교와 공장, 병원과 일터에서 정직과 공의로 일하는 그리스도인들이 있습니다. 그들의 눈물과 땀, 그리고 거룩한 침묵이 이 나라를 붙들고 있습니다.

그러나 동시에 우리는 한국교회가 세상의 조롱을 받게 된 이유를 외면해서는 안 됩니다. 오늘의 교회는 복음을 말하면서 탐욕을 따르고, 거룩을 외치면서 위선을 감춥니다. 넷플릭스 시리즈 〈수리남〉과 다큐멘터리 〈나는 신이다〉는 단순한 범죄 기록물이 아닙니다. 하나님의 이름을 이용해 성도들을 착취하고 권력과 부를 쌓은 자들을 폭로한 시대의 고발입니다. 목사의 옷을 입은 채 마약 카르텔을 운영하는 자들, 신이라는 이름을 도용해 성적·경제적 착취를 일삼은 교주들, 이들은 모두 양의 탈을 쓴 늑대들이었습니다.

그리고 전국에서 복음화율이 가장 높다고 알려진 지역에서 인간이 인간을 노예처럼 학대하고 착취하는 사건이 벌어졌습니다. 복음이 가장 깊이 스며들었다고 생각되는 땅에서 인간이 인간을 노예로 부리고, 교회는 침묵했고, 지역 사회는 알고도 외면했으며 공권력은 방조했습니다. 이런 비인간적인 죄악은 물질에 눈이 먼 사람들의 이기심과 불의한 공범 의식이었습니다.

한국 교회의 강단에도 탐욕이 교묘히 자리 잡고 있습니다. 헌금을 사유화하거나 이미 연금이 보장된 은퇴 목사가 거액의 퇴직금을 요구하고, 퇴임 후에도 각종 명분으로 특별 경비를 요청하는 일들이 반복되고 있습니다. 하나님의 사역을 위해 드려진 헌금이 개인의 사리사욕을 위하여 사용되는 순간부터 교회는 예배를 드리는 교인의 모임이 아니라 인간의 욕망이 들끓는 범죄자의 소굴로 변합니다. 이런 기독교의 모습은 세상의 범죄

자들의 수법보다 오히려 더 교활합니다. '수리남'의 마약상이 마약으로 돈을 벌었다면, 이들은 성경에 기록된 복음을 팔며 돈을 법니다.

그렇다면 기독교가 왜 조롱을 받게 되었습니까? 세상이 악해서가 아니라, 교회가 먼저 썩었기 때문입니다. 진리를 말한다고 하면서 권력을 탐했고, 사랑을 말한다고 하면서 고통에는 침묵했습니다. 예배당은 화려하지만 성전의 영광은 사라졌고, 십자가는 걸려 있지만 그 위에는 탐욕이 매달려 있습니다. 교회는 더 이상 세상의 빛이 아니라 어둠의 거처가 되었고, 회심의 눈물 대신 면죄부가 주어지는 장소가 되었습니다. 우리 기독교는 회개하고 회심해야 합니다.

이 글은 설교도, 훈계도 아닙니다. 이것은 고발장입니다. 하나님의 이름으로 저지른 거짓과 위선, 복음의 이름으로 행한 탐욕과 배신을 고발하는 글입니다. 하나님께 드려야 할 영광을 인간의 욕망으로 바꾸는 순간, 복음은 거짓이 됩니다. 진리를 팔아 부를 쌓는 성직자들은 오늘의 성전 안에서 예수 그리스도를 다시 십자가에 못 박는 자들입니다. 세상은 교회를 조롱합니다. 그러나 그 조롱은 세상이 던진 것이 아니라, 교회가 자초한 비웃음입니다. 예수 그리스도의 이름으로 세워진 교회가 성경에 기록된 하나님의 뜻을 버리고 세속의 성공을 좇는 한, 교회는 예수 그리스도가 생명을 바쳐 세우신 구원의 방주가 될

기독교인만 읽는 책

수 없습니다. 교회가 그리스도의 모습을 잃어버리고, 성도들에게서 복음의 향기가 사라진다면, 그들은 세상의 모임일 뿐 하나님의 백성이 모인 교회가 아닙니다.

오늘의 한국교회와 기독교인은 선택의 기로에 서 있습니다. 하나님의 뜻을 따라 다시 의의 길로 들어설 것인가, 아니면 세상의 성공을 붙잡고 모래 위에 집을 지을 것인가. 하나님은 여전히 말씀하십니다. "너희는 나의 백성이라, 나의 뜻을 행하라." 이 부르심에 응답하는 교회와 기독교인이 일어날 때, 하나님은 다시 이 땅의 역사를 새롭게 하실 것입니다. 우리의 실패는 끝이 아닙니다. 그 실패를 회개로 바꾸어 기독교인의 정체성과 삶을 회복해야 할 때입니다. 불의를 알면 침묵하지 말고, 거짓을 알면 바로잡아야 하고, 하나님의 사랑은 입으로 전할 것이 아니라 삶으로 보여 주어야 합니다. 그것이 하나님께서 오늘의 교회에 맡기신 사명이자 이 시대의 기독교인이 다시 일어서야 할 이유입니다.

마. 한국의 기독교인, 우리는 회심해야 한다

예수 그리스도는 말세가 오기 전에 거짓 그리스도의 미혹, 빈번한 전쟁과 재난, 그리스도인이 당할 박해와 믿음의 배신, 그리고 사랑이 식어질 것을 경고하셨습니다. 그러나 끝까지 믿음을 지키는 자는 구원을 얻으며, 복음이 온 세상에 전파된 후에야 마지막 때가 온다고 말씀하셨습니다(마 24:4-14). 그리고 사도 바울은 디모데에게 보낸 두 번째 편지에서 "마지막 때에는 고통하는 때가 이르리니 사람들이 자기를 사랑하며, 돈을 사랑하며, 자랑하며, 교만하며, 부모를 거역하며, 감사하지 아니하며, 거룩하지 아니하며, 경건의 모양은 있으나 경건의 능력은 부인하리라"고 말하며, "이 같은 자들에게서 네가 돌아서라"(딤후 3:1-5)고 명령하였습니다.

2000년 전의 이 말씀들은 먼 미래의 예언이 아니라, 오늘의 한국교회와 기독교인을 향한 하나님의 경고이자 '하나님께로

기독교인만 읽는 책

돌아오라는 명령'입니다. 우리는 지금 그리스도를 자칭하는 이단과 사리사욕에 눈이 먼 교회 지도자들에 미혹을 당하고 있습니다. 그리고 우리는 지금 돈을 사랑하며 탐욕을 합리화하는 시대, 그리고 경건의 외형은 남아 있지만 성령의 열매와 말씀에 대한 순종이 사라진 시대를 살고 있습니다.

이제 우리에게 필요한 것은 회심을 위한 명철의 능력입니다. 명철은 단순히 하나님의 말씀을 이해하는 능력이 아니라, 하나님이 주시는 지혜로 거짓과 진실, 정의와 불의, 선함과 악함을 성경의 말씀으로 분별하고 삶에 적용하는 영적 통찰력입니다. 바울의 경고에 비추어 보면, 기독교인이 돌아서야 할 부류는 분명합니다. 첫째, 경건의 모양은 있으나 능력을 부인하는 자입니다. 그들은 말씀을 입에 담지만 그 말씀 앞에서 자신을 낮추지 않고, 회개를 말하지만 책임을 회피하며, 사랑을 외치면서도 이웃의 눈물을 외면합니다. 둘째, 돈을 사랑하며 교회의 거룩을 거래로 바꾸는 자입니다. 신도들의 헌금을 사유화하고, 권력자와 결탁하며, 은퇴 후에도 '전도'와 '선교'라는 명목으로 특별경비를 요구하며, 이미 연금이 보장된 자리에서 거액의 퇴직금을 요구하는 것은 복음으로 가장한 탐욕의 행위입니다. 그들은 경건을 생계의 수단으로 만들고, 하나님의 이름을 거래의 언어로 바꾸었습니다. 셋째, 진리를 이용하여 사람을 지배하거나 약자를 착취하는 자입니다. 용서와 사랑을 값싼 말로 전락시켜 가해자에게 면죄부를 주고, 피해자의 절규를 침묵시키는 자들입니다.

성경은 이런 자들에게서 돌아서라고 말씀하십니다. 명철은 사람을 미워하게 하지 않고, 하나님이 세우신 질서와 기준을 사랑하게 합니다. 거짓된 교리를 따르는 자, 창조의 질서를 뒤흔드는 사상, 경건을 생계의 수단으로 삼는 이들로부터 돌아서는 것이 곧 하나님께로 돌아가는 첫걸음입니다. 그와 동시에, 진리를 사랑하고 책임을 지며 성령의 인도하심을 따라 사는 사람들을 붙드는 것이 교회를 회복시키는 힘이 됩니다. 교회는 재능과 외형이 아니라 회개와 순종의 깊이로 지도자를 세워야 하며, 공동체는 사람의 열심보다 하나님의 뜻에 근거하여 판단해야 합니다. 이것이 성경이 가르치는 분별의 질서입니다.

회심은 새로운 믿음을 시작하는 순간만을 의미하지 않습니다. 이미 믿고 있는 우리 그리스도인들이 매일의 삶 속에서 다시 하나님께 마음을 돌이키는 과정입니다. 우리가 잃어버린 첫사랑을 기억하고, 하나님께서 우리에게 맡기신 사명을 다시 붙잡을 때, 비로소 개인도 교회도 새로운 걸음을 뗄 수 있습니다. 그러므로 오늘의 한국교회가 다시 빛을 회복하는 길은 거창한 프로그램이나 새로운 전략이 아닙니다. 하나님 앞에서 겸손히 자신을 돌아보고, 주님이 기뻐하시는 삶을 다시 선택하는 작은 회심의 걸음 하나입니다. 그 작은 걸음이 모여 교회를 변화시

기독교인만 읽는 책

키고, 이 나라를 다시 살리는 큰 은혜의 강을 이룰 것입니다.

한국의 근현대사는 하나님이 교회를 통해 세워 오신 역사였습니다. 복음은 어둠 속에서도 인간의 존엄을 회복시켰고, 공동체의 양심을 일으켰습니다. 그러나 지금 그 빛을 물려받은 세대가 스스로 그 등불을 꺼뜨리고 있습니다. 풍요 속의 교만과 탐욕, 죄에 대한 무감각이 복음의 영광을 가리고 있습니다. 그럼에도 하나님은 교회를 포기하지 않으십니다. 여전히 말씀하십니다. "내 백성아, 내게로 돌아오라." 성경은 약속합니다. "너희 안에 착한 일을 시작하신 이가 그리스도 예수의 날까지 이루실 줄을 우리는 확신하노라."(빌립보서 1:6) 하나님은 교회를 통해 시작하신 일을 끝까지 이루실 것입니다. 그분의 뜻을 좇아 살아가는 기독교인을 통해 이 땅에 다시 진리의 빛을 비추실 것입니다. 예수 그리스도는 세상 끝날까지 우리와 함께하신다고 약속하셨고, 끝까지 견디는 자가 구원을 얻는다고 하셨습니다.

바. 맺음말

이 책은 세상을 비판하기 위한 글이 아닙니다. 하나님 앞에서 자신을 성찰하고, 기독교인답게 살아가기 위한 회심의 초대장입니다. 하나님은 지금도 말씀하십니다. "회개하라, 천국이 가까이 왔느니라." 그 음성에 응답하는 이들이 있는 한, 하나님은 이 땅의 교회를 다시 세우실 것이고, 어둠이 짙어질수록 그분의 빛은 더욱 밝게 빛날 것입니다.

한국교회는 지난 120년 동안 어둠 속에서도 빛을 잃지 않으려 애쓰며 수많은 눈물과 기도로 이 땅의 역사를 밝혀 왔습니다. 그 길 위에는 이름 없이 헌신한 신앙의 선배들이 있었고, 하나님을 향한 사랑 하나로 자신의 삶을 내어놓았던 무수한 평범한 그리스도인들이 있었습니다. 그러나 때때로 우리의 신앙은 바쁜 일상 속에서 흐려지고, 예배와 기도가 습관이 될 만큼 마음이 무뎌지기도 했습니다. 그런 우리에게 하나님은 여전히

기독교인만 읽는 책

조용히 말씀하십니다. "돌아오라, 내가 너를 다시 세우리라."

그러므로 지금 우리에게 필요한 것은 다른 누군가를 향한 평가나 시대를 향한 분노가 아니라, 하나님 앞에서의 정직한 자기 성찰입니다. 신앙의 위기는 언제나 세상에서 시작되지 않고, 믿는 사람의 마음에서부터 시작되기 때문입니다. 우리가 다시 말씀 앞에 서고, 기도의 자리를 회복하며, 신앙을 말이 아니라 삶으로 살아내기 시작할 때, 교회는 자연스럽게 그 본래의 모습을 되찾게 될 것입니다. 하나님은 완전한 사람을 찾으시는 분이 아니라, 자신의 연약함을 숨기지 않고 그분 앞에 서는 사람을 기뻐하십니다. 오늘 우리가 그 자리로 다시 돌아간다면, 하나님은 이미 그곳에서 우리를 기다리고 계실 것입니다.

하나님은 여전히 우리와 함께하시며, 우리의 연약함을 책망하기보다 회복과 위로의 자리로 부르시는 분이십니다. 그 부르심에 응답하는 한 사람, 한 교회가 다시 일어날 때 한국교회는 분명 다시 따뜻한 빛을 비추게 될 것입니다. 이 책이 그 길을 향해 함께 손을 잡고 걸어가는 교회와 성도들에게 작은 힘이 되기를 진심으로 바랍니다.

이 책을 예수 그리스도를 믿고 하나님과 이웃을 사랑하는 기독교인들에게 바칩니다.

기독교인만 읽는 책

ⓒ 이상환, 2026

초판 1쇄 발행 2026년 1월 22일

지은이	이상환
펴낸이	이기봉
편집	좋은땅 편집팀
펴낸곳	도서출판 좋은땅
주소	서울특별시 마포구 양화로12길 26 지월드빌딩 (서교동 395-7)
전화	02)374-8616~7
팩스	02)374-8614
이메일	gworldbook@naver.com
홈페이지	www.g-world.co.kr

ISBN 979-11-388-5290-6 (03230)